经典全景二战丛书

海战惊魂

田树珍／编著

民主与建设出版社
·北京·

© 民主与建设出版社，2023

图书在版编目（CIP）数据

海战惊魂 / 田树珍编著. -- 北京：民主与建设出版社，2019.6（2023.4 重印）

（经典全景二战丛书）

ISBN 978-7-5139-2497-9

Ⅰ.①海… Ⅱ.①田… Ⅲ.①第二次世界大战战役—海战—史料 Ⅳ.① E195.2

中国版本图书馆 CIP 数据核字（2019）第 103060 号

海战惊魂
HAIZHAN JINGHUN

编　　著	田树珍
责任编辑	王　颂
封面设计	亿德隆文化
出版发行	民主与建设出版社有限责任公司
电　　话	（010）59417747　59419778
社　　址	北京市海淀区西三环中路10号望海楼E座7层
邮　　编	100142
印　　刷	三河市天润建兴印务有限公司
版　　次	2020年5月第1版
印　　次	2023年4月第2次印刷
开　　本	710毫米×1000毫米　1/16
印　　张	18
字　　数	240千字
书　　号	ISBN 978-7-5139-2497-9
定　　价	49.80元

注：如有印、装质量问题，请与出版社联系。

目 录

第一章
海战惊魂

班泰雷利亚海战 / 002

锡尔特湾海战 / 009

塔兰托之夜 / 015

加尔多斯岛海战 / 027

"螳螂"捕"蝉" / 037

马塔潘角海战 / 051

非洲军团的运输 / 063

克里特岛海空战 / 073

神秘的意第 10 快艇支队 / 081

"独狼"战术 / 091

纳尔维克海战 / 101

"狼群"出击 / 109

末日之战 / 123

护航海战 / 129

乌鸦啄地洞 / 134

"黑窟"作战 / 140

舰艇反潜战 / 147

萨沃岛海战 / 151

马里亚纳海战 / 163

锡布延海战和萨马海战 / 169

"神风"特攻战 / 180

"骗子战役" / 184

第二章

名舰之梦

"海军上将施佩伯爵"号 / 190

"俾斯麦"号 / 198

"沙恩霍斯特"号 / 206

"提尔皮茨"号 / 216

"飞龙"号 / 230

"飞鹰"号 / 236

"大和"号 / 242

"列克星敦"号 / 249

"约克城"号 / 255

"大黄蜂"号 / 262

"光辉"号 / 268

"威尔士亲王"号 / 275

第一章
海战惊魂

班泰雷利亚海战

意舰队的炮火是猛烈而准确的,其第二轮的齐射已经击中英舰队。

1942年6月13日,英国船队离开亚历山大港。它由10艘大商船组成,8艘巡洋舰和27艘驱逐舰为船队护航。为了迷惑意海军,英舰队把1艘旧舰伪装成战列舰。

意海军根据种种理由判断亚历山大舰队不可能拥有1艘战列舰。

英国船队的这次行动很快被意侦察机发现了。意舰队做好了截击的准备。同时,意德空军对英国船队进行有力的打击,结果1艘英货船被迫逃向托布鲁克港,还有1艘货船沉入地中海。

与这支船队双管齐下的还有从英国出发的1支船队。

1942年6月12日晚,从英国出发的1支船队通过直布罗陀向东航进。掩护舰队由战列舰"马来西亚"号、航空母舰"鹰"号和"百眼巨人"号、巡洋舰"肯尼亚"号、"利物浦"号、"女妖"号和8艘驱逐舰。油船"褐色流浪汉"号在两艘护航舰保护下,在海上为小舰和快艇加油。

14日晚,意大利潜艇"乌阿斯契埃克"号和"季阿达"号发现了这支英舰队。"乌阿斯契埃克"号于1时58分发起攻击,其中有两枚鱼雷爆炸了。"季阿达"号靠近一群正在停航加油的英舰,于4时50分对英舰中最大的一艘发射了鱼雷,有两枚鱼雷爆炸了。

14日,英舰船在撒丁岛以南遭受意大利50架鱼雷机、61架轰炸机、81架战斗机和40架德国轰炸机的攻击。它们击沉了商船"坦宁巴"号,使巡洋舰"利物浦"号受到损害。当"利物浦"号在一艘驱逐舰的拖带下向其基地航行中，遭到 26 架轰炸机和 8 架鱼雷机的攻击，但没有受到损伤。

21 时 30 分，由巡洋舰"尤金亲王"号和"蒙大库科利"号以及驱逐舰"阿斯卡里"号、"奥里昂尼"号、"普雷木达"号、"维瓦尔迪"号和"马洛切洛"号编成的意舰队第 7 分队，在达扎拉少将率领下从巴勒莫港出发，计划于清晨到达班泰雷利亚岛以南进入英舰船的航道。

英舰船在进入西西里海峡时并未遇到攻击，虽然他们在拉斯木斯塔法用舰炮和鱼雷将搁浅的英舰"哈伏克"号当成意舰而进行攻击。

6 月 15 日黎明，意舰队第 7 分队望见了英国船队。几分钟后即 5 时 40 分，意舰队开了火，开始了班泰雷利亚海战。双方的视野，由于英方放出巨大的烟幕和弥漫着炮火的硝烟而经常不清楚。

意舰队的炮火是猛烈而准确的，其第二轮的齐射已经击中英舰队。英方陷入混乱，3 分钟后开始还击。英舰队中除"开罗"号外，还有 1 艘"南安普顿"级的巡洋舰被击中。

英国海军发现他们面临严重的危险，因为面对的是意巡洋舰的 152 毫米大炮，而英巡洋舰的大炮口径仅为 102 毫米。不过，英舰队的军舰为数较多，英方的补给舰、扫雷舰和巡逻快艇在以"布兰克内"号为首的驱逐舰支队的掩护下向突尼斯海岸分散。"开罗"号和 5 艘以驱逐舰"浮浪人"号为首的支队拦在意舰群前面，以平行的航线向南驶进。

意驱逐舰"维瓦尔迪"号和"马洛切洛"号攻击英军补给诸舰。这些舰船在躲入由英方驱逐舰布下的烟幕之前，早就处在意舰的炮火之下了。至少有一艘补给舰被击中，因为意舰看见它停在水面不动了，舰上冒出高高的浓烟。

意舰"维瓦尔迪"号和"马洛切洛"号受到英舰"布兰克内"号为首的由 4 艘驱逐舰组成的支队的迅速反攻。

意舰几次击中英舰。6 月 15 日 6 时 20 分，意舰"维瓦尔迪"号的锅炉舱被击中，不能行动并发生了火灾，4艘英驱逐舰围上来并猛烈攻击，意舰"维瓦尔迪"号继续开火。意舰"马洛切洛"号以坚决的反击使英舰付出惨重的损失。

将近7时，以"布兰克内"号为首的英驱逐舰突然掉转航向撤出战斗，当时的战况对英舰是十分有利的。

英驱逐舰要去支援"开罗"号舰群。

"维瓦尔迪"号趁机把一部机器修好，在"马洛切洛"号的护送下向班泰雷利亚岛驶去。

与此同时，双方主力舰队展开了激烈的海战。英舰以"浮浪人"号为首的5艘驱逐舰冲入4800米的距离发起鱼雷攻击。但意巡洋舰用密集的炮火迫使英舰退入烟幕中，使每艘英舰受到严重的损伤。"浮浪人"号的上层结构被打烂，停在水面无法行动，舰上发生火灾，"松鸡"号的情况同样严重。"开罗"号被击中，没有造成太大的损害。

战斗继续着，英军"开罗"号召唤以"布兰克内"号为首的4艘驱逐舰前来支援。意舰队驶在敌舰队的前面准备从西南方向绕击英舰，"开罗"号舰群于6时45分朝北西方向撤退。

6时59分，达扎拉听说了"维瓦尔迪"号和"马洛切洛"号的处境危急，立即把剩下的意军驱逐舰都派到班泰雷利亚岛支援。这样，他就只有"尤金亲王"号和"蒙太库科里"号两艘巡洋舰了。

若英舰队这时开始反攻，就很可能使意两艘巡洋舰处于狼狈的境地，可是英舰的战术仅限于防御。英舰队把活动限于烟幕所及的范围内，用雷达跟踪意巡洋舰的运动，保持自己于意舰炮火之外。意巡洋舰每次发现目标，立即开火射击。由于没有雷达，意巡洋舰不敢进入烟幕里面。

7时17分，意巡洋舰的一次齐射命中了1艘英巡洋舰。该舰立即躲入烟幕之中，不久烟幕上面和外面发生了爆炸。意侦察机发现这艘英舰爆炸后沉没了。

第一章 海战惊魂

在直布罗陀海峡附近游弋的意大利舰队

7时40分，英舰"开罗"号的锅炉舱被击穿，但并没有爆炸。很快，意舰"蒙太库科里"号被击中。

与此同时，德意空军对英船队发动攻击，该船队正向突尼斯海岸分散。7时10分的一次轰炸机轰炸中，英船"圣歌"号被炸沉，油船"肯塔基"号受到重创。

这时，意方侦察机已经全部被从马耳他起飞的英军战斗机击落。

将近11时，两艘意巡洋舰驶入班泰雷利亚以南海域。没有找到英方舰船，便向南西的航向继续寻找。

1个小时后，意巡洋舰看到远处冒着浓烟。到达现场时，意司令达扎拉发现到处都是漂浮着的舰船碎料，而燃烧中的英舰船与护送它们的舰船都在地平线上了。

达扎拉司令继续搜寻，向看得到的英舰施以射击。英"肯塔基"号船上的大火本来快灭了，由于意舰发射的几颗炮弹和1枚鱼雷，使它爆炸后像火葬场一样，很快沉没了。第 2 艘船被意舰的炮火击毁。第 3 艘船为避免被俘而自行爆破，它是 1 艘运军火的船，爆炸得十分猛烈，烟雾达几百米之高。

不久，这两艘意巡洋舰又遇到两艘英驱逐舰并对英舰开火。英舰是无法行动的"浮浪人"号和拖带它的"松鸡"号。"松鸡"号连忙丢掉"浮浪人"号，以最高速度逃跑。意舰先炮击"浮浪人"号，然后追击"松鸡"号。

不久，1 架意鱼雷机击中"浮浪人"号，使它加快了沉没。半小时后，"松鸡"号躲到意舰炮的射程之外了。

14 时 25 分，意舰处于英军轰炸机的空袭下而忙着防卫，"松鸡"号趁机溜走了。

14 时 40 分，意舰击退空袭后，取道返航。

这次海战使英船队于深夜在意大利所布的雷区中乱成一团。英驱逐舰"库佐贾克"号和挖泥船"公正"号沉没，英驱逐舰"飞人"号、"巴德斯沃思"号、"无比"号、"天使"号以及扫雷舰"青春女神"号和补给舰"奥腊里"号遭受重创。"奥腊里"号所运载的货物被迫丢掉一部分，"特罗伊路斯"号经历了重重灾难而安全到达马耳他。

6 月 16 日晚上，英"韦尔什曼"号、"开罗"号和 4 艘驱逐舰离开马耳他向直布罗陀驶去。17 日上午，它们遭到 56 架德意飞机的袭击，但没有受到损害。沿突尼斯海岸航行的"韦尔什曼"号遭到法国岸炮的射击但没有损害。

自从 1942 年 6 月英国开往马耳他的护航船队被击溃后，英国不敢再进行护航战役。高射炮弹和航空汽油等重要物资，由快艇和潜艇运到马耳他。

守军面临的饥饿问题未能得到解决，从 1942 年 3 月至 8 月仅有 2 艘受创的补给船开到马耳他。马耳他严重缺乏面粉和弹药，若得不到及时足够的补给，英国守军将难以坚守。

于是，英国政府决心在8月中旬发动一次护航战役，派庞大的运输船队到达马耳他，代号为"基石"。英军统帅部知道，只要昔兰尼加掌握在德意手中，船队无法由东部驶入马耳他岛。

英国船队需要再次集结力量从直布罗陀打开通路。为此，英国集结了1支包括现代化巡洋舰和驱逐舰在内的大型护航队，用来对付意舰队。与此同时，英国和埃及加强了马耳他岛的空军力量。

7月初，英军统帅部把被迫撤出马耳他岛的潜艇派回，恢复进攻基地的作用。7月20日，第1艘潜艇到达马耳他。

8月，英军潜艇部队击沉7艘意大利和德国的运输船，总吨位为4万吨。

8月10日清晨，英国14艘货船由直布罗陀出发，穿过直布罗陀海峡朝马耳他方向驶去。护航舰队有，载有72架战斗机的"鹰"号、"无敌"号、"胜利"号航空母舰，第4艘"暴怒"号航空母舰载有送往马耳他的战斗机；还有2艘战列舰、7艘巡洋舰、24艘驱逐舰、8艘潜艇和20多艘小舰。这支护航力量是整个地中海海战中最强大的，可见英船队这次行动至关重要。

8月5日，意大利海军总部已经从情报部门处得知，英海军计划在西地中海展开一次更大的活动。9日至10日晚，德意进一步得知，一支庞大的英船队分成若干群正穿过直布罗陀海峡向东驶去。

根据这个重要的情报，德意两国最高统帅部马上部署兵力想拦截这次航行。因为缺乏燃油而无法出动战列舰，德意军只好派出了大批空军、21艘潜艇、若干巡洋舰、驱逐舰和鱼雷艇，西地中海设置了5道拦截线，企图迫使英国船队分散兵力，再由意大利巡洋舰队把它消灭。

一场激烈的西地中海海战即将开始了。

8月11日，英国船队通过了巴利阿里群岛与突尼斯之间的7艘德意潜艇组成的封锁线。航空母舰"鹰"号被德国潜艇 U-73 号击沉。下午，英军 37 架飞机从航空母舰"暴怒"号上起飞，飞往马耳他岛，"暴怒"号航空母舰开始返航。半路上，"暴怒"号航母遭到意潜艇"达加布尔"号的攻击，英国驱逐舰随即还击，击沉了"达加布尔"号。

日落时，德意飞机开始猛烈轰炸，潜艇不断攻击，但只给英国船队造成轻微的损失。

8 月 12 日上午，英国船队通过撒丁岛以南时，德意空军发动猛攻，使"无敌"号航空母舰和几艘运输船受到重创，德鱼雷攻击机击沉了 1 艘驱逐舰。

当晚，英船队主要舰只返航。运输船队由 4 艘巡洋舰和 10 艘驱逐舰护送，继续朝马耳他驶去。这时，除了 1 艘货船"杜卡利昂"号受轻度损伤外，其他均未受损。

船队到达由 6 艘意潜艇组成的邦角区域的封锁线时，船队遭受重创。意潜艇击沉了防空巡洋舰"开罗"号和 4 艘运输船，英巡洋舰"尼日利亚"号遭受重创。"开罗"号和"尼日利亚"号巡洋舰是作战护航的控制中心，它们损失后船队陷入混乱。

德意轰炸机和鱼雷机又将英巡洋舰"曼彻斯特"号、1 艘油轮和 2 艘运输船击沉。8 月 13 日上午，德轰炸机攻击英船队，又击沉了 2 艘弹药船。不久，马耳他的战斗机前来救援，剩余船只才脱离了险境。

13 日晚，5 艘运输船运送 3.2 万吨货物到达马耳他，有 1 艘油轮运来了守岛英军急需的航空燃油。在这次海战中，德意海军和空军击沉了英国 1 艘航空母舰、两艘巡洋舰和 9 艘运输船。德意损失了 60 架飞机、2 艘潜艇，2 艘巡洋舰受到重创。

虽然没有拦住英船队的运输行动，但这是意大利海空军在第二次世界大战中取得的最大一次胜利，也是德意在地中海海战中的最后一次胜利。

9 月，马耳他完全恢复了作为水面舰艇、潜艇和空中基地的作用。

锡尔特湾海战

由于烟幕笼罩，遮住了英舰队的视线。英舰队不敢冲进烟幕，担心受到意潜艇和驱逐舰的伏击。

1940年初，有明显的迹象表明，意大利将向英法宣战。

下半年，驻北非地中海地区的意军向英军挑起战争。英国马上向马耳他岛增派了海空军力量，这是英国首相丘吉尔纵览全局，下的一着好棋。

当时，驻亚历山大港海军基地的英国舰队的实力并不强大。另外，英国海军在控制地中海西口的直布罗陀海军基地驻有战列舰、航空母舰和巡洋舰各1艘，还有9艘驱逐舰。

英国在地中海地区的海军部队在数量上明显比意大利海军少。尤其是作战舰艇和护航舰艇数量更少。

从舰艇的质量上看，双方主力舰的舰龄差不多，都是第一次世界大战以前或者战初建造的。

英国的地中海舰队的旗舰"厌战"号与意大利的2艘战列舰都经过了现代化改装。

意大利即将服役的"利托里奥"级战列舰是新舰，意大利另2艘战列舰的改装工程接近了尾声。意大利的4艘战列舰上装备了12.5英寸火炮，射程比英国战列舰上的15英寸火炮的射程远，这使意大利舰队占有优势，使它便于选择交战时间和地点，拥有撤出战斗的主动权，就是说当撤出战斗时，能够进行有效的防御。

海战开始时，意大利海军的补给条件比较好，在锡拉丘兹、巴勒莫、布林的西、塔兰托、那不勒斯、墨西拿、奥古斯塔等地都建立了海军基

停靠在马耳他的英国舰队

地。凭借如此多的基地，意大利海军能够夺取地中海的制海权，保护行驶于意大利与北非之间的海上运输船队。

另外，意大利海军在北非地区拥有的黎波里港和托布鲁克港。在地中海上作战，意大利海军能够得到陆基飞机的有力支援。

相反，在地中海，英国海军可以停泊的基地只有亚历山大港和直布罗陀，两港相距十分遥远。

因此，英国人认为，马耳他海军基地是英国能否在地中海地区战胜意大利的关键。由于大部分舰艇已经撤离马耳他，马耳他仅剩1个潜艇分队。

马耳他基地的防御能力很弱，难以支援水面舰艇部队。原计划向马耳他岛增运的防空武器，运到的仅有重型高射炮34门、轻型高射炮8门和探照灯24座。最重要的是，计划增派的战斗机中队还没有到来。

至关重要的是马耳他海军基地距离最近的英国海军港口约为1000英里。意大利西西里岛距离马耳他约为60英里。马耳他的防御情况非常糟糕，让人担心。

许多英国人认为马耳他是没有什么希望了。可是有一个人的看法却完全相反，他就是英国皇家海军地中海舰队的司令官坎宁安海军上将。

坎宁安认为，在海战开始时，意大利海军的主力只不过是两艘现代化的旧式战列舰和19艘巡洋舰。而英法海军在地中海拥有11艘战列舰、3艘航空母舰和23艘巡洋舰。而且，英国在地中海以外拥有直布罗伦舰队、太平洋远东舰队，一旦损失就能立即获得补充，因此双方之间兵力的悬殊就决定了海战的胜负。总体上，意大利的军舰总计为69万吨，而英法海军则是意大利的4倍以上。

1940年6月11日凌晨5时，10架意大利飞机轰炸了马耳他岛上的修船厂和飞机场。接着，意大利飞机接连发动袭击，轰炸的规模大小不等，仅6月就轰炸了36次。

马耳他岛上的修船厂遭到了破坏，浮船坞被意军炸沉。由于意军飞机的不断空袭，坎宁安被迫从马耳他撤走潜艇部队。这时，英国陆续调来了几架战斗机，6月底，英军守岛部队已经拥有4架"旋风"式战斗机了。另外，舰队航空兵第767中队也到达了该岛。

英国能否实现在地中海地区的战略目标，马耳他岛将发挥关键作用。坎宁安海军上将对此深信不疑。使他感到不放心的是马耳他的防御能力十分薄弱，无法作为发动进攻的军事基地。

为了破坏意大利至北非的海上运输线，大部分作战部队将从马耳他派出。7月1日，坎宁安向英国海军部请示，请求向马耳他增派更多的战斗机和侦察机。在当时的情况下，坎宁安的轻型舰艇部队不敢在马耳他基地加油，更别说在马耳他停泊了。情况虽然很糟，但后来发生的一次海上交战，使英国皇家海军士气大振。

英国早就准备派遣两支护航运输船队，把埃及亚历山大海军基地急需的援军和军用物资从马耳他转送过去，并撤走岛上多余的文职人员。预计执行运输任务的护航船队将遭受意大利军队的打击。英国决定发动一次海上战斗，以使护航运输船队安全通行。

7月7日，坎宁安指挥一支舰艇编队从亚历山大港口出征。这支舰编队由3艘战列舰、1艘航空母舰、5艘巡洋舰和16艘驱逐舰组成。

意海军只有"加富尔"号和"凯撒"号两艘战列舰。坎宁安认为应该趁意大利的其他战列舰还没有建完以前，先干掉"加富尔"号和"凯撒"号。而意海军总司令部则希望意空军能在海战前先把从亚历山大港出发的英舰队的战列舰干掉，求得双方兵力的平衡。

意海军总司令部出动潜艇和飞机去拦截直布罗陀的英舰队，意舰队护送运输船队于7月8日晚到达北非的班加西港。意舰队指挥官康姆皮翁尼海军上将向海军总司令部报告说，他正向东航行准备与从亚历山大港出发的英舰队交战。

意海军总司令部拒绝了，因为坎宁安拥有3艘优势战列舰，3.1万吨，各有8门381毫米舰炮。而意战列舰"加富尔"号和"凯撒"号仅2.3万吨，各有10门320毫米舰炮。

意海军总司令部决定把兵力集中在地中海中部，既能保存舰队的实力，又能保卫爱奥尼亚海海岸，趁亚历山大的英舰队还没有与从直布罗陀港出发的英舰队会师以前，与之交战。

7月9日整个上午，英侦察机不停地跟踪意舰队。意大利侦察机连英舰队的影子都没有找到。13时30分，意舰队突然遭到英鱼雷机群的攻击。

意舰队成功地躲过了鱼雷，英鱼雷机除了从航空母舰上起飞外，不可能来自其他地方，英舰队肯定就在附近海域。

13时40分，康姆皮翁尼向空军请求轰炸机支援，希望能用轰炸机炸乱英舰的队形。可是，空军轰炸机却在战斗结束时才到达战场。意空军轰炸机群不仅没有轰炸英舰队，而且轰炸了撤向墨西拿的意舰队，幸亏没有

意大利战列舰"凯撒"号被击中并引起大火

造成损伤。

康姆皮翁尼下令弹射1架小型侦察机，很快，意侦察机在80海里外找到了英舰队。

15时左右，意舰队右侧的巡洋舰在2.5万米以外看见英舰后马上开火。英"海王星"号巡洋舰受到轻微损伤。双方庞大的战列舰正在互相靠近，15时53分双方在2.6万米射程上开火了。

"鹰"号航空母舰上的鱼雷机发动了攻击，又没有命中意舰。

16时过后，英战列舰"瓦斯派特"号发射的1颗巨大炮弹击中了意战列舰"凯撒"号，"凯撒"号引起大火，锅炉熄灭了。意巡洋舰"博尔臧诺"号被3颗中型炮弹命中，造成轻微损伤。英战列舰"瓦斯派特"号在舰尾齐射时，误将1架英侦察机击毁。

意巡洋舰施放烟幕保护"凯撒"号撤退，同时"加富尔"号也撤出了战斗。因为"加富尔"号无力与英3艘战列舰交战。由于烟幕笼罩，遮住了英舰队的视线。英舰队不敢冲进烟幕，担心受到意潜艇和驱逐舰的伏击。

16时45分，英舰队撤出战场。这就是第一次锡尔特湾海战，英国把这次海战叫做"卡拉布里亚之战"，是战争史上意海军与英海军的第一次交战。

英舰队向马耳他东南海面行驶。最后，"君主"号战列舰和几艘驱逐舰驶入马耳他港加油，2支护航船队启航离开了马耳他港，安全地到达埃及亚历山大港。

意大利空军在此次海战的前一天晚上曾经炸中从直布罗陀出发的英巡洋舰"格利塞斯特"号。当英舰队到达巴利阿里群岛南面时，又有少数英舰被意大利空军炸中。

英舰队受了轻伤，墨索里尼却说这次空袭"歼灭了英国在地中海的舰队的一半兵力"。

塔兰托之夜

丘吉尔向英国下院吹嘘道:"经过塔兰托海战,我们几乎已经把意大利海军歼灭了。"

英国地中海舰队在二战爆发时拥有3艘战列舰、1艘航空母舰、6艘巡洋舰、1艘防空巡洋舰、26艘驱逐舰、4艘护卫舰、10艘潜艇和4艘扫雷舰。

意大利向英法宣战后,英国海军部把"鹰"号航空母舰调给地中海舰队。地中海舰队由海军上将安德鲁·坎宁安率领。

当时,地中海舰队无法从马耳他得到任何空中支援,因为战前的张伯伦首相一直不重视马耳他。

1940年6月,意大利舰队拥有以下舰艇:2艘现代化战列舰、19艘巡洋舰、61艘舰队驱逐舰、69艘驱逐舰和鱼雷艇、105艘潜艇以及许多艘扫雷舰、巡逻艇和鱼雷快艇。另外,2艘老式战列舰——"卡伊奥·杜里奥"号和"安德列亚·道里亚"号正在进行现代化改装,2艘新战列舰即将建成。

9月,英军对塔兰托港进行了充分的、持续不断的侦察。1周后,"光辉"号航空母舰加入英地中海舰队。

10月27日对塔兰托港的侦察表明,意大利的主力舰队正停泊在塔兰托海军基地。

11月6日13时,坎宁安将军乘坐战列舰"沃斯派特"号,率领战列舰"刚勇"号、"马来亚"号和"雷米利斯"号,航空母舰"光辉"号("鹰"号出现了事故),巡洋舰"格洛斯特"号和"约克"号,以及1支驱逐舰队，自埃及亚历山大港启航，向西驶去。8日中午，地中海舰队到达位于克里特岛与马耳他岛之间的中部海域。地中海舰队按照惯例前来接应MW3护航运输队，英国直布罗陀舰队已经完成护送任务返航了。

英地中海舰队准备随时攻击可能出现的意大利军舰。14时30分，MW3运输队被意大利侦察机发现，"光辉"号上的战斗机赶走了意大利侦察机。

11月9日下午15时左右，意大利海军认为地中海舰队和MW3运输队正在驶向亚历山大港。而坎宁安却想出其不意地攻击塔兰托海军基地。

10日10时，直布罗陀舰队的战列舰"巴勒姆"号和2艘巡洋舰赶来增援地中海舰队。

中午，距马耳他岛以西64公里处，意大利侦察机被英机击落。13时30分，10架意机分成两个编队攻击英地中海舰队，没有击中。

意机遭到"光辉"号上的战斗机的拦截，1架受轻伤。11日中午，地中海舰队返回马耳他与克里特岛之间的中途海域。

11日18时，"光辉"号在巡洋舰"格洛斯特"号、"伯威克"号、"格拉斯哥"号和"约克"号的护卫下离开地中海舰队准备发动"判断"战役。

塔兰托港位于意大利半岛的根部、塔兰托湾的顶端，距离马耳他岛837公里。塔兰托港包括内港和外港，要进入内港必须通过一条狭窄的运河。外港由一条水下防波堤环绕。

意大利海军在塔兰托配置了21个炮兵连，其中13个在岸上，8个在浮动筏上。

意大利海军配置了84挺重机枪和109挺轻机枪，以保卫整个塔兰托港。意大利炮兵部队的武器和装备十分陈旧。

在外港的舰艇需要长达1.28万米的水下防雷网加以保护，但意大利只设置了1300米的防雷网。因为意大利海军认为，防雷网影响了舰艇的进出港。

"光辉"号航空母舰

意大利设计的防雷网只能挂到保护战列舰舷吃水最深处。但英国秘密研制了一种磁性鱼雷，这就使意大利的防雷网等于作废了。

意大利配置约 90 个拦阻气球。在 11 月的第一周，竟有 60 个气球被狂风刮坏。在英舰队发动攻击的那个晚个，只剩下 20 个拦阻气球了。

在塔兰托的防御中，最严重的缺陷就是陆军的炮兵连没有施放烟幕的设备。

11 月 11 日，在塔兰托港的外港，停有 6 艘战列舰、3 艘巡洋舰、8 艘驱逐舰。

在内港有 2 艘巡洋舰、4 艘驱逐舰、5 艘鱼雷艇、16 艘潜艇、4 艘扫雷舰、1 艘布雷舰、9 艘油船，还有补给船和医院船以及一些拖船和商船。另外，靠码头的有 4 艘巡洋舰、17 艘驱逐舰。

舰艇在塔兰托港内的精心配置能够保证舰艇充分发挥火力，意大利海军早就发现了反复侦察的英侦察机，认为是攻击塔兰托的征兆。

每到夜晚，意大利舰艇就处于备战状态，主炮由一半炮兵值班，而防空炮则全部值班。塔兰托港的总指挥是阿图罗·里卡迪将军，他对工作一丝不苟。

里卡迪相信，英航空母舰一旦驶入起飞地点，在英舰载机起飞以前，意大利侦察机就一定能发现。而陆军的高射炮连却害怕即将来临的防空战，他们希望意大利舰队转移到北部港口。

意大利舰队司令伊尼戈·坎皮奥尼海军上将不肯离开塔兰托港，利用塔兰托港意海军舰队能够切断英国的地中海补给线。

可供"光辉"号使用的"剑鱼"式鱼雷轰炸机共 21 架，分为 12 架和 9 架两个飞行中队。每个中队有 6 架飞机挂鱼雷，其他飞机携带炸弹和照明弹。

11 月 11 日傍晚，一架侦察机报告说，意大利军舰没有离港的迹象，坎宁安不再担心受到意大利舰队的攻击了。

第一章 海战惊魂

19时45分,"光辉"号的航速增至28节。一道绿光从飞行控制系统发出,一位飞行员加大油门,第一架飞机滑出甲板,腾空而起。

21时20分,"光辉"号转向迎风,第二飞行中队开始起飞,由黑尔少校率领。

11月11日19时55分,塔兰托的一个收听站报告说发现了一架敌机,指挥部没有在意。10分钟后,许多收听站报告说,发现了敌机。塔兰托港响起巨大的防空警报声,炮手们各就各位,其余的军民纷纷隐藏。

一个炮兵连开火了,不久停止了射击。塔兰托港恢复了平静。45分钟后,一个收听站又发现了敌机,又响起了警报。这两次混乱是英国中东指挥部派出的一架侦察机造成的。塔兰托海军基地又恢复了平静。

22时50分,塔兰托城的军民被巨大的警报声惊醒。圣维托地区的炮兵连发射了密集的防空炮火,桔黄色的和红色的曳光炮弹照亮了夜空。

12架英国"剑鱼"式鱼雷轰炸机中的8架飞出云层,另外4架飞机掉队了,其中1架是重要的鱼雷机。威廉森队长发现了意军欢迎他们的炮火。

正当8架英机接近塔兰托港时,发现了掉队的鱼雷机,它的驾驶员是斯韦恩。斯韦恩正在塔兰托港高空盘旋以等待飞行中队的增援,意海军误以为英海军只出动一架飞机。

其中两架英机负责投掷照明弹,它们飞往圣维托角的海岸高空。无数炮弹和曳光弹射向天空。

23时02分,一架英机向东北投掷照明弹,然后向右飞去,接着向一个油库俯冲轰炸。另一架投掷照明弹的备用飞机不需要投照明弹了,在返航以前也轰炸了油库。

威廉森的"剑鱼"机群,飞向外港。高射炮火密集组成了强大的火力网。威廉森驾驶飞机冲向火力网。威廉森从两个拦阻气球中间飞过,然后,飞过防波堤。

忽然,威廉森发现了"加富尔"号战列舰,于是向它投射了鱼雷。飞机突然变轻，向上猛升，威廉森连忙倾斜飞行。意机枪击中了飞机，飞机在海上坠毁。威廉森和斯卡利特从飞机中爬出来，艰难地游到浮动船坞旁，被意大利人救了。

几分钟后，庞大的"加富尔"号随巨大的爆炸而颤抖。"剑鱼"冲进火力网，以9米的高度低空擦过防波堤。它们的任务是进攻"维多利奥·威内托"战列舰号，但距离太远，当看见"加富尔"号时，投射了鱼雷，没有击中。"剑鱼"机群返回"光辉"号。

"剑鱼"飞机从圣皮埃特罗岛以北飞过，飞行高度只有1219米，炮兵连朝它不断射击。在照明弹的光亮的映照下，意大利战列舰清晰可见。"剑鱼"进行大角度的俯冲，接着贴着海面飞行，发现了战列舰"里多利奥"号，距离约914米时，投射了鱼雷，击中了右舷。

"剑鱼"进行大角度爬升，意军的火力网向他罩来。英机巧妙地绕过一组拦阻气球，飞回航空母舰。

斯韦恩驾驶L4M鱼雷机，从"里多利奥"号战列舰的舰桅上方掠过，

从塔兰托港启航准备投入战斗的"里多利奥"号战列舰

在雨点般的高射炮弹的威胁下逃走了。

最后一架鱼雷机是 E4F，驾驶员是蒙德上尉。蒙德驾驶老掉牙的鱼雷机在高空飞行，冻得浑身发抖。

后来，蒙德以 305 米的高度，飞至塔兰托居民区的上空。当他加大油门继续下降时，一门高射炮向他开火！又有两门高射炮向他开火。

蒙德只好减小油门，朝一个没有拦阻气球的工厂飞去。飞行的高度为 30 米，当飞到工厂巨大的烟囱附近时。蒙德加大油门，朝内港的出入口冲去。

巡洋舰和内港两岸的炮兵连都向蒙德开火，如果蒙德想逃生，只需蹬蹬腿、挪动一下右臂就可以了，但他决心在弹雨中占领攻击阵位。

他发现了两个巨大的舰体，瞄准了右面的那艘战列舰。与此同时，他立即贴着水面飞行，并按了发射钮，战后才知道鱼雷快接近战列舰时因触海底而提前爆炸了。鱼雷发射的同时飞机竟触水了，幸亏飞机因变轻而突然蹿升。

蒙德为了逃生，飞回工厂附近的浅海。他躲在许多商船的上空盘旋。突然，商船中冒出一艘驱逐舰，向他开火了。一串炮弹距离蒙德只有 90 米远时，蒙德立即躲避。炮弹贴着飞机冲过，烤得蒙德立刻不感到冷了。巡洋舰一直向蒙德开火，蒙德能够闻到刺鼻的烟味。

蒙德被意军包围了，只好擦着海面躲避防空炮火，一会儿升空，一会儿又扎向水面。

后来，蒙德终于逃到外港岬角之间的一个小岛上空。正在这时，红色火球从不足 90 米远的小岛上射出，蒙德连忙右转弯，接着又左转弯。就这样，蒙德以"Z"字形躲避弹雨，飞回"光辉"号。

另外，4 架携带炸弹的飞机正在执行独立的任务。英机于 23 时 06 分到达圣皮埃特罗岛上空，朝内港飞去。到处都是高射炮火，英机分不清目标。后来，它发现了目标，进行俯冲攻击，但它安全撤离时，发现一艘意舰燃起了熊熊烈火。

英机以2438米的高度飞到内港上空俯冲至457米，没有找到目标，只好飞向造船厂。不久，英机攻击了右前方的水上飞机基地和船台。水上飞机的机库燃起熊熊大火，附近的意炮兵连和意机枪连忙开火，但英机已经撤退了。

一架英机与飞行中队失去了联系，先飞至圣维托角以东地区，又飞至内港上空。这时，英机正在寻找战列舰。它选中了那些靠码头的舰艇，投掷了炸弹，但没有击中目标，又飞回去再次投弹，然后向西北飞去，从海岸上空冲过敌舰的高射炮火，飞回航空母舰。

最后一架英军轰炸机飞至圣维托角的东面，又飞至内港，向一支意舰队投弹。一颗炸弹落到驱逐舰"利伯奇奥"号上，没想到是哑弹，没有爆炸。23时35分，英机安全撤离。第一飞行中队离开后，意军不停地朝天空射击，组成防御火力网。

第二飞行中队的9架飞机中只有7架起飞成功，第8架向飞行甲板的中部移动时，第9架正向前滑行。两架飞机相撞，舰员们冲上去把两架飞机拽开。一架的主翼和翼肋严重受损。另一架完好无损继续起飞。

21时45分，黑尔率8架飞机向东飞行。飞行20分钟后，绑在外面的远程油箱掉入大海，发动机熄火，飞机的高度立即下降。

驾驶员小心地驾驶飞机，使用备用油箱后，发动机重新启动。当飞回"光辉"号时，遭到舰炮的射击。英机连忙发出识别信号，舰炮才停止了射击。

22时50分，黑尔只剩7架飞机了。当飞机在距离海岸约24公里处时，黑尔借助圣玛丽亚迪莱乌卡角上的灯塔发出的微弱的光束来航行。塔兰托港的很多收听站都侦听到英机群的声音，港口再次响起了防空警报声。炮手们竭尽全力，炮弹不断在空中爆炸。

23时55分，英机出动投掷照明弹。意方的炮火消失了，当两架飞机飞到海岸时，炮声再次响起。英机相继投掷了 16 个照明弹。接着飞向了油库，使油库引起小火灾，接着返回"光辉"号。

剩下的 5 架鱼雷机在北岸飞行，遭到岸炮和舰炮的攻击。黑尔驾驶的飞机以 1524 米的高度飞过隆地尼拉角以后立即俯冲，多次躲避猛烈的高射炮火。

黑尔发现了冒着浓烟的"里多利奥"号战列舰。当飞机距离水面 9 米时，他冲向"里多利奥"号战列舰，距离 640 米时投射了鱼雷。接着，他向右飞去，刮到气球的缆索，险些坠落，但凭借高超的飞行技巧，返回"光辉"号。

英机飞过隆地尼拉角后，情况不得而知了。据意军的战斗报告说，一架英机被击落，它很可能是"剑鱼"。

英军的"剑鱼"机群

另一架飞机遭到高射炮火的拦阻，迅速向右躲避，因为躲避过快而失去高度，掉进防空炮火下侧。它恢复平衡后，发现战列舰"卡伊奥·杜里奥"号，在距离732米时投射了鱼雷。鱼雷击中了"卡伊奥·杜里奥"号的右舷和"B"炮塔。英机从两艘巡洋舰中间冲过，险些撞到渔船的桅杆。巡洋舰的防空炮不停地朝它开火。英机从圣皮埃特罗岛北方天空撤离。

老掉牙的"剑鱼"像"网线袋"一样脆弱，它却穿过了密集的火力网，向着狭窄的运河入口飞去，飞到一些军舰中间，舰炮向它开火。它也发现了冒着浓烟的"里多利奥"号战列舰，在640米的距离上投射了鱼雷。

"剑鱼"的起落架触水，但仍然升空了，从两个气球之间飞过，飞向塔兰托湾。两个基地位于浮动筏上的炮兵连突然在海面上向它开火。它突然爬升，冒着炮火冲过去了，机身上多处中弹，摇摇晃晃地返回"光辉"号。

一架"剑鱼"飞过内港和塔兰托城后，向右转弯，在东海岸的拦阻气球一带飞行。直至这时，英机仍没有受到攻击。忽然，意军重机枪朝它开火，飞机的副翼被击中，飞机一头扎了下去。当飞机重新爬升时，下面出现了4艘战列舰。

"剑鱼"从457米的距离向"维多利奥·威内托"号投射了鱼雷，击中左舷舰尾。然后，冒着炮火向右飞去。一颗炮弹又击中飞机的左翼，一些翼肋被打掉。但是，它仍然回到了"光辉"号。

在起飞时被撞坏的英机经过装配工的努力，不足20分钟就修好了。当它向西北飞过塔兰托城和造船厂时，看见了照明弹。从海面上的大火中，发现意舰队受到了重创。高射炮停止了射击。

它缓慢地盘旋，它的飞行高度降为762米，发现了几艘军舰。敌舰炮朝它开火。当飞机降至152米时，向2艘巡洋舰投掷了6颗炸弹，都是哑弹。

它向北飞去，然后飞过内港，再向右从塔兰托港以东的海岸高空安全撤离。

2时，它发现了"光辉"号，安全降落。接着降落的是另一架"剑鱼"。5分钟后，第二飞行中队的最后一架飞机也降落了。

考虑到塔兰托港强大的防御力量，英国地中海舰队只损失了两架飞机，代价已经是非常小的了。

对于意大利海军来说，塔兰托之夜是难忘的。坎皮奥尼将军得知后，发现这不是一次偷袭，而是想使意大利舰队瘫痪的重拳出击。

报告的内容读起来让坎皮奥尼将军很恼火，最倒霉的是战列舰"里多利奥"号，它的舰首下沉了，需要很长的时间才能修复。

战列舰"卡伊奥·杜里奥"号中了鱼雷，两个弹药舱灌满了水，只好抢滩搁浅。伤势最严重的"加富尔"号被拖向海岸。12日5时45分，"加富尔"号沉没了。

内港的"塔兰托"号巡洋舰中了一枚炸弹，炸弹虽然没有爆炸，却把主甲板击穿了，把舱壁和通气管道给震坏了。

"利伯奇奥"号驱逐舰的舰首被炸裂，"佩萨格诺"号驱逐舰的舰体也受伤了。

坎皮奥尼将军担忧的是，意侦察机竟不能发现英国航空母舰。原来，每当意侦察飞机跟踪地中海舰队时，不是被"光辉"号上起飞的战斗机击毁，就是被打跑。

在二战海战中，每当意海军需要空军的支援时，必须先向空军总部求援，然后空军再层层下达任务，怪不得每次作战意空军都姗姗来迟。在战争中，没有制空权只能等着挨打，别无选择。

配属给意海军落后的侦察机是无法做出更好的成绩来的。每架侦察机飞行的时间很长而且装备太落后，要想提高效率必须减少侦察机的任务。

不管怎样努力，意侦察机都是无法胜任战略性远程侦察任务，经验表明远程侦察对海军越来越重要。

意海军很快采取措施对付磁性鱼雷，即快速生产新式防雷网，它围绕军舰下垂到港底，网的一端能够打开以便军舰的进出，空投鱼雷就无法攻击躲在防雷网里的军舰了。从此，意海军再也没有重蹈塔兰托的覆辙。

1年多后，美国海军也遭到同样的命运。美国海军非常了解英海军夜袭塔兰托的经过。珍珠港的空袭使美国受到灾难性的损失。另外，德国也遭到同样的命运，两艘停泊在布勒斯特港的巡洋舰受到重创。

坎宁安将军对于"鹰"号航空母舰没有参加这次空袭深感遗憾。

丘吉尔向英国下院吹嘘道："经过塔兰托海战，我们几乎已经把意大利海军歼灭了。战斗的结果对地中海海军的力量对比发生了重要的影响，对世界的海上形势也有重大影响。"

就意海军的打捞工作来讲，"里多利奥"号和"卡伊奥·杜里奥"号是幸运的。

潜水员们发现"里多利奥"号的龙骨下边的泥土里，有一颗没有爆炸的鱼雷，雷管那怕最轻微的移动都会造成可怕的后果。

"里多利奥"号中了3枚鱼雷，于1941年3月末完成出海的准备。"杜里奥"号于5月中旬完成了出海的准备。

英国人大吃一惊，他们以为那两艘战列舰早就见上帝去了。用旧战列

意大利"维多利奥·威内托"号战列舰

舰更新的"加富尔"号的隔舱结构是很差的，因此它沉没了。1941年7月，"加富尔"号浮起后，被拖至的里雅斯特港去修复，战争结束时，还需要6个月才能修好。

经过塔兰托港的夜袭，从战略上讲，给意军造成了严重的后果，因为意大利海军只剩两艘战列舰"凯撒"号和"维多利奥·威内托"号了，进行现代化改造的旧战列舰"多里亚"号还没有做好出海的准备。因此，丘吉尔觉得英国在地中海地区已经处于绝对优势。

加尔多斯岛海战

每当坎宁安听见舰炮射击的轰鸣声，就像孩子一样高兴起来，他不喜欢那些自以为是的枪炮军官。

1940年6月11日，意大利向英法宣战，接着法国投降。与坎宁安的地中海舰队相比，意大利舰艇更新、航速更快、舰炮精良。

由于英国本土还有遭到入侵的危险，因此大大限制了地中海舰队实力的增长。

尽管人们认为马耳他基地守不住，但坎宁安却下决心守住英海军利用了差不多一个半世纪的基地。

幸运的是，意大利海军没有全面进攻马耳他岛，只是采取了包围的策略，日夜空袭马耳他。

1940年12月初，英国韦维尔陆军上将开始在埃及西部沙漠发动反攻，两个月内向前推进500英里，俘虏意军13万人，缴获400辆坦克，850门火炮。这次反攻一直推进到利比亚的班加西一带。

英国地中海分遣舰队在沿海用舰炮支援英军，同时负责向英军运送补给品。

1941年1月25日13时30分，受到重创的"光辉"号逃到马耳他，经过临时抢修后返回亚历山大，经过进一步抢修后，通过苏伊士运河，绕道好望角，到达美国弗吉尼亚州的诺福克，进行彻底的改装。

与此同时，新型装甲航空母舰"可畏"号由大西洋绕道非洲南端，通过苏伊士运河，加入地中海舰队。

1941年2月，隆美尔的德军装甲部队陆续被运抵利比亚的黎波里港，准备发动闪电战，夺回意大利军队丢弃的大片阵地。

"可畏"号航空母舰的舰长是A.比塞特，搭载新型"海燕"式战斗机、"大青花鱼"鱼雷侦察机。它的排水量为2.3万吨，航速高达31节，是装甲航空母舰。

"可畏"号为地中海舰队增添了远程火力和广泛侦察的能力，大大提高了舰队防御敌机的能力。

1941年2月中旬，意德两国在梅拉诺召开海军会议。会议上，德国要求意大利派出足够的掩护舰队，把运载德军的船队送到利比亚。

作为条件，意大利要求德国供应更多的罗马尼亚燃油。

刚刚出任意海军舰队司令的亚基诺上将竟不知道这次会议的情况。

意大海军在德国海军的压力下，制定了远至克里特岛的双重进攻性搜索任务。德国空军将在西西里岛东面约350海里处为意大利舰队提供空中支援。

另外，意大利空军将在德军掩护范围以外的海域为意大利舰队提供空中侦察和掩护。亚基诺对这种模糊的作战计划十分不满，要求德意两国的空军制定具体的支援计划。

希特勒对意舰队的拖延很不耐烦，特别是英国在1941年3月4日开始向希腊增运部队和装备时，希特勒对墨索里尼施加更大的压力。

1941年3月19日，事态发展到紧要关头。当时意大利海军参谋部收到德国海军的一份错误的报告，说英国在东地中海只有一艘战列舰。

德国海军认为，地中海的形势比以往任何时候都对意大利海军有利。英国的运输船队从亚历山大至希腊之间进行频繁的运输，希腊军队靠这些船只得到部队和装备的增援。这为意大利海军提供了最好的攻击目标。英国的运输船队没有足够的护航舰，意大利海军甚至能够完全切断英国对希腊的运输线。

这对意大利海军是个巨大的诱饵，意大利海军决定冒险远离意大利作战。

"可畏"号航空母舰加入地中海舰队后，于3月20日装满了补给品和弹药，与3艘战列舰搭伴，在多艘驱逐舰的护卫下向西北驶去，进行搜索任务，防止意大利海军攻击英国运输队。

在巡逻的过程中，德国的斯图卡飞机多次企图轰炸"可畏"号，"可畏"号上的战斗机和地中海舰队的伞形防空火力网赶跑了德机群。

新型装甲航空母舰"可畏"号加入地中海舰队，使英军的实力大大增强

双方的消耗很大，地中海舰队附近的海面随着枪炮弹雨的爆炸溅起了无数水柱，滚滚黑烟笼罩在舰队上空，天空变得暗淡，舰员们随着爆炸声一阵阵地乱叫。

舰员们发现约1海里外一架斯图卡式轰炸机拖着大火，坠落大海，溅起巨大的水柱。每艘舰艇都不会离开舰队去寻找那些挣扎在海面上的人，那样做很可能遭受德国潜艇的偷袭和敌机群的轰炸。4天的例行搜索结束了，没有发现任何意大利舰艇的影子。

3月27日上午，坎宁安上将突然得到报告，有3艘意大利巡洋舰、1艘驱逐舰正向克里特岛行驶。如果这个报告是准确的，坎宁安对英国运输队感到很担心。

当时只有1艘英国运输船"AG-9"号在海上航行，它正运载部队在克里特岛以南驶向比雷埃夫斯港。坎宁安命令天黑以前"AG-9"号继续航行，天黑后立即返航躲避。

坎宁安命令从比雷埃夫斯港准备向南航行的运输队立即取消航行。坎宁安还故意把英国战列舰停在亚历山大港，麻痹意大利海军。

中午，春风和煦、令人陶醉，"可畏"号突然奉命进行离开港口的准备工作。飞机补给品运上来了，地勤人员纷纷登舰。沉重的止动钢索安装在飞行甲板上，一些轰炸鱼雷机正在进行起飞、降落的试验。

一架意大利侦察机于3月27日下午2时飞过亚历山大港上空。它向意大利海军司令部报告说，地中海舰队的3艘战列舰和多艘巡洋舰没有出港。

15点30分，"可畏"号起航。约1个小时后，逆风航行，从德赫拉机场飞来的战斗机中队陆续在舰上降落。天气晴朗，碧波千里，海面平静。

飞行员们不必担心天气的影响，他们一个个熟练地降落在着舰甲板上。飞机在甲板上跳动着直到被止动钩钩住或者被应急挡板挡住。

地中海舰队在天黑后也驶出了亚历山大港,很快,"可畏"号与舰队会合,以20节的航速向西北驶去。3艘战列舰是"厌战"号、"巴勒姆"号和"勇士"号。还有负责反潜的9艘驱逐舰。

所有的军舰躲在茫茫的夜色中,舰队司令坎宁安在旗舰"厌战"号上。这时,意大利舰队正在海上寻找英国运兵船队。地中海舰队官兵们的情绪激昂,自从日德兰海战以来,英国舰队一直没有进行过大规模的舰队战斗。官兵们普遍认为,大规模的舰队战斗一定会出现。

"可畏"号航空母舰的副舰长鲍尔少校说,3艘战列舰都在25年前进行过日德兰海战,意大利的"维多利奥·威内托"号和"里多利奥"号显得落后了。但是,官兵们都不相信意大利海军敢离开家门,跑这么远来向地中海舰队挑衅。

为了掩护开往希腊的英国运输队上的部队、商船上的武器装备和补给品,一支由威佩尔中将率领的分舰队正在爱琴海上航行。这支分舰队由"奥赖恩"号、"阿贾克斯"号、"佩思"号、"格洛斯特"号巡洋舰和"冬青"号、"急火"号、"赫里沃德"号和"世仇"号驱逐舰组成。

自3月25日以来,意大利海军加紧侦察地中海舰队的情况,对亚历山大港进行愈来愈频繁的空中拍照。

坎宁安认为,意大利海军就要发动大规模的舰队行动。很可能是进攻只有少量舰艇护航的英国运兵船队。如果意大利海军知道地中海舰队已经离开亚历山大港,就不敢贸然攻击英国运兵船队。

另外,意大利海军舰队很可能掩护德意部队在希腊或者在利比亚登陆,或者强攻马耳他岛。3月26日制定的紧急防御措施,必须进行修改了。

坎宁安命令威佩尔的4艘巡洋舰、4艘驱逐舰于3月28日早6时30分出发,到达克里特岛以南20海里的海域。

坎宁安命令英国空军的30架轰炸机负责克里特岛以南海域的空中侦察任务,同时命令希腊的一支驱逐舰队随时准备战斗。

坎宁安大摇大摆地带着手提箱于 27 日下午上岸，让意大利间谍认为他要在亚利山大港过夜了。天黑后，坎宁安立即登上旗舰"厌战"号。

晚 19 时，地中海舰队起航追上"可畏"号。地中海舰队故意在白天用飞机把主要的参谋人员送上岸，使所有的意大利间谍放心；地中海舰队还把舰上的天篷打开，宣布在晚上请客吃饭。天黑后，地中海舰队马上合拢天篷。参谋们匆忙登舰。

地中海舰队全速向西北驶去。官兵们十分兴奋，尽管他们对意大利舰队的情况一无所知。

除了值班人员外，大部分人都必须上床睡觉，养精蓄锐。这时，官兵们都在猜测着第二天舰队会在哪里与意大利舰队交战。许多官兵想到这可能是在世的最后一个夜晚了。

官兵们都非常钦佩坎宁安，因为很多舰队司令都躲在岸上办公，但坎宁安却把司令部设在"厌战"号上。坎宁安身边由一些军官组成了参谋部，包括作战参谋、舰队枪炮长、水雷业务长、航海业务长和舰队通信业务长。

坎宁安要求参谋们必须是第一流的，要求他们对任何有关专业方面的询问立即回答出来。任何人都不可能精通舰队涉及到的所有专业知识，坎宁安对很多专业知识都不精通。

每当坎宁安听见舰炮射击的轰鸣声，就像孩子一样高兴起来，他不喜欢那些自以为是的枪炮军官。如果有人把远程炮火吹得神乎其神，坎宁安就会骂他。

坎宁安讲究军人着装，认为军装上的任何装饰必须有实用价值。

坎宁安遵守海军条例中的着装规定和礼节，但他不喜欢死板地照条例办事的做法。坎宁安常以随和的态度与官兵们接触，赢得了官兵们的好感。

3 月 28 日 5 时 30 分，天空一片黑暗。飞机排列在飞行甲板上，准备

英国皇家海军上将，地中海舰队总司令坎宁安

起飞。

5点55分，飞机一架架升入天空，编成了搜索队形。5架侦察机在海面上寻找意舰队，1架侦察机搜索敌潜艇，两架战斗机进行空中警戒。

1个小时后，仍没有找到意大利舰队。忽然，战斗警报响了起来，人们停止吃早饭，戴上钢盔，防毒面具、穿上防护衣。

舰员们各就各位，但又是漫长的等待。

"可畏"号的舰长是丹尼斯·博伊德。7时20分，第一架侦察机发现了加尔多斯岛附近的4艘意大利巡洋舰、4艘驱逐舰。另一架侦察机，在加尔多斯岛附近发现4艘意大利巡洋舰、6艘驱逐舰。

根据侦察机的报告得知,这两支意大利舰队距离20海里,但无法肯定它们是不是同一支舰队。

此时,威佩尔的地中海分舰队奉命于6点30分到达加尔多斯岛以南与地中海舰队会合,"可畏"号的舰员们认为威佩尔的分舰队可能就是两架侦察机分别报告的"敌"舰队。

8时04分,第一架侦察机又发来报告,把它早上报告中说的4艘巡洋舰、4艘驱逐舰改成4艘巡洋舰、6艘驱逐舰。

威佩尔的旗舰"奥赖恩"号巡洋舰也发来紧急电报,说3艘来历不明的军舰在它的西北方18海里处向东航行。

可能意大利战列舰也出海了,位置在西北方。根据目前的航向,或许两个小时之内就会遭遇了。

坎宁安下令舰队的航速提高到22节,因为出现了故障,"厌战"号战列舰的最高速度只有22节。

由于威佩尔的分舰队被意大利侦察机发现了,威佩尔下令把航速提高到20节,以扰乱意侦察机的报告。

7时45分,"奥赖恩"号的瞭望手发现舰尾方面的海面上有烟,烟雾是一支意舰队施放的。7时55分,"奥赖恩"号的瞭望手发现这支意舰队由3艘巡洋舰、3艘驱逐舰组成。

它们是巡洋舰"的里雅斯特"号、"塔兰托"号和"波尔萨诺"号,驱逐舰"科拉齐耶雷"号、"龙骑兵"号和"阿斯卡里"号。由桑森尼蒂中将指挥,即意大利的X舰队。

威佩尔知道意巡洋舰上装有8英寸口径舰炮,射程超过4艘英巡洋舰上装的6英寸火炮。而且,意大利巡洋舰的航速比他的巡洋舰快2.5节。

威佩尔下令向东南100海里以外的坎宁安舰队驶去,想把X舰队引向地中海舰队那里。

威佩尔并不知道,一支实力更强的意舰队Z舰队:拥有5艘巡洋舰和

6艘驱逐舰,所处的位置正好截住威佩尔的退路。

Z舰队由"扎拉"号、"阜姆"号、"波拉"号、"加里瓦尔迪"号和"阿布齐"号巡洋舰组成,"扎拉"号是卡塔尼奥中将的旗舰,"加里瓦尔迪"号是莱尼亚尼中将的旗舰。还有"焦贝蒂"号、"奥里亚尼"号、"卡尔杜奇"号、"达雷科"号、"阿尔菲耶里"号和"佩萨格诺"号驱逐舰。

"厌战"号的侦察机在8时5分报告了Z舰队的3艘意大利重巡洋舰的位置,却误报成3艘战列舰。威佩尔认为这个报告不正确,因为他的分舰队在8时5分时距离那个位置只有7海里,没有看见意大利战列舰。

事实上,由于云层给飞行员带来的影响以及飞行员也尽力隐蔽,所以飞行员很容易把重巡洋舰误认为战列舰。再者,意大利重巡洋舰外表上与战列舰很相似。

8时12分,意大利的X舰队"的里雅斯特"号等巡洋舰用8英寸舰炮向威佩尔的分舰队开炮了。

英国"格洛斯特"号巡洋舰

X舰队集中火力朝"格洛斯特"号开炮,"格洛斯特"号的炮火射程碰不到意大利军舰,但它靠Z字航线躲避意舰的炮火。

8时29分,双方舰队的距离缩短为12海里,"格洛斯特"号等巡洋舰用6英寸口径舰炮还击,3次齐射没有击中意舰队,但迫使意舰队躲避了几分钟。

8时37分,X舰队躲在英舰队的炮火射程以外。威佩尔的分舰队一路狂逃,"世仇"号驱逐舰的主机出现了故障,返航了,威佩尔的护航驱逐舰只剩3艘了。

8时55分,X舰队停止炮击,向西北方向逃去。当时,X舰队距离坎宁安的主力舰队只有50海里。坎宁安的舰队正以22节的航速赶去救助威佩尔的分舰队。

第一轮战斗结束了,双方都没有损失。双方都不了解对方的意图。威佩尔率分舰队朝西北方向追去,就快陷入意大利舰队司令亚基诺所布下的包围圈中了。

亚基诺的旗舰是主炮口径为15英寸的"维多利奥·威内托"号战列舰,距离威佩尔的旗舰"奥赖恩"号巡洋舰的左舷只有几海里。

桑森尼蒂于8时55分突然率X舰队向西北方向逃去的行动,是亚基诺下的命令。

亚基诺不想让X舰队被引入情况不明的地方去,他怀疑威佩尔的撤退可能是故意的,他认为威佩尔的撤退不符合英国舰队的传统战术。

8时27分,地中海舰队的"勇士"号战列舰的航速达到24节,"巴勒姆"号战列舰的航速不足23节。旗舰"厌战"号战列舰率舰队向东北迎风转向,"可畏"号上的舰载机奉命起飞。

8时57分,坎宁安命令"勇士"号火速支援威佩尔的分舰队。驱逐舰"努比亚"号和"摩霍克"号也被派去支援威佩尔,执行反潜艇任务。

坎宁安命令"可畏"号的一支鱼雷机队,等到意大利战列舰现身时立即攻击。坎宁安不愿暴露手中的王牌——"可畏"号航空母舰。

9时18分,意巡洋舰奉命停止交战,海战暂时结束。

"螳螂"捕"蝉"

突然,"维多利奥·威内托"号主炮的第一次齐射炮弹落在威佩尔的分舰队附近的海面上。

亚基诺是意大利海军名将,于1940年12月出任意大利舰队司令。他是杰出的技术人员和熟练的水手,在西方海军界享有很高的威望。

1931年至1934年间,亚基诺出任意大利驻英国海军武官,熟悉英国海军的情况。

亚基诺经常向傲慢的意大利和德国的空军求助,对他们以恶劣的姿态为海军提供空中掩护而深感遗憾。他悔恨没有在战争初期从空中和海上攻占马耳他岛,来维护地中海的海上优势。

1941年3月16日,亚基诺奉命进攻加尔多斯岛以南的地区,同时进攻爱琴海域。这是英国的运兵船队经过的地方。

意大利海军部还规定,"维多利奥·威内托"号战列舰也参加此次行动。它的航速为30.5节,装备9门15英寸口径舰炮,射程远远超过英国装备15英寸炮的战列舰。

亚基诺还有6艘主炮口径为8英寸的快速巡洋舰。亚基诺的最大弱点是没有航空母舰,只有3架弹射侦察战斗机。续航时间为5个小时,一旦被弹射出去,就必须飞回陆地。

意大利舰队分为几个分舰队:

Y舰队由"维多利奥·威内托"号和4艘驱逐舰组成。

X舰队由3艘巡洋舰和3艘驱逐舰组成。

Z舰队由5艘巡洋舰"扎拉"号、"阜姆"号、"波拉"号、"阿布齐"号、"加里瓦尔迪"号以及6艘驱逐舰组成。

3月28日7点45分,亚基诺想出一个歼灭威佩尔的分舰队的陷阱。10时30分,亚基诺率战列舰向东行驶,绕到威佩尔的北面。

"维多利奥·威内托"号一旦占领有利阵地,便打算命令Z舰队调头,绕到尾随的威佩尔的背后,把威佩尔的分舰队赶进"维多利奥·威内托"号的炮火之中。

威佩尔的4艘巡洋舰就要被围歼了,这可是只需瞬间就能发生的事情。

在英国地中海舰队方面,"可畏"号航空母舰上的6架大青花鱼式飞机的引擎已经发动将近两个小时了,每架飞机上挂有一枚鱼雷,其定深为34英尺,专门攻击"维多利奥·威内托"号。其中3枚鱼雷临时改为28英尺,因为不清楚意大利的其他战列舰会不会出现。

6架轰炸机最大航速高达143节,装上一枚鱼雷,还要带上机组人员,航速就不足90节了。

海燕式战斗机最高航速为222节,续航时间为5个小时。如果遇到空战,续航时间就缩短了。

在能见度恶化或者风浪大的情况下,飞机的降落是很危险的。如果另有飞机停在飞行甲板上,飞机不能降。如果需要调动航空母舰或者有空袭,致使航空母舰无法转向逆风,停在空中的飞机也不能降落。

当时的条件下,指挥航空母舰,最难把握的事情是决定什么时候命令飞机起飞。起飞晚了,飞机毫无用处。事先知道会有大规模的海战,起飞早了也会产生严重的后果。

另外,飞机起飞时,航空母舰会因为转向逆风而影响航速。

9时22分,坎宁安紧急下令再将起飞时间延迟一会儿。在航空母舰暴露以前，坎宁安希望绝对有把握一次起飞就赶上并轰炸意舰。

9时25时，坎宁安给英国空军发报，要求立即出动水上飞机去搜索意舰队。早在8时49分，坎宁安给克里特岛上的海军基地发了电报，命令英海军815中队攻击意舰队的X舰队。

由于当时的条件所限，这份电报只能先发给搁浅在克里特岛苏扎湾的英舰"约克"号，再由"约克"号转发给克里特岛的海军基地，直到10时5分，机场方面才接到电报。

在接到电报之前，4架海军的鱼雷轰炸机早已从岛上起飞，搜索了克里特岛以西海域，没有找到意舰队。8点45分，这4架鱼雷轰炸机返回岛上的机场。10时5分，其中的3架立即加油，安装鱼雷，于10点50分再次起飞，另一架因引擎出现故障而无法执行任务。

中午，3架鱼雷轰炸机在9000英尺高空，发现X舰队正沿300度航行。5分钟后，3架鱼雷轰炸机向"波尔萨诺"号的左舷舰尾投射了鱼雷，但没有击中。

9时39分，坎宁安命令飞行甲板上的8架飞机起飞。前去攻击X舰队的巡洋舰。

9时56分，"可畏"号转向逆风，6架轰炸机和两架战斗机立即升空。接着，一架战斗机滑出甲板，执行掩护航空母舰的任务。紧接着，两架战斗机和两架鱼雷侦察机在甲板上降落。

坎宁安把情况用电报通知威佩尔，威佩尔误解成有一支鱼雷轰炸机队要去攻击他。10时45分至11时，威佩尔的分舰队突然向英6架鱼雷轰炸机和两架战斗机开炮。

尽管英机群一再显示是自己人，但英巡洋舰仍然疯狂地开炮，直至英机群飞过去为止。

威佩尔仍在Z舰队后面紧紧追赶，一点儿都不知道陷入亚基诺布下的陷阱之中。

"可畏"号上的大青花鱼式鱼雷攻击机

经过第一次与Z舰队交火以后,威佩尔的分舰队官兵们感到勇气越来越大了。海面上看不见意大利舰队,炊事员给舰员们送来了食物。

突然,"维多利奥·威内托"号主炮的第一次齐射炮弹落在威佩尔的分舰队附近的海面上。英舰纷纷向南撤退,同时施放浓烟。

几乎同时,"厌战"号上的坎宁安和参谋们从电报机中发现了威佩尔的命令:"快,放烟!向南!全速前进!"

参谋们议论纷纷,威佩尔率领的分舰队到底遇到什么事了?曾在驱逐舰上服役多年的坎宁安说:"别说傻话了。他遇到战列舰了!如果你们在驱逐舰上服役过,你能立即知道他遇到什么事了。"

几分钟后,威佩尔发来的电报证实了坎宁安的判断。11时,Z舰队向左调头追击威佩尔的分舰队。

在后面追击的Z舰队的航速很快,不久将追上英巡洋舰了。这时,"维多利奥·威内托"号战列舰追上了威佩尔的舰队。

"维多利奥·威内托"号的舰炮打得很准,但打击的范围太分散。威佩尔的分舰队凭借来自东北方向的风势，形成了烟雾屏障。

"维多利奥·威内托"号集中主炮攻击"格洛斯特"号巡洋舰，驱逐舰"急火"号冲出来施放烟雾，遮住了"维多利奥·威内托"号的视线。

这时，Z舰队终于追上威佩尔的分舰队，即将发炮。正在这个危急关头，即11时27分，"可畏"号的6架鱼雷轰炸机和2架战斗机赶到了。

英机群发现"维多利奥·威内托"号战列舰，在4艘驱逐舰的护卫下，正向躲在烟雾后面的威佩尔的分舰队冲去。

"维多利奥·威内托"号正以30节的航速追击，英巡洋舰的航速显得慢多了，而且他们也无法指望在80海里以外的坎宁安舰队支援他们。

与此同时，两架德国斯图卡式战斗轰炸机冲进英机群，与两架英战斗机交战。一架德机被击落，另一架德机逃跑。

然后，两架英战斗机向"维多利奥·威内托"号扑去，20分钟后，两架英战斗机到达"维多利奥·威内托"号的上空，朝下猛烈扫射。

"维多利奥·威内托"的防空炮打得太臭了，不过，它射向英巡洋舰的炮弹却像长了眼睛一样。威佩尔的分舰队同时也在反击。"维多利奥·威内托"号面对众多的英舰，因此攻击的范围太大。

3架英机同时向"维多利奥·威内托"号的右舷舰首俯冲并投射鱼雷。与此同时，3架英机向横梁俯冲并投射鱼雷。"维多利奥·威内托"号至少中了一条鱼雷，它原地转了一个圈。后来证明英飞行员的报告是不正确的，但当时地中海舰队却深受鼓舞。

同时，"维多利奥·威内托"号停止向英巡洋舰的发炮。很快，它向西北方向逃去。

按照战后亚基诺在书中的说法，英国巡洋舰被发现时，为首的旗舰向"维多利奥·威内托"号发出挑战信号。

"维多利奥·威内托"号立即发炮。当时是10时58分，双方距离23

公里。

当时，分舰队向南逃跑，每艘英舰都在炮火中蛇行，英舰也向"维多利奥·威内托"号还击，但很快发现炮弹根本打不到"维多利奥·威内托"号，只好停止还击。

大部分时间里，英舰都躲在浓烟里。11时，突然出现6架飞机，很像意大利的护航机，意大利舰员们非常高兴。

几秒钟后，所有的高射炮和高射机枪都开火了。英机群投射了6条鱼雷，但无一命中。

"维多利奥·威内托"号死里逃生，连忙召唤Z舰队向西北方向返航。

烟雾散去后，英舰的舰员们发现海面上一片寂静，意大利军舰都不见了。

威佩尔下令转航与坎宁安的舰队会合。12时24分，"格洛斯特"号发现了赶来支援的"勇士"号战列舰及其驱逐舰护卫队。

另外，坎宁安的主力舰队位于亚基诺的东南方45海里处，正吃力地追赶意大利舰队。除非出动舰载机攻击意大利舰队，降低意大利舰队的航速，否则坎宁安无法追上亚基诺。

12时30分左右，地中海主力舰队正在克里特岛附近海域上追赶意舰队，"可畏"号航空母舰这次出海只搭载了27架舰载机，包括13架海燕式战斗机、10架大青花鱼式和4架旗鱼式飞机。这27架舰载机除了跟踪意舰队、大规模侦察和攻击意舰队以外，还要进行航母护航、反潜巡逻等许多日常勤务。

第二支鱼雷轰炸机队作好了起飞准备。它包括3架大青花鱼式和2架旗鱼式轰炸机。只有2架海燕式战斗机为它们护航，真是少得可怜。

早晨7时20分曾第一个报告发现意大利舰队的那架大青花鱼式舰载机没有找到"可畏"号，因燃料不足，向埃及飞去，途中在利比亚的巴迪亚降落。

第一章 海战惊魂

坎宁安命令"可畏"号脱离舰队,完成飞机起飞任务。由于"巴勒姆"号的最高速度是22节,地中海主力舰队的航速也只能是22节。

很快,"可畏"号就被甩在后面。旗舰"厌战"号战列舰的主桅上飘扬着坎安宁的白底红十字军旗。这3艘战列舰是日德兰的那场战列舰大决战中幸存下来的。

"可畏"号的舰员们产生了失去护卫后的紧张感,因为身边没有英战列舰的15英寸舰炮了。

第一支鱼雷轰炸机队正在空中盘旋,第二支鱼雷轰炸机队一架架滑出甲板,腾空而起。

舰员们向一架架升空的飞机发出一阵阵欢呼声。第一支鱼雷轰炸机队安全降落了,地勤人员又忙了起来。

12时44分,"可畏"号以30节的高速破浪前进,追向地中海舰队。这时,意大利的Z舰队和地中海舰队相距不到几海里远。英国空军的一架轰炸机向坎宁安报告了Z舰队的方位。

"可畏"号的右舷上空出现了敌机。这是一架意大利轰炸机。距离不足2000码了,但是,"可畏"号的炮手们依旧懒洋洋的。

舰长冲着炮手们咆哮起来:"都给我醒醒!正前方!开炮!"

他们发炮了,传来断断续续的爆炸声。舰上所有的防空炮都开了火。意大利轰炸机投射了一条鱼雷,盘旋了一圈,飞走了。

"右满舵!"舰长大喊。

"可畏"号大幅度地向左舷倾侧,快速向右舷旋转。意大利飞机在距离1000码的地方投射鱼雷,鱼雷以70节的速度冲向"可畏"号,25秒就能击中"可畏"。

这25秒还没有过去,第二架意大利轰炸机从右舷方向飞来,遭到前炮的猛烈轰击。距离1500码时,它投射了一条鱼雷,然后飞走了。

"右满舵!"舰长大喊。舰员们提心吊胆,一秒钟一秒钟地默数着时间，等待被鱼雷击中！好险呀，"可畏"号摆脱了鱼雷。

12时30分，"勇士"号及其驱逐舰、威佩尔的分舰队赶来与地中海舰队会合。

12时50分，地中海舰队减低了航速，等待"巴勒姆"号战列舰追上来。

14时，"可畏"号赶来与地中海舰队会合，这时地中海舰队拥有3艘战列舰和1艘装甲航空母舰、13艘驱逐舰、4艘主炮巡洋舰。

坎宁安逐渐明白，地中海舰队没有缩小与意大利舰队的距离，被意大利舰队甩得更远了。14时以前，意大利的Y舰队一直以28节的航速撤退，后来由于护卫的驱逐舰需要节约燃料才减速为25节。

15时，一架舰载机发现了"维多利奥·威内托"号战列舰，并将它的位置、航向和航速向坎宁安作了报告。

亚基诺对15时的局势是这样估计的：除了威佩尔分舰队的4艘巡洋

英国航空母舰以30节的高速破浪前进

舰以外，英舰队只有1艘战列舰、1艘航空母舰和一些小型舰艇，这支英舰队的航速很慢，已经被远远甩掉了。

亚基诺最担心的是航空母舰对意大利舰队发动空袭，而不怕与英舰队进行炮战，因为意大利舰队在火力和航速方面占有优势。

亚基诺知道，坎宁安必须首先确定意舰队的位置，然后再冒着意舰队的防空炮火进行空袭。

不幸的是，14时20分，"维多利奥·威内托"号遭到从希腊起飞的英国空军飞机的空袭，炸弹都落在"维多利奥·威内托"号附近的海水中。14时50分，9架英国空军的轰炸机又来空袭。

"维多利奥·威内托"不断地躲避，并用炮火对空猛击，所有的炸弹都没有击中。

另外，14时20分，英国皇家空军对意大利的X舰队发动了空袭，17时，又对X舰队发动了空袭。但是两次空袭都没有击中目标。

还有，意大利Z舰队在14时15分和16点46分两次遭受英空军轰炸机的空袭，也没有被击中。

在这么长的时间内，竟没有一架意大利或者德国的飞机掩护意大利舰队。

15时10分，"可畏"号航空母舰上的第2支鱼雷轰炸机队找到了"维多利奥·威内托"号，这次进攻是与英国空军的高空轰炸一同进行的。当时，意舰队正忙着对付英国空军的高空轰炸。3架大青花鱼式舰载机趁机飞到"维多利奥·威内托"号的前面，向下俯冲并用航空炮扫射。

"维多利奥·威内托"号向右舷转了半圈，航空炮弹在左舷前方和船中部的海面掀起水柱。2架旗鱼式战斗机从右舷一边向意舰的右舷和尾部开炮扫射。

一架英机的飞行员凭借高超的技术与巨大的勇气接近战列舰，他投射了鱼雷，吓得意舰队的舰员们目瞪口呆。

这架英机完全暴露在机关炮的火网中，多处中弹，栽入右舷一侧约1000码的海水中。

鱼雷就在"威内托"号迅速向右舷转向时，击中舰体左舷，大量的海水涌进了舰内。15时30分，"维多利奥·威内托"号停在海面上，开始慢慢地向左倾斜，船尾开始下沉。一架英国空军的飞机朝其尾部进行轰炸，但没有命中战列舰。

与此同时，地中海舰队正在后面65海里处以22节的速度向"维多利奥·威内托"号追来。

坎宁安命令威佩尔的分舰队重新追上意舰队。驱逐舰"努比亚"号和"摩霍克"号负责在地中海舰队和威佩尔的分舰队之间进行联络。

距离天黑还有2个小时，若"维多利奥·威内托"号真的丧失了动力，或者航速大大降低，那么天黑前干掉它还是有可能的，但先要找到它。

在"可畏"号上，8架舰载机已经为进行黄昏空袭做好了起飞准备。

17时35分，它们相继升空。它们进攻以后，将在克里特岛的莫里姆机场降落。飞机夜间不能在航空母舰上降落，怕暴露地中海舰队的位置。

离天黑还有1个小时，飞行员们希望自己不被意大利舰队发现，以使意大利舰队措手不及。

在莫里姆机场上，两架旗鱼式轰炸机也挂好鱼雷起飞加入这次空袭。

18时10分，两架旗鱼式轰炸机发现4艘意大利军舰，在6艘驱逐舰的护卫下，正以14节的航速行驶。英机群被这支意舰队发现了。半小时后，两架旗鱼式轰炸机发现8架舰载机从东面飞来，出现在意大利舰队的后方。再有5分钟，天就完全黑了。

威佩尔的巡洋舰队已在海面上搜索了1个半小时，仍没有追上意大利舰队。

18时10分，坎宁安利用信号旗宣布：如果威佩尔的分舰队追上了受到重创的"维多利奥·威内托"号，那么第2、第14驱逐舰小队冲上去击沉它；如果"维多利奥·威内托"号没有受伤，那么驱逐舰闪开，主力舰队冲上去击沉它；如果威佩尔的巡洋舰没有找到敌战列舰，全体军舰向北迂回，再向西，争取明天早晨与敌舰交战。

"斯图亚特"号、"格里芬"号、"猎狗"号、"浩劫"号在前面警戒。"贾维斯"号、"两面神"号、"努比亚"号和"摩霍克"号于黄昏时分与地中海舰队会合，在舰队左舷前1海里处警戒。

"冬青"号、"赫里沃德"号和"霹雳火"号在地中海舰队右舷前1海里处警戒。一旦威佩尔与意舰队交战，驱逐舰队立即赶去增援，并用鱼雷攻击意舰队。

有人可能会认为，"可畏"号的侦察机早该弄清楚意大利舰队的位置了。准确的观察和报告需要多年的经验，不仅需要准确报告目标属于什么类型的军舰，最重要的是能够准确地判断舰只的航速。航速只能通过船头激起的波纹，船尾的浪迹和烟囱冒出的烟的运动进行估算。

对于有经验的海军观测员，这很容易做到，但对于新入伍的观测员却很难。年轻的观测员在"可畏"号的飞行中队中是很多的。

观测员要做出准确的报告，还需要飞行员的配合，以及机组全体人员之间的互相联络、经验丰富的报务员。

下午，从"厌战"号上起飞的水上飞机能够安全地返回舰上，是因为它的观测员在战前接受了长时间的训练。在飞机加油时，观测员把混乱不堪的海图默记于心。他在飞行途中，作了一系列准确的敌情报告，完全根据观测员《手册》的要求，使用了各种标准通讯信号。在实战中，观测员们做到这些是很困难的。

下午17时45分，这架水上飞机又被弹射出去，进行第二次侦察。

这位经验丰富的观测员前去澄清由于自相矛盾的有关3支意舰队的位

置、航向、航速、组成和部署等空中报告造成的混乱局面。

这位观测员先将报告报送给400海里以外的亚历山大港电报站，报务员在短时间内连续处理完几十个紧急电报。这些电报由亚历山大港传递给马耳他和直布罗陀，再被伦敦电报站接收到，随后英国海军部和坎宁安司令会几乎同时收到这些电报。

18时20分，这架水上飞机发现了"维多利奥·威内托"号。11分钟后，观测员发出了第一份报告。接着，他发出了一连串报告。

意舰队在地中海舰队前边约50海里处，航向300度，航速只有12节至15节。

地中海舰队大约需要4个小时的时间才能追上意舰队。18时55分，那位经验丰富的观测员报告，意大利舰队有1艘战列舰、9艘巡洋舰和11艘驱逐舰。

19时14分，他再次报告说，意大利舰队改变了队形：战列舰位于中央，前线后各有两艘驱逐舰保护，在紧靠中央纵队的2个侧翼各有3艘巡洋舰；再外边各有1支驱逐舰队。

无论地中海舰队向意战列舰发起攻击，还是用舰载机从空中空袭，意舰队的密集队形都是极大的障碍。意舰队排成密集队形，正向西北偏西方向，以15节的航速向意大利撤退，距离地中海舰队45海里。

19时15分，威佩尔看见意大利舰队的一些舰只。

该叙述一下"维多利奥·威内托"号上的情况了。15时30分，战列舰向左舷倾斜、舰尾下沉，引擎停转了。抢修人员把两台右舷引擎修好了。不久，"维多利奥·威内托"号的航速达到15节。

15时30分，"维多利奥·威内托"被鱼雷击中时，他们距离意大利塔兰托港420海里。亚基诺抱怨德国和意大利空军违背了诺言，"连一架飞机都没有来"掩护他们。

16时，亚基诺望着威武的巡洋舰队进行布阵，一点儿也没有想到，

第一章 海战惊魂

这是他最后一次见到它们了。

"扎拉"号巡洋舰曾伴随亚基诺在遥远的埃塞俄比亚战争期间服役，那时，他还是普通的参谋；"波拉"号直到1940年12月还是亚基诺的旗舰。

亚基诺认识"波拉"号的大部分军官。

"阜姆"号在1938年时，曾是他的旗舰，参加了那不勒斯海军大检阅，那时它的英武外观受到了广泛的赞扬。

他看着它们排好了队形，沉浸在往事回忆之中。

黄昏，意舰队发现了前面的2架旗鱼式英国飞机。亚基诺急忙转身，在舰队后面遥远的天空又发现8架英国鱼雷轰炸机。

19时15分，亚基诺下令向左舷转向30度，向正西方行驶。天完全黑了，亚基诺希望通过舰队队形的变化，打乱英机群的进攻计划。

19时30分，高射炮震耳欲聋，组成密集的防空火力网。飞机朝一道道火焰飞来，呼叫声、滚滚的浓烟和枪炮声出现在"维多利奥·威内托"号附近所有的舰艇上。

亚基诺下令向右舷转向30度，恢复原来的航向。"维多利奥·威内托"号突然被狠狠地撞击一下，剧烈地震动起来。

英机群迫不得已撤了回去，散开队形，一个个从不同的角度冲向意舰队。意舰队组成的拦截炮火十分猛烈，但胡乱射击。

"可畏"号通知机群，不能回舰上降落，可以在克里特岛的莫里姆机场降落。

只有3架舰载机降到莫里姆机场。其余的落在克里特岛周围的海面上，有的飞行员被军舰救上来，有的自己游上海岸。

19时50分，水上飞机飞往克里特岛的苏扎湾。

苏扎湾的海岸陡峭，水域狭窄，一片漆黑。由于海上没有风浪，观测员决定在港口外面降落。21时，飞机先在低空中滑行，投下一行火焰浮标，然后调头，降落在海面上。

观测员并不知道，"厌战"号上的坎宁安正面临着艰难的抉择。19时18分，坎宁安接收到"奥赖恩"号上的威佩尔发出的信号，说在它的前方10海里处发现两艘军舰的影子。坎宁安以那架水上飞机的报告为基础，弄清了意大利舰队的情况。

坎宁安认为，已经追了这么远，不把"维多利奥·威内托"号完全干掉是错误的。同时，经验丰富的亚基诺也能估算出坎宁安的大概位置。意舰队的实力仍很强大，地中海舰队的3艘重型战列舰和"可畏"号航空母舰跟在意舰队后面追击，冒着白天将自己暴露在意大利和德国鱼雷俯冲轰炸机航程以内的危险。

参谋们强烈反对坎宁安的决定，舰队枪炮长也反对说，地中海舰队已经好几个月没有进行夜战演习了。它们会陷入混乱的。

坎安宁对参谋们说，"你们真是胆小鬼，我要去吃晚饭了，晚饭后，如果我也害怕了，就放过意大利人吧。"

20时左右，坎宁安下定了决心，命令轻型舰艇先进攻，主力舰队随后进攻。只剩4艘驱逐舰留在地中海舰队身边负责警戒。

19时45分，亚基诺在"维多利奥·威内托"号上看见，舰艇上的炮火逐渐稀疏了，探照灯关闭了。"维多利奥·威内托"号把航速提高到19节。

"维多利奥·威内托"号的伤情很轻，其他舰艇受到损伤也很轻。亚基诺感到很宽慰，他相信，意大利舰队躲过了黄昏时的空袭。

实际上，巡洋舰"波拉"号主机和锅炉房间的右侧中间部位被鱼雷击中。全舰停电，3个防火舱房灌满了海水，主机停转。

亚基诺率领舰队以19节的航速返航时，不知道"波拉"号掉队了。

马塔潘角海战

"扎拉"号带着熊熊大火，向左舷倾斜，原地打转。

亚基诺命令卡塔尼奥指挥的Z巡洋舰分队及其警戒驱逐舰，在战列舰前边5000码担任警戒部队，桑森尼蒂指挥的X巡洋舰分队及其警戒驱逐舰在后边5000码的地方警戒，第13驱逐舰小队在"维多利奥·威内托"号四周护卫。

20时15分，亚基诺接到"波拉"号的报告。亚基诺下令停止前进，感到心烦意乱。

20时18分，亚基诺命令卡塔尼奥中将率领Z巡洋舰分队带4艘驱逐舰去救助"波拉"号。亚基诺认为英国小型舰队可能会击沉"波拉"号。

20时38分时，亚基诺通知意大利海军部，他的舰队正以19节的航速返回塔兰托基地。

10分钟后，亚基诺下令向科隆尼海角进发。

卡塔尼奥中将下令以16节的航速向东南方向返航，正与赶上来的地中海主力舰队互相逼近。这时，双方相距50多海里，而且卡塔尼奥并不知道英国海军已经安装了雷达。

后来，亚基诺回忆道："我们绝没有想到，那时英国海军竟有这么先进的装备。"

此时，地中海主力舰队位于克里特岛的西面，离陆地最近的马塔潘海角80海里。

20时37分，坎宁安命令第14、第2驱逐舰队用鱼雷攻击意战列舰，距离33海里。

接到命令后，麦克率领8艘驱逐舰，将航速提高到28节。

22时，威佩尔指挥的巡洋舰"阿贾克斯"号发出电报。报告说，在雷达荧光屏上发现3艘舰艇，位于北纬35度19分、东经21度15分，航向为190度至252度。

麦克在航图上标出3艘舰艇的位置，发现它们在他21时5分的位置以前4海里处。麦克认为，"阿贾克斯"号巡洋舰的报告中所说的是自己率领的驱逐舰。威佩尔也认为那3艘情况不明的舰艇是麦克所率的驱逐舰。

事实上，这3艘舰艇是意Z舰队卡塔尼奥将军指挥的舰艇的一部分。他们正赶去救助"波拉"号巡洋舰。

麦克顺着270度向西航行20分钟后，认为已经超过意大利战列舰了。麦克下令改变航向，航速降到20节，等待攻击"维多利奥·威内托"号。

午夜，"维多利奥·威内托"号驶入麦克舰队的后面33海里处，麦克正向南驶去。如果"维多利奥·威内托"号能够摆脱拥有雷达设备的威佩尔的巡洋舰队，就能安全返回意大利了，因为麦克的驱逐舰队没有雷达设备。

该叙述威佩尔的分舰队了。早在20时14分，威佩尔的旗舰"奥赖恩"号在雷达荧光屏上收到回波，发现1艘舰艇停在前面6海里处。

威佩尔在20时40分向坎宁安报告了敌情，这艘舰艇就是意大利巡洋舰"波拉"号。

威佩尔认为，他仍然有必要继续追击意战列舰，现在该轮到麦克的驱逐舰队冲上去击沉它了。威佩尔绕到"波拉"号北面去继续寻找意战列舰"维多利奥·威内托"号。

由于"贾维斯"号驱逐舰没有接收到"奥赖恩"号巡洋舰发出的电

报，麦克不知道有关"波拉"号的报告，他继续沿 300 度航向以 28 节的航速向南疾驶，这条航线与威佩尔的航线是同一条航线。

"可畏"号航空母舰、"勇士"号战列舰和"阿贾克斯"号巡洋舰拥有现代化的雷达，能够进行圆周扫描，不像"奥赖恩"号巡洋舰的雷达那样落后。

后来，由于"奥赖恩"号的通信系统出现了故障，收不到"阿贾克斯"号的报告了。

"奥赖恩"号的雷达是老式的搜索雷达，可以用来指引军舰驶向目标。

22 时 23 分，威佩尔向北调整了 4 艘巡洋舰的航向，命令它们以一列纵队，20 节的航速前进。

"奥赖恩"号和"格洛斯特"号同时发现一枚鲜红的烟火信号弹，驱逐舰队的麦克也发现了那枚信号弹。

威佩尔与麦克都发出了通用联络警报。然后，麦克继续沿着原来的航

威佩尔乘坐的旗舰"奥赖恩"号

线前进。当时，威佩尔的巡洋舰队在麦克的驱逐舰队东南方约 30 海里处。

这个信号是"维多利奥·威内托"号战列舰发出的。亚基诺正在与 Z 舰队的卡塔尼奥中将联络。

"维多利奥·威内托"号是在 30 海里以外的海面上发射信号弹的，英巡洋舰的雷达探测不到它。

22 时 30 分，在威佩尔的东南偏南方向，巨大的炮火突然把天空照亮。连位于远处的麦克的驱逐舰队也发现了炮火。

坎宁安下令所有的没有与意舰队交战的军舰向东北方向撤退，以避免被主力舰队误伤。威佩尔和麦克根据这一命令，纷纷掉转航向。

与此同时，"维多利奥·威内托"号正在麦克的西北偏西方向 35 海里处，在威佩尔的西北偏北方向 30 海里处，向意大利领海驶去。

显然，地中海主力舰队与意 Z 巡洋舰队遭遇了。但目标不是坎宁安所希望的"维多利奥·威内托"号。

原来，21 时，威佩尔要求在随后跟进的主力舰队去对付"波拉"号。但主力舰队离"波拉"号还有 20 海里，还需航行近 1 个小时的时间。

薄雾使海面上的能见度仅为 4.5 海里，"可畏"舰上普遍存在失望的情绪，认为意大利舰队是跑掉了。

不久，主力舰队排成纵队，航速降到 20 节。冲在最前面的是"厌战"号，后面是"勇士"号、"可畏"号和"巴勒姆"号。右面 1 海里处由"斯图亚特"号和"浩劫"号驱逐舰护航；左舷 1 海里处由"猎狗"号和"格里芬"号驱逐舰护航。

突然，战列舰的大炮怒吼，震得"可畏"号剧烈摇动。猛烈炮火照得整个夜空透亮起来。

"可畏"号迅速向后撤退，因为在炮战中，航空母舰没有用处。战列舰纷纷转向，以避开意驱逐舰的炮火和鱼雷。只一会儿工夫，意大利 Z 舰队已被消灭。

原来，在 22 时 3 分，"勇士"号的雷达兵在左舷船头方向 9 海里处发现 1 艘长 600 多英尺的大舰。22 时 10 分，坎宁安接到"勇士"号的报告说，这艘大舰距离左舷船头只有 6 海里。

主力舰队同时向左舷转向，以靠近意舰。舰员们各就各位，舰炮也都对准了敌舰的方位。

22 时 20 分，"勇士"号报告，敌舰位于 191 度，距离 4.5 海里。坎宁安命令"猎狗"号和"格里芬"号去占领指定阵位。

舰队右舷一侧的驱逐舰"斯图亚特"号于 22 时 23 分忽然发出紧急警报，在右舷船头 250 度方位，露出多艘不明舰艇的巨大舰影，位于舰队正前方约 2 海里处。

它们是卡塔尼奥中将指挥的 Z 巡洋舰分队和第 9 驱逐舰小队。意驱逐舰"阿尔菲耶里"号位于最前边，后面是卡塔尼奥的旗舰"扎拉"号、"阜姆"号，再后面是"焦贝"号、"卡尔杜奇"号和"奥里亚尼"号驱逐舰。

卡塔尼奥并不知道地中海主力舰队正在海面上。22 时 25 分，坎宁安拿起望远镜，发现 2 艘大巡洋舰，前边有 1 艘小军舰，正在舰队前方从右向左横行而过。

坎宁安下令重新排成纵队，枪炮手纷纷把炮口转向新目标，从舰台后边和上边的射击指挥塔中传递着命令。很快，炮手已经扣住发火板机。

Z 巡洋舰队距离不足 3800 码，这时，地中海主力舰队与对面的 Z 巡洋舰航线几乎呈平行状态。Z 巡洋舰毫无战斗准备。

地中海舰队的 64 门舰炮同时瞄准了 Z 巡洋舰队，左舷一侧负责警戒的驱逐舰被通知要撤离炮火中央经过的地方。

坎宁安通过超短波无线电骂道："快些滚开！"

22 时 27 分，"猎狗"号驱逐舰打开探照灯。巨大的光束照射在"阜姆"号巡洋舰上。另外，"扎拉"号和"阿尔菲耶里"号驱逐舰的轮廓也被余光照出来了。

"厌战"号和"勇士"号同时用主炮轰击"阜姆"号。"厌战"号在2900码的距离开炮,"勇士"号在4000码的距离开炮。

"阜姆"号的后炮塔一带燃起了熊熊大火,后炮塔被炸翻。在第1次齐射的10秒钟内,"厌战"号的6英寸口径舰炮也开火了。这时,"阜姆"号全舰燃起了烈火,猛地向右舷倾斜。

这时,"猎狗"号也打开探照灯,照射着"扎拉"号巡洋舰,在夜空中意巡洋舰被照成银蓝色。六分之五的炮弹都击在"扎拉"号甲板下面几英尺处。Z巡洋舰队和驱逐舰队毫无防范,向四面八方胡乱轰击。

"厌战"号第1次齐射后,经过30秒钟后,第2次向"阜姆"号齐射。"厌战"号又向"扎拉"号射击。两舰相距仅3000码。

"阜姆"号向右舷严重倾斜,熊熊大火烧遍全舰,缓慢而吃力地离开了Z巡洋舰队。45分钟后,即23时15分,"阜姆"号沉没了。

"勇士"号第1次向"阜姆"号发炮后,第2次向"扎拉"号齐射。在4分钟内,"勇士"号竟5次向"扎拉"号齐射。坎宁安从来都没有看见过如此快的舰炮射击,感到不可思议。

地中海舰队以雁行队形冲向意舰队时,负责殿后的"巴勒姆"号战列舰发现"波拉"号巡洋舰发射了两枚红色信号弹。

"巴勒姆"号正准备击沉"波拉"号,忽然接到转向的命令。正在这时,"猎狗"号探照灯照在"阿尔菲耶里"号驱逐舰上。

"巴勒姆"号立即在3100码的距离向"阿尔菲耶里"号开炮。"阿尔菲耶里"号带着熊熊大火向左逃去,离开了舰队。"巴勒姆"号又向"扎拉"号进行齐射。

"扎拉"号的前炮塔、指挥台和主机房都被炮弹击中。"扎拉"号带着熊熊大火,向左舷倾斜,原地打转。此时,探照灯继续照着Z舰队。

一声巨响,"扎拉"号的锅炉爆炸了,1个前炮塔掉入大海。其余的

"扎拉"号被击中并燃起熊熊大火

重炮只能胡乱还击，意大利军舰的重炮无法进行夜战。22时31分，3艘意驱逐舰冲向地中海舰队。1艘意驱逐舰发射了鱼雷。

坎宁安立即下令舰队紧急向右舷转向90度，攻击意驱逐舰队。

"厌战"号用探照灯向未发生战斗的一侧照射，以防止"维多利奥·威内托"号战列舰偷袭。突然，探照灯照住了1艘大舰。

正在这时，"厌战"号上的坎宁安听见火炮群的指挥官下令瞄准这艘大舰时，立即制止了他。

"可畏"号航空母舰上的舰员们发现探照灯光束离开他们移向别处时，眼睛有些昏花不清，便竭力恢复视觉。

22时38分，"斯图亚特"号、"浩劫"号、"猎狗"号和"格里芬"号奉命彻底击沉残敌。

23时12分，坎宁安命令所有没有参战的舰艇向东北方向撤退，避免了己方舰艇之间误伤。

智者千虑，必有一失。坎宁安的命令使正在追击意战列舰的威佩尔的巡洋舰改向东北方向撤退，放弃了追击任务。坎宁安没有料到会出现这样的情况，因为他平时经常强调，在任何情况下，巡洋舰都不准放弃跟踪敌舰的任务。

在这漫长的深夜，地中海舰队始终没有找到"维多利奥·威内托"号。虽然英战列舰破旧，航速很慢，但Z巡洋舰队刚一出现，就遭到了毁灭性炮击。

在第二次世界大战爆发前，英国海军长期进行的夜战演习，这一次发挥了重要的作用。

在进行夜战时，要准确地了解情况是很困难的。所有的事情都在发生着意想不到的变化，雾和浓烟造成视觉模糊不清等因素。

当Z巡洋舰队遭到炮击时，卡塔尼奥惊呆了。意大利海军没有雷达，只能靠眼睛来观测。意大利海军的大型火炮没有防闪光器具，夜间瞄准和炮火指挥等难题都困扰着意大利海军。

而英国海军使用探照灯，攻击准确、迅速，在夜战中还使用了照明弹。

23时20分，"可畏"号与3艘战列舰会合。23时30分，主力舰队以18节航速继续航行。

"格里芬"号遇到"波拉"号时，它停在那里，专等投降。"格里芬"号和"猎狗"号都发现了正在逃跑的3艘意大利驱逐舰，朝他们开炮。但3艘意大利驱逐舰消失在浓烟中。

驱逐舰"斯图亚特"号和"浩劫"号22时59分发现了两艘意舰。原来是停止不动的燃着大火的"扎拉"号，驱逐舰"阿尔菲耶里"号正围着"扎拉"号转圈。

"斯图亚特"号把8条鱼雷对着意巡洋舰"扎拉"号和驱逐舰"阿尔

菲耶里"号投射出去，击中了"扎拉"号。它又向"阿尔菲耶里"号开炮，"扎拉"号开始逃跑，"斯图亚特"号追上去向它开炮。23时5分，"扎拉"号发生大爆炸。

不久，意驱逐舰"阿尔菲耶里"号上大火熊熊，突然翻了身，沉没了。几分钟后，"斯图亚特"号向意驱逐舰"卡尔杜奇"号开炮。"卡尔杜奇"号高速逃跑了。

几分钟后，驱逐舰"浩劫"号朝"卡尔杜奇"号发射4条鱼雷，1条鱼雷击中了"卡尔杜奇"号。

23时30分，"卡尔杜奇"号燃起了熊熊大火，在爆炸声中沉没了。

23时30分，"浩劫"号把剩下的4条鱼雷射向"扎拉"号，但没有击中。"浩劫"号冲上去，用舰炮轰击"扎拉"号。

23时45分，"浩劫"号突然发现停止不动的"波拉"号巡洋舰。

"波拉"号上漆黑一片，舰炮指向四面八方。"浩劫"号的探照灯照住"波拉"号，2发炮弹击中"波拉"号，两处起火。可是，"浩劫"号却撤

英国"猎狗"号驱逐舰

退了。

对"浩劫"号来说,"波拉"号重巡洋舰可是个庞然大物。"浩劫"号误以为它是战列舰"维多利奥·威内托"号,便向东北方向撤退。

24时20分,"浩劫"号给麦克和坎宁安发了电报,说他发现1艘战列舰,"没有受伤,却停止不动!"

麦克正在"浩劫"号西北偏西方约60海里处,正挡在以"维多利奥·威内托"号为首的Y舰队的航线上。24时30分,麦克接到"浩劫"号的电报,率驱逐舰队改向东南方驶去。

10分钟后,"浩劫"号又发了一份电报,把战列舰改为巡洋舰,并指出他自己的位置。直到1时34分,麦克才接到这份电报。

结果,"维多利奥·威内托"号和其他意大利舰艇摆脱了麦克的驱逐舰队拦截。

英国"格里芬"号驱逐舰

第一章 海战惊魂

由于"浩劫"号击沉了"卡尔杜奇"号，又找到了"波拉"号，因此坎宁安原谅了"浩劫"号的过失。

麦克派"贾维斯"号驱逐舰去击沉"扎拉"号，有3条鱼雷击中了"扎拉"号。

火光冲天，把几海里外的海面都照得通明。许多意大利舰员在大海中挣扎。3月29日2时40分，"扎拉"号慢慢地沉入大海。

驱逐舰"猎狗"号和"格里芬"号接到"浩劫"号的信号，率先赶来。1时40分，"猎狗"号和"格里芬"号打开探照灯一照，发现"波拉"号的甲板上挤着狼狈不堪的意大利人，许多人都喝醉了。甲板上扔着杂物、酒瓶。

3时25分，英国驱逐舰纷纷营救幸存者。3时40分，"贾维斯"号离开"波拉"号，发射了1条鱼雷，但"波拉"号还不肯沉没。"努比亚"号又发射1条鱼雷，又击中了。4时3分，"波拉"号爆炸后沉没。

至此，在意Z巡洋舰分队和驱逐舰队中，只有"焦贝蒂"号和"奥里亚尼"号侥幸逃生。

黎明后，麦克命令驱逐舰队，以20节的航速前进，重新与主力舰队会合。

4时30分，"可畏"号出动舰载机进行黎明侦察。

天气晴朗，海面上只有微风。

由于舰队已被德国飞机发现，整个上午地中海舰队没有受到攻击。但坎宁安知道，敌人一定会集中力量报复"可畏"号。

15时11分，警报响了。雷达发现一支重型轰炸机队正向舰队接近。3架海燕式战斗机被弹射出去。

发出警报后15分钟，敌机距舰队40海里。5分钟后，只有25海里了。3分钟后，所有的火炮开炮拦截。敌机群冒着炮火，向"可畏"号俯冲。一架德国斯图卡式轰炸机爆炸了。

第二批敌机紧跟着俯冲下来，不远处还有第3批敌机。"可畏"号不停地躲避，1个炸弹在左舷附近溅起800英尺高的黑色水柱。接着，一个个水柱腾空而起！

不久，空袭结束，"可畏"号没有受伤。

敌机一共是12架斯图卡式飞机，攻击只进行了几秒钟。前两批德机被防空炮火赶跑，其中1架爆炸。第3批4架德机是被3架海燕式战斗机赶跑的。

马塔潘角海战结束了，英海军只损失了1架大青花鱼飞机，却重创意大利舰队。

墨索里尼发誓，一定要建立海军航空兵。墨索里尼下令把两艘大邮船改建成航空母舰。当意大利投降时，两艘邮船仍在改建之中。

德国空军斯图卡式俯冲轰炸机群

非洲军团的运输

坎宁安想到一条新的计策：在意大利水雷防线里布设新雷区，堵死意运输船队的航道。

1941年1月，意大利海军忙着为北非意军运送大规模补给，希腊—阿尔巴尼亚前线的补给活动又达到高峰。

在埃及，英军只有两个师3.6万人，抵抗利比亚的意军25万人。虽然英军的兵力不足、装备和弹药匮乏，却是精锐装甲部队。

英军急行军800公里，使意军装甲部队受到重创，意军全线崩溃，13万意军成为俘虏。英军只伤亡1873人。

1941年1月11日，巴迪亚失陷后的第3天，希特勒下达命令，派遣第5装甲师火速开赴北非，在2月中旬到达，全力阻止英国人的挺进。赫赫有名的"非洲军团"开始组建了。

德第5装甲师是新改编的，核心力量是第3装甲团，由约翰尼·斯特莱希担任指挥。德第5装甲师是"非洲军团"的第1支部队。

1月22日，托布鲁克陷落，溃败的意军涌向的黎波里，德军救援北非意军的计划被迫提前。

非洲军团的运输开始于1941年2月上旬，1941年2月14日，1支意大利运输船队驶进利比亚的黎波里港口。隆美尔的第1批部队德国第5轻型装甲师第3侦察营来了。德军士兵们整齐地排列在船甲板上，兴奋地看着这块神秘的非洲大陆。这里有发光的白色建筑，掌形的植物，宽阔的林荫大道，这是个相对独立的战区。

隆美尔一直渴望第5轻型装甲师其他部队的增援。但是，第5装甲师计划到4月中旬才能被运到利比亚。

4月中旬，非洲军团与英军经过多次殊死较量，终于杀回利埃边境，夺回了除托布鲁克以外的昔兰尼加省。隆美尔准备在意大利海军将增援部队运到后，率军进攻埃及首都开罗。当时，希特勒正准备集中兵力攻打苏联，不再向北非增兵。

隆美尔在北非的"闪击战"只用了几个月就使英军在北非战场上的战果丧失，获得了巨大胜利。

德国向苏联宣战后，隆美尔终于弄清楚了希特勒拒绝把大批装甲师和给养运往北非的原因。

8月15日，非洲装甲兵团成立。8月末，意海军将一个新编的德装甲师运到非洲，即第90轻装甲师。同时，德第5装甲师改编为第21装甲师。这样，隆美尔下辖有第15、第21装甲师和第90轻装甲师。

隆美尔低估了英军的实力。在德军的推进过程中，英军顽强抵抗，德军官兵们已经越来越疲惫，给养严重短缺。

1942年10月，英国在地中海的海军力量迅猛发展，达到了惊人的程度，其舰艇比原来增加了近1倍，多达114艘。意大利的舰艇只增加了10艘，一共才78艘，各类舰艇比半年前仅增加2至3艘。这时，英国的海军占有绝对优势。

美国航空母舰进驻地中海地区，使英国能充分利用航空母舰的战斗机支援海军作战，还可为马耳他岛运送飞机。

10月11日，德、意空军再次向马耳他岛发动猛攻，妄想歼灭马耳他的空军。同盟国向马耳他不断增派战斗机，岛上的空军力量迅速壮大，战斗机从5月份的23架猛增至9月份的169架。

1周后，德意空军被迫放弃了空袭。此时，德国海军的主要兵力集结在大西洋和北极圈海域，艰难地进攻同盟国的庞大的护航运输船队。

在地中海，德国只有15艘潜艇。1943年1月以后，德军在地中海的潜艇数量减少。由于德国最关注的是大西洋和东线战场，同盟国在地中海战区的空军增长速度远远超过轴心国。

1943年初，盟军飞机有3000架，轴心国只有1700多架。

由于同盟国在马耳他的海空军战斗力的迅速强大，德意军的不断衰弱，轴心国的航运损失迅速上升。10月份，轴心国的航运损失率达到44%。运往北非德意联军的3.2万吨补给品，仅安全运到2万吨。对北非德意联军最重要的油料，运送1万吨，只有4000吨送到了北非。

北非的德意联军经常处于弹尽粮绝、油料不足的绝境，而英国第8集团军却源源不断地得到部队、装备和物资补给。

在双方实力悬殊的情况下，英军向德意联军发动了阿拉曼战役。阿拉曼战役开始后仅3天，10月26日，一支满载汽油和弹药的意护航船队被盟军歼灭，这对德意联军是一次沉重的打击，使隆美尔无法得到补给。

没有燃油，隆美尔不能有效利用机械化部队发动他所擅长的运动战。隆美尔被迫多次放弃进攻。

当蒙哥马利指挥英国第8集团军向西追击隆美尔的部队时，盟军又于11月8日发动了北非"火炬"登陆战役，登陆的成功对北非的德意联军构成了严重威胁。

11月13日，1支由巡洋舰和驱逐舰组成的Q舰队进驻阿尔及利亚的波尼港。

波尼港是通往比塞大和西西里海峡的据点，控制着撒丁岛以南的海域。波尼港与马耳他岛成为盟军用来对付西西里海峡的巨型钳子。在这种夹攻的态势下，德意对非洲的海上补给线几乎瘫痪。这给负责向突尼斯德意联军运送补给的意大利海军以严重的威胁。虽然具有决定性的突尼斯战役没有打响，但是非洲的德意联军已经快因给养严重不足而丧失战斗力了。

11月11日，希特勒命令"抢在英军从阿尔及尔进入突尼斯以前进入突尼斯"。

这次，共有3个德国师和2个意大利师参加此次作战任务。为5个师的部队提供后勤补给的重担落在不堪重负的意大利海军身上。意海军被迫与英海军决一死战。

在此以前，意大利海军总部曾向其最高统帅部说明，由于盟军海军力量的迅速壮大，除了对利比亚进行补给外，意大利海军无法承担任何大规模的海上援助行动了。

由于盟军登陆北非获得了成功，意海军请求放弃对的黎波里的船运补给，支援突尼斯守军。

因为突尼斯已经对轴心国变得至关重要了：突尼斯是地中海的门户，是向非洲发动反攻的基地。但希特勒却不准利比亚的隆美尔军队向后撤退。结果，意海军被迫承担无力肩负的任务——同时向的黎波里和突尼斯提供补给。

11月12日下午，第1支意大利船队安全驶入突尼斯比塞大港。这支船队由2艘运输舰和5艘驱逐舰组成，运载1000名意军和1800吨的军火。

为了保障军事补给线，意大利海军被迫在突尼斯成立了指挥部，从此开始了地中海海上补给战的最后阶段。在这个阶段，德意海军丧失了地中海的制海权。

在盟军主力没有进入突尼斯以前，英军继续向利比亚提供补给。

11月，意海军为空运到突尼斯的5个师运送了3万吨补给，包括油料、坦克和火炮等，还运送部队1.3万多人。德意联军凭借这些援军和军火，粉碎了盟军夺取突尼斯和比塞大的军事进攻。

11月19日，一支由亚历山大港启航的英船队抵达马耳他岛。这时，德意潜艇在北非沿海活动频繁，严重地威胁着同盟国的航运。

11月10日，德潜艇击沉了同盟国的1艘运煤船和1艘驱逐舰。11日，德潜艇又击沉了4艘运输船。11月中旬以来，德国海军增调力量在海上封锁了北非的大西洋沿岸海域：在直布罗陀以西部署了25艘潜艇，主要负责切断同盟国对登陆部队的补给。德国海军在西西里岛至突尼斯海岸之间海域设置了两道平行的长120海里的水雷区。

虽然轴心国加强了封锁，对盟军的地中海航运却没有产生重大的影响。12月份，盟军在地中海只损失了16艘运输船。这时，北非的德意联军已经变成了强弩之末。

英军占领利比亚的昔兰尼加后，通向马耳他岛的海上交通畅通了，马耳他岛从围困中解脱了。英军再次增调大量兵力和给养，加强了马耳他岛的战斗力，不仅向马耳他增援了潜艇和飞机，还派驻了水面舰队。

1942年12月，英军3艘巡洋舰、4艘驱逐舰和12艘潜艇开始在马耳他驻泊。除了巡洋舰和驱逐舰外，在马耳他岛还派驻了近海舰艇区舰队，由炮艇、鱼雷艇和小型舰艇组成，使马耳他的防御力和战斗力大大加强。

由于隆美尔的非洲军团逃出了利比亚首都的黎波里，从意大利到利比亚的海上运输线被英军切断。盟国的海空军集结兵力封锁意大利至突尼斯的海上运输线。

当突尼斯的双方地面部队正在激战时，盟国海空军对意大利至突尼斯的海上运输线的封锁正在加紧进行着。

盟军在法属北非巩固了阵地后，其海空军以海岸阵地的机场和港口为基地加强了对意大利、西西里岛和西西里海峡的空袭和封锁。

马耳他的英国海空军经常出动，袭击意大利的补给船队。

12月2日晚，4支意补给船队火速向突尼斯驶去。意船队满载着部队、装备和军火，由驱逐舰"福耳果雷"号、"达列科"号、"卡米契亚内拉"号、"克利奥"号和"普罗契翁内"号护航。

根据"超级机密"提供的情报，英国海空军掌握了意补给船队的航线和目的地。英国海空军立即制定了截击计划。英国海军分舰队扑向意船队。马耳他岛的英国侦察机轮番飞往意船队上空，不断地跟踪和监视，把意船队的位置和航线向执行攻击任务的英国舰队报告。

晚23时左右，担任侦察任务的德军飞机发现了英国舰队，并马上向意大利海军总司令部报告。3分钟后，英国舰队下令"停止对船队照明"。

英舰队靠照明飞机投掷的远距离照明弹的引导，使意船队处于英舰雷达的监视之内，不再需要照明飞机引导了。英舰担心，照明飞机会引起意船队的警惕，使突袭失去突然性。

24时38分，英舰队靠近意大利船队，英舰队指挥官已经看到了护航的意驱逐舰的轮廓。突然，英舰火炮一阵齐射，炮火照亮了黑暗的夜空。意船队在突然打击下陷入混乱，过了很久才在护航驱逐舰"克利奥"号和"普罗契翁内"号的护送下向东逃跑。

3艘意驱逐舰向3艘英巡洋舰、2艘驱逐舰开火，妄想拖住英舰。

英巡洋舰不断向意驱逐舰开火，英驱逐舰进攻意商船。英巡洋舰躲过了意舰发出的鱼雷，用强大的炮火还击。意舰吨位较小、火力较弱。半小时后，意驱逐舰"福耳果雷"号被击沉。半小时后，意驱逐舰"达列科"号受重创失去了行动能力，最后被击沉。意"卡米契亚内拉"号边打边撤，逃离了战场。

当英巡洋舰和意驱逐舰战斗时，英驱逐舰像猛虎一样进攻意船队。意商船加大速度，拼命逃亡，由于载货重、航速太慢，在英舰一阵炮轰后，3艘意船受到重创，先后沉没。

逃跑的意"阿斯普罗蒙太"号商船于凌晨2时中弹，随即沉没。英舰队拦截行动取得了圆满的成功，无一受损。

同天夜里，朝班泰雷利亚岛驶去的另一支意船队被马耳他岛的英空

不断起飞的英军战机对意大利补给船进行袭击

军侦察机监视。班泰雷利亚岛位于西西里岛与突尼斯之间,建有一个海军基地。

3日下午,马耳他的英空军开始空袭意船队。晚上,在克肯纳沙洲附近,意船队被英照明飞机照亮,英鱼雷机立即进攻,把"韦耳洛切"号击中。意护航驱逐舰"卢波"号赶来相助。23时46分,从马耳他岛赶来的4艘英驱逐舰突然进攻"卢波"号。在激烈的海战中,"卢波"号沉没了。

盟国海空军为了更有力地支援突尼斯的地面作战,用强大的力量封锁了意大利至突尼斯的海上运输线。德意两国知道这条运输线对两国的存亡攸关,决定不惜一切代价冲过封锁。

意大利在西西里岛建立了海军基地，舰队从海军基地出发到达突尼斯比从意大利出发缩短一半的航程。

盟国海空军为了完全切断意大利至突尼斯的航线，从1942年11月挥起出色的"一板斧"：出动空军空袭意大利海军基地。

盟国空军频繁出动，轰炸机对西西里岛的海军基地和意大利南部港口进行猛烈轰炸，德意空军无法向各港口提供有力的空中支援。

在盟国空军的频繁轰炸下，意大利海军总司令部被迫向北撤离舰只，尤其是主力舰。

1942年11月9日，意第8巡洋舰分队从纳瓦里诺港撤到墨西拿港。

12日，战列舰"里多利奥"号和"维多利奥·威内托"号从塔兰托撤到那不勒斯港。刚完工几周、需要经过几个月训练才能执行作战任务的战列舰"罗马"号，被迫撤往那不勒斯港。

意主力舰队北撤后，盟国空军对那不勒斯港开始了集中轰炸。

1942年12月4日，盟国空军的大轰炸机群在战斗机的护送下飞临那不勒斯港，投了几万吨重磅炸弹，那不勒斯港变成了火海。

这次轰炸使意巡洋舰1艘沉没，重创2艘，炸毁了4艘驱逐舰。意第7巡洋舰分舰队在大轰炸中丧失了作战能力。意海军总司令部十分恐慌，知道让主力舰继续留在南部各港中非常危险，命令进一步向北撤退。

12月6日，意战列舰和巡洋舰由那不勒斯港撤往拉斯佩济亚港，将第3巡洋舰分舰队由墨西拿港撤到马达累纳港。

在意大利南部的是驻守墨西拿港的第8巡洋舰分舰队。

盟军攻占阿尔及利亚机场后，1943年1月，美军第12航空队也加入了地中海作战。第12航空队高速低空轰炸的作战技能，给意海军以重创。盟军在地中海已经控制了制空权，作战飞机既能击沉海上的德意舰船，又能对港口和港湾内的舰船进行轰炸。

1943年1月,盟国空军对墨西拿港发动了8次大规模空袭,意第8巡洋舰分舰队在多次损失惨重的情况下,被迫逃到塔兰托港。

盟国空军的大规模空袭使意主力舰不断北撤,意海军基地距离地中海战场中心地带十分遥远。结果,意大利海军的主力舰只脱离了战争,而意大利一向把海军视为在地中海战区的中流砥柱。

从此,意大利海军只能用小型军舰替运输船队护航了。

意海军驶往突尼斯的必经之路是西西里海峡。过去,意海军为了封锁马耳他岛,在西西里海峡的东面设了一条宽阔的水雷带。

盟军在法属北非登陆以后,意大利海军在西西里海峡的西端又设了一条新的水雷区。这条新的水雷区从比塞大港东北至斯凯尔基沙洲,长80海里。

新的水雷防线建立后,驶往突尼斯和比塞大的意船队几乎躲开了来自盟国海军的突袭,意海军司令部为此而窃喜。盟国海军司令坎宁安海军上将想到了一条新的计策:在意大利水雷防线里布设新雷区,堵死意运输船队的航道。

英国马耳他海军分舰队发现意两道水雷防线之间的航道宽仅50海里,于是在靠近比塞大和突尼斯城一侧设了水雷区。

不断有意船只触雷沉没的情报送来,意海军才明白上当了。意大利经过两年半的海战,扫雷舰已经不多了,无法适应大面积的扫雷作业。在英海军的雷区,英空军拥有绝对制空权。意海军试过消除水雷,但损失惨重,被迫放弃了。

由于英海军投设的水雷区越来越大,在埃加迪群岛与突尼斯各海港之间的地带,仅剩一条长达40海里的"胡同",其宽度不足1海里。

意海军护送混编成的船队通过这条无航标的海上"胡同",再加上盟军的大规模空袭,其艰难可想而知。

在遥远的突尼斯,隆美尔正在努力拯救着剩余的部队。可是,恐怕他已经很难有所作为了。随着阿拉曼战役的溃败，隆美尔的厄运已经来临了。

隆美尔在阿拉曼的惨败，使希特勒的钳形攻势彻底破产，德国和意大利失去了非洲战场的主动权。它表明轴心国妄图吞并北非、建立地中海帝国美梦的破灭，对北非的局势，对整个地中海战区的形势，都产生了深远影响。

1943年3月9日上午，由于隆美尔的旧病复发，隆美尔被迫乘飞机转往罗马，再飞抵德国。

隆美尔离开后，盟军欣喜若狂。但巴顿却非常失望，认为是他个人的"重大挫折"。巴顿认为只有战胜隆美尔，才能奠定自己在军事史上的地位。

隆美尔的病退使巴顿的梦想破灭了，使他对非洲战役不感兴趣了。

造成德意在北非战败的因素很多，除了墨索里尼和希特勒战略指挥方面的重大失误以外，制空权和制海权被英军掌握是德意战败的主要因素。失去制空权和制海权，无论隆美尔如何能征善战，也必将战败，因为非洲军团得到不足够的兵员和后勤补给。

无论从兵员的数量和装备的质量上看，非洲军团长期处于劣势。特别是在装甲车和坦克等机动作战装备方面。

隆美尔时常深感德军在兵力上的不足。而人数较多的意军几乎毫无作为，经常整营整营地投降或逃跑，而且总是优先得到供应物资。

1943年5月13日，梅塞率领残部向盟军投降。至此，长达3年的北非战役结束了。

通过3年的连续抗战，德国和意大利在非洲战场伤亡损失了95万人，损失240万吨舰艇、8000架飞机、6200门火炮、2500辆坦克、7万辆车辆。

克里特岛海空战

"卢波"号的快速攻击，使英舰队误以为他们所面对的是几艘意舰。"卢波"号上的意舰员伤亡惨重，但驱逐舰本身没有受到重创。

克里特岛位于东地中海，是爱琴海的门户。克里特岛距离马耳他岛810公里，距离塞浦路斯岛520公里，距离伯罗奔尼撒半岛90公里，距离英国在北非利比亚的重要军事基地托布鲁克港只有360公里，距离埃及亚历山大港只有560公里。

克里特岛对英国的重要性仅次于马耳他岛。英军通过克里特岛可以控制东地中海，还可以对南欧、北非构成巨大的威胁。丘吉尔不愿意把这个战略要地让给希特勒。

1941年5月中旬，德国第10航空兵团从意大利西西里岛转场到希腊。德军空袭克里特岛的准备工作完成了。德国空军对马耳他岛的大规模轰炸也结束了。

德国为了消灭逃到克里特岛上的希腊军队和英联邦军队，巩固德军日后向苏联进攻的右翼安全，制定了代号为"水星"的作战计划。

"水星"计划的发起者是第11航空军军长库特·斯徒登特中将。斯徒登特亲手创建的第11航空军是德国惟一的空降部队。

斯徒登特研究了克里特岛，发现该岛的四五月份的气候晴朗少雨，对于德军空降作战是十分有利的。空降作战一旦取得成功，就能发挥空降部队的威力，向最高统率部证明空降理论的正确性。斯徒登特制定了详细的计划，上交第4航空队司令勒尔上将。

勒尔担心日后会遭到驻克里特岛的英空军的空袭,尤其是盟国罗马尼亚的普洛耶什蒂油田也在英空军打击范围内,应该尽快占领克里特岛。

勒尔向德国空军元帅戈林提出了斯徒登特的作战计划。德国空军在不列颠空战中损失惨重,戈林一直在寻找机会报复英国空军。4月21日,戈林和斯徒登特一同前往柏林,向希特勒报告这个计划。

在军事会议上,德军最高统帅部参谋长凯特尔元帅提出:"最重要的是使用第11航空军占领马耳他!"因为马耳他岛比克里特岛更重要,但是,希特勒为了尽快结束巴尔干半岛战役,发动"巴巴罗萨"计划(入侵苏联的计划),希特勒撤消了登陆马耳他的决定,下令先在克里特岛进行空降作战。

希特勒作出这一决定的理由是,苏联是德国最大的敌人。德国吞并苏联后,地中海的北非英军将不堪一击,等到德国的新型潜艇大量服役,资源贫乏的英国迟早会投降的。

4月25日,希特勒正式下达攻占克里特岛的第28号命令,日期为4月30日,后来改为5月19日。

计划由德国空军先进行集中的轰炸,再由伞兵占领岛上的3个机场。第1支由意护航驱逐舰"卢波"号率领的、10艘满载德军的希腊货船和沿岸货船组成的船队趁黑夜从比雷埃夫斯港出发,驶入德伞兵占领的苏扎港。

第二支由意护航驱逐舰"萨季塔里奥"号率领下的船队把部队送往克里特岛。预期3天时间完成克里特战役。

克里特岛上的希军、英军、英联邦军队共1个师、2个团、11个营、5个连,总数约4.4万人,撤到克里特岛上,使该岛的防御力量猛增。另外,岛上还有44万居民。

丘吉尔研究了英国在中东地区、北非地区和地中海地区的局势后,认

第一章 海战惊魂

为德军将很快进攻克里特岛,最可能采取的进攻手段是空降作战。

丘吉尔指示中东英军总司令韦维尔上将加强克里特岛的防御。

韦维尔上将发现,克里特岛上有英国军队、新西兰军队、希腊军队、澳大利亚和其他国家的军队,岛上的部队混杂,这样是缺乏战斗力的。需要能力很强的人统一指挥各国的部队,形成一只铁拳。

韦维尔发现,弗赖伯格是最佳人选。弗赖伯格是新西兰师少将师长。他参加过第一次世界大战,年仅26岁晋升为旅长,荣获英国维多利亚十字勋章。

二战爆发后,新西兰支持英国,弗赖伯格晋升为少将师长。新西兰师在希腊英勇善战,多次打败德意军队。韦维尔任命弗赖伯格为克里特岛总指挥。

弗赖伯格认为,空降是德军作战的手段之一,德军主力将来自海上。

5月6日,英国情报机关掌握了德军空降作战的细节和可能发起攻击的日期,通知了弗赖伯格。

弗赖伯格认为守军疲惫不堪,组织散乱;从希腊逃跑,降低了士气;守军除了枪械,急需火炮、坦克和汽车,没有无线电设备。守军上岛后没有明确的防御计划,连弗赖伯格自己的总指挥职务也是刚刚确定下来。

弗赖伯格认为,除非英国海军和空军支援克里特岛,否则克里特岛危在旦夕。弗赖伯格能够想到,但英国海军和空军却无法及时赶来增援,就连韦维尔也暂时无法抽调北非英军增援克里特。

通过情报,弗赖伯格分析了德军将空降克里特岛的几个空降点后认为,德国空降兵是德军进攻的辅助兵力,只不过是占领港口和机场,来自海上的德军仍然是主力。

弗赖伯格把苏达湾和马利姆机场作为防御重点,以苏达湾和3个机场为主构成防御体系。由于岛上交通不便、通讯不畅,弗赖伯格把全岛分为

4个独立的防区：

马利姆防区，由普迪克准将指挥，包括新西兰第5旅、希腊军3个营、4个作步兵用的炮兵营，共1.2万人防守，新西兰第4师作为预备队。

苏达湾防区，由韦斯顿少将指挥，包括英海军陆战队、澳大利亚军1个营和诺森伯兰轻骑兵，共1.5万人，威尔士第1营作为预备队。

雷西姆农防区，由瓦齐准将指挥，包括澳大利亚步兵第19旅的2个营、希军4个营和克里特岛1个警察营，共7000人。

伊拉克利翁防区，由查佩尔准将指挥，包括新西兰军3个营、希腊军3个营、澳大利亚军1个营和1个英炮兵团，共8000人。

岛上的装甲部队是英军轻骑兵第3团的6辆坦克，部署在3个机场上，防空力量只有3个轻型高射炮连和2个重型高射炮连。

德军的计划制定得很详尽，但德国伞兵于5月20日上午降落在克里特岛上时，马上发现处于围困之中。德伞兵在伊拉克利翁所剩无几；在

等待登机的德国伞兵

马利姆，德伞兵只攻下机场的一部分；而对雷西姆农机场的进攻也严重受阻。

为了拯救德伞兵，德军决定提前发动登陆计划，命令两支登陆船队于21日强行登陆，这两支船队没有登陆作战的经验。

在克里特岛周围有几百架德国飞机，但没有一架飞机把在克里特地区的英地中海舰队告诉登陆船队。

5月21日晚，"卢波"号船队快到达克里特岛时，忽然遭到3艘英巡洋舰和4艘驱逐舰的围攻。"卢波"号立即施放烟幕。"卢波"号先向1艘英驱逐舰开炮，又与1艘英巡洋舰交战。

"卢波"号发射了两条鱼雷，"卢波"号冲过英舰"阿哲克斯"号和"沃里昂"号之间的空隙，被152毫米舰炮击中18处的"卢波"号趁乱逃跑。

英舰队用舰炮攻击船队，只有3艘意船侥幸逃生，在混乱中英舰队互相攻击受到了损伤。

"卢波"号的快速攻击，使英舰队误以为他们所面对的是几艘意舰。"卢波"号上的意舰员伤亡惨重，但驱逐舰本身没有受到重创。

5月22日8时30分，"萨季塔里奥"号驱逐舰正在护送船队驶往苏扎港的途中，由于情况危急，船队改航驶向米洛斯港。

船队刚刚掉头就发现了英舰队，天空到处都是德机，却没有一架把英舰队通知船队。"萨季塔里奥"号驱逐舰立即在近30艘小船周围施放烟幕。接着，"萨季塔里奥"号冲向英舰。

英舰队由5艘巡洋舰和2艘驱逐舰组成，它们从12公里射程上向"萨季塔里奥"号射击。快速的曲折航行使"萨季塔里奥"号躲避多数炮弹，当距离1艘英巡洋舰不足8000米时，它向英巡洋舰发射了鱼雷。

"萨季塔里奥"号继续向英舰队扑去，为船队的逃跑赢得时间。这时，英巡洋舰爆炸起火。

英舰队害怕空袭，忙向西南撤退。"萨季塔里奥"号向距离最近的英驱逐舰放了几炮后，回到护航船队中。

几架德国轰炸机5次轰炸"萨季塔里奥"号，幸亏没有击中。当"萨季塔里奥"号到达克里特岛时，登陆的德军向它欢呼，表达最真挚的谢意。

在这次海战中，意船队只有一艘驱逐舰，它处于英舰队的射程之内了。对5艘巡洋舰和2艘驱逐舰来讲，只需几分钟就能击沉整个船队。为摧毁船队是值得冒空袭风险的，再加上英舰队的撤退并不能摆脱空袭。

当英舰队撤向塞里果港的途中，遭到德国轰炸机群的空袭，英巡洋舰"奈阿德"号和"卡里索尔"号遭到重创。

当坎宁安上将得知分舰队放过了"萨季塔里奥"号护航的登陆船队后，立即命令战列舰"厌战"号、"勇士"号，巡洋舰"格劳塞斯脱"号、"斐济"号和7艘驱逐舰，要它们与分舰队会合追杀轴心国的船队。

就在英地中海舰向东北航行时，遭到德国轰炸机群的空袭，"厌战"号遭受重创，英舰队再次撤退。德机群击沉了巡洋舰"格劳塞斯脱"号和"斐济"号和"猎狗"号驱逐舰，"勇士"号战列舰及其他军舰都受伤了。

克里特岛的战局逐渐恶化，德国空军被迫承认"飞机万能论"是错误的，因为5000名伞兵无法战胜人多势众的英军的顽强抵抗。

5月26日，德国空军要求希特勒同意放弃作战。希特勒下令，不惜任何代价进行到底。

这时，英军正打算撤出克里特岛。如果英军知道敌情，他们可能会最后坚持下去。

德国空军和伞兵打得十分顽强。局势很不稳定，因为德伞兵所剩无几了。

第一章 海战惊魂

5月28日，意大利鱼雷快艇支队将德军运到苏扎港强行登陆时，德国伞兵们发报说，昨天晚上他们快顶不住英军的攻势了。

为了荣誉，他们决心战到最后一个人。但英军不知道敌情，却趁着夜晚向克里特岛南部地区撤退。

28日上午，当德伞兵发动自杀性的攻击时，发现与他们交战的是一支边打边撤的英军后卫部队。

原来，制海权掌握在德军手中后，英军陷入被动挨打的境地，英军司令弗赖伯格知道守不住克里特岛了。

弗赖伯格向韦维尔请示，请求及时撤退，否则岛上的盟军将全军覆灭。丘吉尔认为克里特岛上的盟军拖住德国空军每一个小时对于处于危难中的北非英军都是十分必要的。

丘吉尔命令英海军组织兵力增援克里特。由于德空军掌握了制空权，英海军只能在夜晚偷偷地向岛上增援部队，每次只能送去很少的部队。

具有重要战略地位的克里特岛

岛上的盟军的战斗意志不管有多强都不能扭转败局，盟军若能及时撤退还能保存一些实力，丘吉尔只好同意从克里特岛撤军。

德军和意军控制了苏达港等北部港口，盟军只能从南部的斯法基亚海滩撤军。

另外，根据墨索里尼的指示，搭载意军的若干船只准备在克里特岛东北岸的锡提亚港登陆。它们在5艘意驱逐舰和几艘鱼雷艇的护航下于5月27日下午到达锡提亚港。意军占领了克里特岛东部直到马利亚湾一带。

就在锡提亚港的登陆战进行时，一架意鱼雷机于29日用鱼雷重创了英驱逐舰"希尔华德"号。意鱼雷快艇队冲上去准备发射鱼雷时，该驱逐舰突然爆炸了。

英地中海舰队不惜承受巨大的损失支援克里特岛的英军。由于地中海舰队的努力，使德军对克里特岛的攻击遭受重创。

为了运走克里特岛撤退的英军，地中海舰队经常在克里特岛以南海域进行护航。

5月31日，英军已经有1.7万人撤离了。另外，英军仍有6000多人成为德军的俘虏。

克里特岛海空战期间，意大利海军损失了两艘驱逐舰，两舰于5月20日触雷沉没。

6月2日，德军占领整个克里特岛。德国空军共击沉英巡洋舰4艘、驱逐舰6艘、扫雷艇1艘、反潜驱逐舰3艘、鱼雷快艇2艘、登陆艇19艘和汽艇2艘。另外，英国还有很多军舰受创。

英地中海舰队能够参战的兵力只剩1艘航空母舰、2艘战列舰、3艘巡洋舰和8艘驱逐舰了。

克里特岛登陆战役长达12天，保证了德军入侵苏联的侧翼安全。英军通过在克里特岛的抵抗，拯救了马耳他，从而维护了地中海的海上优势和空中优势。

经此一战，德国空降兵受到重创，德国惟一的空降部队第7空降师几乎全军覆灭。

神秘的意第 10 快艇支队

破坏了亚历山大港的海军基地后，意大利的水下爆破组认为应该稍微观望一下，让英国海军的防备松懈下来。

意大利海军在二战爆发前，秘密制造了由两人操纵的微型潜艇——人操鱼雷，代号为 SLC，即远程鱼雷一词的缩写。

这种鱼雷装在潜艇上甲板的封闭容器内，由潜艇带到距离目标 10 英里处。潜艇在港外等候，两位艇员操纵"鱼雷"潜入港内，在敌舰船底部系上鱼雷弹头，然后逃走。

意大利海军的人操鱼雷以令人震惊的战绩名扬世界。

人操鱼雷的吨位很小、武器少、航速慢，但隐蔽性好、造价低，适合偷袭，只是在技术上是比较落后的，作战方式危险。

1941 年 5 月 23 日晚，意海军第 10 快艇支队的"斯基尔"号潜艇通过直布罗陀海峡到达大西洋。第二天晚上，"斯基尔"浮出水面悄悄驶入瓜达勒太河到达西班牙加的斯港。

为了使操纵"鱼雷"的舰员免受长途奔波之苦，他们带着伪造的护照乘民航飞机到达加的斯港，再秘密登上"斯基尔"号潜艇。

25 日黎明前，"斯基尔"号离开加的斯港，朝直布罗陀港驶去。到达直布罗陀后，看到英海军的警戒严密，无法混入内港。

26 日夜，"斯基尔"号再次靠近锚地。在浮出水面时接到意海军总部的命令，得知英舰队已经离开直布罗陀了。意海军总部下令把英商船作为炸沉的目标。

卡塔兰诺中尉、韦斯科中尉和维辛廷尼少尉指挥的3条"鱼雷"被潜艇放到水中了，"斯基尔"号返航了。

经过一段航行后，韦斯科中尉的鱼雷弹头和雷体不幸分裂了，6个人只好跨在两条"鱼雷"上继续航行。

1条"鱼雷"驶入1艘商船的底部，马切格利亚中尉突然人事不省，浮出水面。英国商船的水手们放下救生艇。

跨坐这条"鱼雷"的两个伙伴赶紧把"鱼雷"弄沉，他们挟着马萨格利中尉，向西班牙海岸游去。

维辛廷尼驾驶"鱼雷"顺着海湾找了1个小时，所找到的5艘大船都是没有攻击价值的渔船。后来，维辛廷尼向1艘商船驶去时，"鱼雷"突然下沉了。3个人搬不动"鱼雷"，只好游向西班牙海岸。

6个人在海岸上会合，第10快艇支队特务人员把他们接走。几天后，6个人返回意大利。

1941年9月20日晚，"斯基尔"号潜艇驶入直布罗陀港的锚地。3条"鱼雷"被放到夸达朗圭河口。还是卡塔兰诺、韦斯科和维辛廷尼指挥。

英国海军加强了巡逻，哨艇日夜巡逻锚地和海军基地，经常投掷深水炸弹以炸碎水下袭击者。

卡塔兰诺和一个伙伴跨坐"鱼雷"到达军港的北端，被一只哨艇发现，卡塔兰诺驾驶"鱼雷"逃跑了。

3时50分，卡塔兰诺发现一艘货船。他把鱼雷弹头运到货船底部时，发现它是1艘意货船被拘留在直布罗陀。

卡塔兰诺又找到1艘商船，把鱼雷弹头系在商船的底部，黎明时商船被炸沉。卡塔兰诺和伙伴游到西班牙海岸。

韦斯科和伙伴跨坐"鱼雷"驶入英海军基地的入口处，两只哨艇在他头上不停地投掷深水炸弹。在水下躲了6个小时后,韦斯科的"鱼雷"驶向1艘商船。它是满载军火的商船,黎明时商船被炸沉了。韦斯科挟着昏迷不醒的伙伴游到西班牙海岸。

维辛廷尼驾驶"鱼雷"闯过下垂到海底的防御网,驶入海军基地。维辛廷尼在码头边,发现1艘巡洋舰和4艘油船。

维辛廷尼认为油船爆炸后,会发生大火把直布罗陀城烧毁。把鱼雷弹头系好后,维辛廷尼和伙伴跨在雷体上,回到西班牙海岸。维辛廷尼和伙伴游到岸边前,将雷体弄沉了。

可是,油船于黎明时爆炸后,大火没有蔓延到直布罗陀城。

1941年12月19日,"斯基尔"号潜艇再次出海,于12月18日晚到达埃及亚历山大港的入口处。

20时47分,3条"鱼雷"被放到水中,潜艇返回意大利。

3条"鱼雷"的指挥员是:杜兰德、马切格利亚和马太洛塔。

3条"鱼雷"到达港口设障处。有两艘哨艇在那里来回巡逻并投掷深水炸弹。一会儿,港口的闸门打开,3艘驱逐舰开入港内。3条"鱼雷"跟着3艘驱逐舰混入港内。

3条"鱼雷"分别奔赴各自的攻击目标。杜兰德奉命去攻击战列舰"勇士"号,马切格利亚奉命炸沉战列舰"伊丽莎白女皇"号,马太洛塔奉命炸沉1艘大油船。

每条"鱼雷"都找到目标并把鱼雷弹头系在目标上。杜兰德的雷体在离开"勇士"号不远处出现了故障。

杜兰德和伙伴用力把雷体拖到"勇士"号下边,想炸沉雷体,避免捕获后仿制。

他们游到一个浮筒附近,不幸被巡逻快艇发现。他们被抓到"勇士"号舰上,由舰长摩根审问。

他们拒不认罪。舰队司令坎宁安上将命人把他们关在舱里。再有10

分钟鱼雷弹头就要爆炸了,他们要求和摩根舰长面谈。他们把即将沉没的事情告诉舰长。

舰长命令全体舰员到甲板上去躲避,把两个意大利人关在舱里。2分钟后,两个意大利人听到一声巨响,舰体缓缓下沉。两个意大利人扒开禁闭室的舱门游出海面。

马切格利亚和伙伴把"伊丽莎白女皇"号战列舰炸沉了。他们也被英军俘虏。

马太洛塔和伙伴把大油轮炸沉、重创驱逐舰"哲维斯"号后,潜入亚大山大城。

他们走向尼罗河口上的罗塞塔城,准备去偷一条小船出海,登上等候他们的"扎菲罗"号潜艇。第二天,他们在罗塞塔城大街上的馆子里用餐时,被宪兵逮捕。

两艘战列舰没有沉没是因为水太浅,但它们直到战争结束都没有修好。

经过这次大灾难,驻亚历山大港的海军基地如临大敌,经常疑神疑鬼地看见什么东西会在晚上潜入船体下面。结果,搞得地中海舰队的官兵们夜里总是做噩梦。

坎宁安筹措巨资,组织人力在入口处构筑水泥障碍物,上边设置高达40英尺的拒马,再与网脚相连了。从此,地中海舰队感到安全了。

意大利水下小组的传奇故事赢得了英国海军界的赞赏。战争结束后,他们返回意大利,成为英雄。

坎宁安海军上将回忆说:"当时,地中海舰队仅剩的两艘战列舰都被炸得搁浅了。"

破坏了亚历山大港的海军基地后,意大利的水下爆破组认为应该稍微观望一下,让英国海军的防备松懈下来。

1942年4月底,"伊丽莎白女皇"号战列舰经过抢修以后,将离开亚

第一章 海战惊魂

英国"伊丽莎白女皇"号战列舰

历山大港去造船厂大修。

意海军总部下令水下爆破组把"伊丽莎白女皇"号再次炸沉。经过改装的"昂布拉"号潜艇来执行这一任务。

5月14日晚,"昂布拉"号靠近亚历山大港口卸掉3条"鱼雷"。

由于受到交叉海流的影响,有两条"鱼雷"航行到天亮都没有找到港口。突击队员只好弄沉"鱼雷",游上岸被英军俘虏。

剩下的"鱼雷"上的费耳特林内利和法瓦勒天亮时找到了港口。他们藏在1只破船内,希望晚上潜入海军基地。由于被渔民发现,他们连忙把"鱼雷"弄沉并游到岸上。法瓦勒被俘。费耳特林内利潜入亚历山大市区。费耳特林内利得到意大利间谍的帮助,隐姓埋名藏了1个多月。他一直是宪兵搜捕的对象。因为已经有5个人被俘,英军知道还有1个人逃跑。结果，他被拘押了。

1942年8月，"斯基尔"号潜艇到达海法港。由于隆美尔的非洲军团推进到亚历山大地区的小村庄阿拉曼一带，亚历山大港的地中海舰队逃到海法港。

"斯基尔"号靠近海法港时，被英反潜舰队击沉，艇上的人无一幸存。

与此同时，意大利海军总部扩充第10快艇支队，接受几百名志愿者来补足编制。第10快艇支队的指挥官由"斯基尔"号前任艇长博吉塞担任。

水面工作组和水下爆炸组对纽约港进行破坏的工作开始了。1942年春夏之交，突击快艇和泅水员小组（"蛙人"）正忙着执行其他任务，放弃了对纽约港的破坏计划。

在意海军准备进攻马耳他岛期间，突击快艇曾两次把间谍送到马耳他岛。

8月29日，意大利突击快艇用"鱼雷"炸沉了英国驱逐舰"埃里杰"号。

在阿拉曼防线的英军大后方，爆破小组炸毁了很多军事建筑和炮位。通过间谍组织，第10快艇支队把1个"蛙人"小组送到阿耳黑西拉斯港，潜伏在直布罗陀港附近的村子里。

1942年7月14日和9月15日，"蛙人"小组两次把水雷系在商船下边，然后游回村子里，并逃到意大利。5艘英商船"雄纳"号、"道格拉斯子爵"号、"斯尼普帝国"号、"默塔"号和"腊文斯"号被炸沉或者遭到重创。

在苏联前线，1942年的前几个月，一个拥有5艘突击快艇的意机动小队于1942年5月初通过夜间爆破活动对塞瓦斯托波尔港进行封锁，有力地支援了斯托波尔港侧翼的德军作战。

5艘突击快艇经常用鱼雷攻击运载部队的苏联大型驳船，或者用机枪突然扫射后逃跑。

6月，它们参加对塞瓦斯托波尔港的最后爆破。7月，它们支援德军攻打高尔基要塞。

德军大溃退时，突击快艇队横越乌克兰和东欧返回意大利，快艇、人员没有任何损失。

6只快艇到达康斯坦萨港后，执行过很多的任务，尤其是破坏苏联潜艇，炸沉了2艘。

1942年春季，第10快艇支队决定在直布罗陀锚地里建立一个引导"鱼雷"基地。

"鱼雷"基地准备建立在被拘留的意大利商船"奥耳太拉"号的货舱中。"奥耳太拉"号以半沉的状态搁浅在西班牙的阿耳黑西拉斯港附近。

港内藏有很多英国间谍，在"奥耳太拉"号船上驻有一个班的西班牙士兵。为了完成计划，必须先把秘密告诉船上的意大利海员，再把士兵、专家、"鱼雷"、备件等许多必要的项目搬到船舱中。在货舱中还要建立一间修理车间，在船体上切开一个水下出口，让"鱼雷"自由驶过。

这么多的工作都不能让西班牙士兵和英国间谍发现，听起来这个计划太难了。

由于制定了极其详尽的冒险计划，并派一批精干的秘密工作者，第10快艇支队把"鱼雷"和装备拆散，秘密通过法国和西班牙，不断地搬到"奥耳太拉"号的货舱中。

秘密工作者混过沿途的耳目，藏在卡车的夹层里，有的步行爬过比利牛斯山脉。有的伪装成意大利的逃亡者混入西班牙。

秘密工作者都在晚上登上船。为了通过西班牙士兵的岗哨，他们喝得酩酊大醉与水手们互相扶持着上船。秘密工作者修建了通向货舱的秘密管道后，再也不用登船了。

在整个战争期间，从船上的船员到间谍机构，都没有被西班牙士兵和英国间谍识破过。

"蛙人"们离开意大利，潜入"奥耳太拉"号，执行爆破任务，然后游上岸，从来没有暴露"奥耳太拉"号。英国曾经出动大批密探到处搜索，却无功而返。

1942年12月8日夜，3条"鱼雷"从"奥耳太拉"号货舱启航。它们由维辛廷尼、芒尼斯科和切拉指挥，去攻击英舰队。

锚地里的巡逻艇突然增多，特别是入口处最多。巡逻艇每隔一会儿就投掷深水炸弹。渡过锚地，除了其他危险以外，爆炸的深水炸弹会使"蛙人"面临巨大的危险。

深水炸弹的爆炸经常震得"蛙人"们昏迷不醒，他们就在这种艰难的条件下执行任务。

维辛廷尼和伙伴来到海军基地的入口，一种新式的垂到海底的防护网是从上而下的。

就在他们想在网底弄出缺口时，防护网突然下降以便让3艘驱逐舰驶入基地。维辛廷尼和伙伴被防护网压死了。

芒尼斯科和瓦林尼到达基地入口处时，3艘驱逐舰正从网上通过。正在这时，他们的"鱼雷"分裂而下沉。他们游向西班牙海岸，一颗深水炸弹在身边爆炸，把芒尼斯科震昏。他们都被一艘美国船上的水手救起。

这时，警报响了起来。所有的舰船都打开探照灯搜索海面，并用自动武器向水下扫射，同时到处都响起深水炸弹的爆炸声。

切拉和伙伴的"鱼雷"在出发时出现了故障，拖回"奥耳太拉"号修理。当警报响起时，切拉和伙伴正向锚地驶去。他们听到警报后，向基地船返航。

一艘巡逻哨艇发现了他们，投掷很多深水炸弹，炸死了切拉的伙伴。切拉把鱼雷下潜30米。

巡逻艇用探照灯、声纳探测器、机关枪和深水炸弹对付切拉一个半小时。巡逻艇不是对付潜艇而是对付水中的切拉。

切拉认为自己快憋死了，他把鱼雷弄沉，游出了水面。他看见了不远处的"奥耳太拉"号,游回船舱。第二天晚上,他又把沉没的"鱼雷"拖回船舱。

12月4日,"昂布拉"号潜艇到达阿尔及尔港附近,等待大船的到来。除了3条"鱼雷"以外,潜艇还带着10个"蛙人"及爆破水雷。

11日拂晓,"昂布拉"号潜入阿尔及尔港。潜艇以最低速度航行。

潜艇通过一切障碍,躲避很多巡逻的舰只。潜艇来到锚地的中心,于晚21时潜伏水下。

一位军官游出海面侦察敌情,他用电话机把海面的情况告诉潜艇。所有的攻击者都从潜艇里出来了,这个行动花了3个小时。

10个"蛙人"游向目标船,由于困难很大,只有两艘船的底部被有效地绑上了水雷。

第1条"鱼雷"靠近一艘补给船,但"鱼雷"分裂了,只好沉没。第2条"鱼雷"的两个舰员把鱼雷弹头,系在第2艘补给船底部。第3条"鱼雷"带有两个鱼雷弹头,分别系在两艘船底部。

"昂布拉"号于2时30分撤离了。所有的蛙人和鱼雷驾驶员游上岸。天快亮时,他们看见3艘船被击沉,两艘受到重创。

1943年5月8日,3条"鱼雷"从"奥耳太拉"号出发,驶向直布罗陀港。由于天气恶劣,英国海军的防备松懈了。3条"鱼雷"遭遇了交叉海流。其中的一条"鱼雷"经过6次反复才进入锚地。

经过与交叉海流拼命的搏斗后,每条"鱼雷"把鱼雷弹头绑在目标船的底部,返回"奥耳太拉"号基地船。天亮时,3艘补给舰都炸沉了。

1943年7月初,第10快艇支队的费拉罗在间谍的帮助下,携带爆破水雷来到叙利亚的亚历山德勒塔港和墨辛纳港。

费拉罗从很远的海岸游到锚地,把水雷系在以上两港的商船下,炸沉了"猎户星座"号和"羊齿植物"号,"凯通纳"号受到重创。英国"蛙人"在第4艘船"西西里王子"号的船底取下了水雷。

意大利"蛙人"在船员的帮助下下水执行任务

  盟军登陆西西里岛时，第 10 快艇支队在海上参加防御战。"昂布拉"号潜艇于 7 月 25 日夜晚，离港出发，遭到飞机的攻击，受到损伤。"昂布拉"号为"鱼雷"安装的出入口，被深水炸弹炸坏，只好返航。

  1943 年 8 月 4 日夜晚，3 条"鱼雷"躲过了深水炸弹的爆炸。他们把鱼雷弹头系在 3 艘船底，黎明时 3 艘商船沉没，他们驾驶 3 条雷体回到"奥耳太拉"号。

  第 10 快艇支队的突击小组和爆破小组继续沿突尼斯海岸进行破坏活动。墨索里尼垮台后，第 10 快艇支队为新政府服务，向英国的"蛙人"部队传授经验和教训。

"独狼"战术

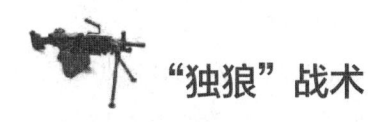

厕所冲水后臭气熏天，艇员们改用马桶，但各舱内的空气更污浊了。

1939年9月3日夜晚，德国潜艇部队司令卡尔·邓尼茨望着波涛滚滚的海面，陷入沉思之中。

德海军将要浴血大西洋，与死对头英国海军决一死战，潜艇部队终于能够扬眉吐气了。邓尼茨坚持认为，以目前德海军的现状，海战的重点应该是潜艇战，潜艇战的重点就是经济战。就是说，尽量消灭盟国的商船队，拖垮盟国的经济，使盟国投降。

邓尼茨认为，若想保证大西洋海战的成功，现在最少需要300艘潜艇。他认为应该把1/3的潜艇用于进攻盟国商船，1/3的潜艇用来海上巡逻，1/3用来保卫德国海军基地。

这样，在前线作战的潜艇必须达到100艘左右，才有可能切断英国的海上交通线，早日使英国投降。

那时，德国海军只有56艘U型潜艇，而且只有46艘能够参战。在46艘中能到大西洋作战的只有22艘，剩下的24艘是一些吨位太小、攻击能力太弱的潜艇。这些小潜艇的续航只能在较近的北海海域作战。

在22艘大潜艇中，也只有7艘能对付大西洋的英国商船。

可是，希特勒否决了邓尼茨的计划。希特勒只喜欢巨舰，把战列舰看成是珍宝，根本瞧不起像小铁皮船一样的潜艇。希特勒指示邓尼茨，必须根据国际法规定的条款作战：潜艇必须在盟国商船卸货完毕，海员离船以后，才能击沉商船。

当时，希特勒只是名义上向英国和法国宣战，没有与英国和法国发生战争。可是，邓尼茨的潜艇部队做的一件事让他十分恼火。

在赫布里底群岛附近，德海军的 U-30 号潜艇艇长发现在海上航行的船队中，有一艘船离开商船队平时常走的航线，误以为它是军用物资运输船。

艇长下令击沉了该船，该船和船上的 128 人沉入大西洋。没想到，这艘商船并不是军用物资运输船，而是从伦敦开往美国的客轮"阿锡尼亚"号，死者大部分是平民百姓，还有 22 个美国佬。美国人和英国人都愤怒了，指责德国违背了国际法，进行惨无人道的屠杀。

由于害怕美国以这个事件为借口向德国宣战，希特勒说这不是德国潜艇干的。邓尼茨派人将该潜艇的航海日志撕毁，换上没有记录这件事的新航海日志。该艇的艇员们也都发誓，一定保守秘密。

迫于国际压力，希特勒进一步限制潜艇部队的活动：日后对任何客轮，不管它是哪个国家的，是否有护航舰护航，潜艇一律不准伤害它。

邓尼茨看到，在希特勒的限制下，潜艇部队什么用都没有了。邓尼茨想让雷德尔帮忙，希望能够说服希特勒收回命令。

9 月 23 日，雷德尔向希特勒提出了请求，希特勒同意击沉那些被德海军下令停止航行，但仍然使用无线电向英海军告密的商船。24 日，在雷德尔的软磨硬劝下，希特勒取消了不准进攻法国商船的命令。

9 月 30 日，希特勒为了报复盟国，取消潜艇部队对北海作战的限制。10 月 17 日，随着战争的扩大，希特勒宣布：凡是属于敌人的舰只，潜艇可以将它们击沉。10 月 19 日，希特勒宣布：凡是实行灯火管制的船只，潜艇部队可以不顾国际战争法的规定将其击沉。

希特勒把对潜艇战的限制取消以前，邓尼茨一直在限制之内发动攻击。邓尼茨期望有一天希特勒能够重视潜艇部队。

9 月 14 日，英国航空母舰"皇家方舟"号正在苏格兰西北部的赫布立群岛一带执行任务。

德海军U-39号潜艇与"皇家方舟"号遭遇了。艇长立即下令发射鱼雷。没有想到的是，鱼雷提前爆炸了。

1艘负责护航的英国驱逐舰扑了过来，投掷深水炸弹击沉了德潜艇。

9月17日，U-29号潜艇藏在英吉利海峡西边的海水里，伸出潜望镜在海面到处观望。突然，潜望镜中出现了1艘万吨级的大客轮，1架飞机在客轮上空进行反潜巡逻。

艇长下令跟踪客轮。客轮发现潜艇后改变了航线，加速逃跑了。潜艇在水下的航行速度还不足10节，U-29号潜艇只好望洋兴叹了。

舰长刚要命令潜艇浮出海面，突然，在潜望镜的左舷水平线上露出1个小黑点。原来是1艘航空母舰，整个潜艇内欢呼声一片。

它是英国海军的"勇敢"号航空母舰。U-29号潜艇悄悄地尾随在"勇敢"号的后边。约2个小时后，U-29号潜艇追上了航空母舰。突然，航空母舰改变了航线，暴露出长长的侧部。

U-29号潜艇马上浮出水面，照准航空母舰射出3条鱼雷，然后逃进水中，以躲避护卫驱逐舰的攻击。

航空母舰连续发生了3次大爆炸，接着，引爆了弹药库和机库，经过一连串的大爆炸后，航空母舰缓缓地沉没了，舰上的518名官兵无一生还。

护卫驱逐舰纷纷向U-29号现身的海域扑来，投掷了许多深水炸弹。一颗颗深水炸弹在U-29号身旁炸响。潜艇剧烈地摇晃，侥幸没有受到重创。历经重重磨难，U-29号艰难地游出了深水炸弹区，逃回潜艇基地。

U-29号的胜利，使希特勒第一次承认了"铁皮小船"的巨大威力。

9月21日，邓尼茨再次组织了几艘潜艇，向1支由41艘商船组成的护航运输队发动了突袭，击沉12商船。

对于德海军来说，斯卡帕湾真是耻辱的标志。斯卡帕湾地处英国苏格兰北部的奥克尼群岛，是面积为340公顷的深水港。

斯卡帕湾与北海相连，西连大西洋，战略意义重大。湾内的斯卡帕军港是英国海军的重要基地。

第一次世界大战时，德国潜艇曾经两次进攻斯卡帕军港，但都惨败而归了。1919年，德海军的舰只都被囚禁在斯卡帕港内，为了避免落入英国人手中，偷偷地自沉了。

邓尼茨一心想进攻斯卡帕湾，但由于第一次世界大战时有过两次战败的惨痛教训。一时还不敢轻举妄动，于是把突破口放在寻找斯卡帕军港的漏洞上。

通过不断的空中拍照得知，要进攻斯卡帕军港难度太大了：斯卡帕湾的流速达10节，德国潜艇的水下最高速度只有7节，潜艇无力逆流而进。再加上斯卡帕军港的防卫力量强大。

9月11日，邓尼茨从空军那里又得到了许多重要的情报，空军拍摄了斯卡帕、弗洛塔、绥萨、里沙海峡内的英海军军舰。

U-16号艇长通过水下侦察得知，潜艇可以在霍克沙海峡启闸之机潜入斯卡帕湾。邓尼茨请求第2航空队想办法侦察斯卡帕湾港各入口处的情况。

通过对大量情报的仔细研究，邓尼茨发现斯卡帕湾共有7个入口，除了霍姆海峡以外，其他6个入口处都设有防潜网、防潜棚和水雷场，还设有警戒舰艇，潜艇无法通行。由霍姆海峡南面到兰勃·雷姆有一条宽15米的航道，虽然霍姆海峡被沉船堵住了，但能够从缝隙中穿过。

邓尼茨派U-47号执行这个重任。10月13日清晨，普莱恩艇长指挥U-47号潜艇潜入海中，向全体舰员宣布了此次航行的作战任务，水兵们全都欢呼雀跃起来。

傍晚，U-47号潜艇浮出水面，全速向斯卡帕湾驶去。月亮还未升起，却发生了极光现象,极光把海面照耀得像白天一样。

U-47号潜艇在水面上继续航行。很快,霍姆水道突然出现了。根据德国空军的侦察,只有霍姆海峡防范不严。因为霍姆海峡水道狭窄弯曲,水流非常急,水下密布巨大的礁石,是个险要之地。英海军在霍姆海峡内自沉了3艘破船。

U-47号潜艇成功地绕过了第1艘沉船,向湾内继续驶去。借助涨潮的水势,U-47号潜艇眼看就要绕过第2艘沉船了,没想到潮水突然把潜艇向右岸推去。

普莱恩下令左舵停转,右舵低速前进,潜艇向左转,费了九牛二虎之力才摆脱了搁浅的厄运。

10月14日0时27分,U-47号潜艇缓缓驶进斯卡帕军港。U-47号潜艇在水中走了3.5海里,没有找到任何攻击目标。U-47号潜艇绕了一个大圈,向梅茵岛驶去。

德国海军 U-47 号潜艇

渐渐的，U-47号潜艇前方出现了英战列舰的三脚桅和大炮塔。后方1海里处，又出现了1艘战列舰。普莱恩欣喜若狂：前方的那艘肯定是"皇家橡树"号，后面的那艘是"力伯斯尔"号。

U-47号潜艇发射了3枚鱼雷，只有1枚鱼雷击中了"皇家橡树"号战列舰，但没有给"皇家橡树"号战列舰造成损伤。

第一次攻击结束后，U-47号潜艇向后撤退了一段距离。鱼雷兵忙着装鱼雷，准备攻击。

午夜1时16分，U-47号潜艇驶入发射阵地，发动了第2次攻击。3枚鱼雷射中了"皇家橡树"号战列舰。

被炸坏的"皇家橡树"号的碎片到处飞扬，呈40度角大倾斜，舰体缓缓地沉入海中，舰长以下833名官兵全部葬身海底。

斯卡帕军港中的其他军舰才知道大难临头，连忙出动舰艇寻找德潜艇。普莱恩立即下令以最快的速度返航。

忽然，1艘驱逐舰用探照灯向海面四处照射，随后朝U-47号潜艇下潜的海面扑来。普莱恩和水兵们紧张地看着英驱逐舰。

意外的是，英国驱逐舰竟忽然改变了航向，在距离潜艇很远的地方投掷了大批深水炸弹。

U-47号潜艇绕过沉船和大量的险礁，撤出了霍姆海峡。

事后，英国在柯克水路的狭道的沉船旁，又自沉了1只旧船。英国舰队撤到军港内的其他停泊处，加强对斯卡帕军港的防卫。

1939年10月17日清晨，U-47号潜艇回到威廉港。码头上，德国海军总司令雷德尔和邓尼茨赶来迎接。

在表彰U-47号潜艇的同时，雷德尔宣布邓尼茨晋升为海军少将。

希特勒批准了邓尼茨加快建造潜艇的计划。潜艇造船厂由3个增为16个，潜艇建造速度由每月4艘增长为每月20艘。

希特勒让邓尼茨放手大干，进行无限制的潜艇战。

在对商船的攻击方面，很多德国潜艇都创造了辉煌的战果。尽管它们不像U-47号、U-29号、U-30号那样家喻户晓，但也很厉害。

邓尼茨出动的这些"独狼"，十分狠毒。潜艇的官兵们明明知道有生命危险，但毫不畏惧。因为他们知道：更多地击沉英国的商船，会使英国早一天投降。

U-48号先后共击沉盟国船只10万吨。

一天，1支拥有25艘舰船的英运输船队驶进U-48号潜艇的射程。U-48号进攻了2艘货船，1艘货船沉没了。

英军护卫舰立即扑了上来，U-48号赶紧躲藏。

半小时后，U-48号潜艇再次浮到水面，英护卫舰又扑了上来。

舰长跳入舰桥，跑进甲板升降口，大声命令："潜航！"

海水灌进压载舱，为了让艇首立即下潜，艇员们都跑到潜艇的前部保持平衡，以避免翻船。当海水淹没潜艇的指挥塔后，猛烈的爆炸声响了起来。

突然，传来驱逐舰驶近的巨大马达声，又响起了潜艇探测器的音波遇到潜艇后被弹回去的声音。

潜艇探测器是英国于20世纪30年代发明的超声波的回音装置。英舰的深水炸弹投下来后炸响，U-48号剧烈地摇动起来。

第2枚深水炸弹投下来了，这次比第1枚投得还要近，U-48号潜艇摇动得更剧烈了。

修尔杰命令改航，进一步下潜。20分钟内没有听到爆炸声。

突然，第3枚深水炸弹又爆炸了，震坏了潜艇舰舱内的深度计和通信装置，不过舰体没有遭到损伤。

修尔杰命令沉入海底，关闭发动机和一切发音装置。

英国驱逐舰正在探测U-48号潜艇，潜艇上的水手们能听见英军舰巨大的发动机的声音。

一会儿，深水炸弹又发动了攻击，在潜艇的前后左右不断地爆炸，舱内的很多物品都被震坏了。

潜艇在海底一直躲到天黑，才浮上60米的深度。潜行约4公里后，浮回海面上。

类似的厄运，德国潜艇在海战中经常遇到。

1940年6月22日，法国向德国投降。

这时，德国吞并了大半个欧洲，能够与德国抗衡的，只有英吉利海峡对岸的英国和东方的大国苏联。

法国的滨海小城洛里昂，位于比斯开湾的北端，从洛里昂出发航行200海里就能到达英国海运最繁忙的北海和北大西洋海域。

德军控制了比斯开湾，法国的大西洋港口——布雷斯特、圣纳泽尔、拉罗歇尔和洛里昂港都被邓尼茨改建为潜艇基地，使潜艇到达大西洋的航程缩短800公里。

德国潜艇再朝大西洋深入一点，就可以攻击运送阿根廷肉类和美国小麦的英国运输船队了。

由于敦刻尔克大撤退期间，大量英军驱逐舰被击沉，负责警戒的军舰在挪威战役中遭受重创，导致英国护航军舰的严重不足，从而对德国潜艇的威胁小多了。

1940年7月8日夜晚，U-99号潜艇在英国北海海峡浮出了水面，监视着海面。

艇长奥托·克里奇默尔少校靠在指挥栏上，叼着雪茄，吸了起来。忽然，哨兵向克里奇默尔报告："有情况。"

克里奇默尔举起双筒望远镜，1支英国护航运输船队分为两组，在3艘驱逐舰的护航下向西驶去。

U-99号潜艇两小时后追到了英船队的前边。克里奇默尔下令只露出潜望镜，等待英船队的到来。

德军士兵正把鱼雷运上潜艇

　　一艘英驱逐舰迎面扑来，U-99号潜艇刚要躲进深水中，英驱逐舰忽然从艇尾方向冲过去了。接着，英船队分为两组，贴近U-99号潜艇。

　　U-99号潜艇发射了2枚鱼雷，水手们等待着鱼雷爆炸的巨响。一会儿，英船队安全地从海面上驶过去了。

　　克里奇默尔气得大骂："真倒霉！鱼雷又没有响。"

　　U-99号潜艇的尾发射管立即发射鱼雷，鱼雷又没有响。U-99号潜艇又瞄准1艘大船，发射鱼雷，这条鱼雷不是哑弹，击沉了大船。

　　克里奇默尔下令："立即潜行！"与此同时，英军驱逐舰正高速扑来。

潜艇刚刚下潜到45米处，周围不断响起深水炸弹的爆炸声，潜艇剧烈摇动起来。1颗深水炸弹击中了近舷。

潜艇不断地下跌，跌入110米的深度。

英舰发出的呼呼巨响声不断传来，螺旋桨声震耳欲聋。很快，噪音完全消失，可是四周又响起了深水炸弹的爆炸声。

U-99号潜艇艰难地恢复了平衡，仅受到轻微损伤。潜艇的航速大大降低。U-99号在水下的最大航速仅为8节，比水面舰艇30节的速度慢几倍。

U-99号潜艇毫无办法，英舰持续追击两个多小时，1颗深水炸弹又在潜艇的近舷爆炸，海水把潜艇艇壳压得嗡嗡直响。

为了减少氧气的消耗，克里奇默尔下令舰员躺倒，戴上呼吸罩。6个小时后，英舰停止了攻击。克里奇默尔发现蓄电池组的电能快耗光了，他只剩两个选择：一是让潜艇浮出水面，进攻驱逐舰；二是，让潜艇沉入海底。

克里奇默尔下令沉入海底，连续6个小时不准任何行动。

厕所冲水后臭气熏天，艇员们改用马桶，但各舱内的空气更污浊了。后来，艇内的二氧化碳含量在逐渐上升，有些舰员已经喘不上气来了。英军舰艇发出了巨大的呼呼声和螺旋桨的巨大轰鸣声。舰员们感到死神就快来临了。

9日凌晨，英驱逐舰逐渐远去，U-99号潜艇在下潜18个小时后，浮出了水面。

克里奇默尔打开升降口盖，登上了指挥台。发动机启动了，风扇将清新的空气抽进艇内。舰员们钻出了潜艇，贪婪地呼吸着空气。

7月12日，U-99号将1艘希腊货船击沉。随后，U-99号召唤1架德国轰炸机，炸毁苏联货船"默里萨尔"号。

7月15日，U-99号又将英货船"沃德布里"号炸沉。

纳尔维克海战

"厌战"号一阵炮轰，击毁了1艘德驱逐舰。

英国资源贫乏，原材料主要依赖进口。海上输入对英国的生存与发展起着重要的作用。

为了海上运输，英国拥有世界上最多的商船，拥有强大的海军。"日不落帝国"就是凭借大舰巨炮，存在了几百年。

第二次世界大战爆发后，温斯顿·丘吉尔当选英国首相。对英、德两国海战的实质，丘吉尔很清楚，他知道小小的德国海军不堪一击。

开战时，德国海军元帅雷德尔出动舰艇和潜艇在大西洋攻击商船。丘吉尔出动重兵于英伦三岛，企图封死北海，困住德国海军。

挪威海岸线长2万多公里，对大洋开放的部分达1.7万多公里。一旦德国出兵攻占挪威，英国海军就算使出浑身解数，也无法困住德国海军。到时，德国舰艇从挪威海岸冒出来，杀向大西洋的英国运输船队。

1940年春，运载铁矿石的德国船只避开英海军的封锁，紧贴中立国挪威的海岸航行。3月底，丘吉尔指示海军部，出动布雷舰只，在挪威海岸布设水雷，派出陆军，去占领挪威的沿海重镇。

海军部出动布雷部队，兵分三路：第一路北方布雷队，8艘驱逐舰，前往佛斯特海峡布雷，封锁纳尔维克；第二路，2艘驱逐舰到达挪威中部，布设雷区；第三路南方布雷队，1艘布雷舰和4艘驱逐舰到达施塔德兰德，布设雷区。

英国惠特沃思海军中将率领"声望"号战列巡洋舰和4艘驱逐舰出海，为北方布雷队护航。

4月7日，英国登陆部队集结完毕。运输舰只正准备启航。8时，一架侦察机发回报告，在德国纳泽以北约150海里处，发现1支德海军的大舰队。

13时30分，侦察机再次发回报告，在北纬56度48分，东经6度10分海域，发现德海军的"沙恩霍斯特"号、"格奈森瑙"号战列巡洋舰和10艘驱逐舰。

英国海军部下令放弃占领挪威的计划，同时命令出发不久的南方布雷队立即返航。

20时15分，英国直布罗陀舰队司令查尔斯·福布斯爵士率"罗德尼"号、"勇士"号战列舰，"反击"号战列巡洋舰，2艘巡洋舰，10艘驱逐舰出征，向东北方向的德舰队驶去。

4月8日晨，福布斯收到"格洛沃姆"号与德舰艇遭遇的报告，福布斯与"格洛沃姆"号距离约300海里。福布斯下令加速行驶，驶向挪威特隆赫姆以西海域。

福布斯命令"反击"号战列巡洋舰、"佩内洛普"号巡洋舰和4艘驱逐舰向北寻找德舰队，在佛斯特峡湾活动的"声望"号南下搜索德舰队。福布斯率主力舰队向北驶去。这时，福布斯收到报告，在挪威南部海域发现德舰队。

晚上，福布斯率主力舰队向南驶去。

9日清晨，惠特沃思率"声望"号向南驶去，在距离斯科姆瓦尔灯塔约50海里处，发现两个舰影。实际上是德舰"沙恩霍斯特"号和"格奈森瑙"号。

后来，双方距离10海里。"声望"号用主炮突然攻击"格奈森瑙"号，用副炮攻击"沙恩霍斯特"号。双方距离8海里时，"声望"号把"格奈森瑙"的前主炮打哑。"格奈森瑙"号撤退，"沙恩霍斯特"号掩护撤退。

"声望"号中了3颗炮弹,损失很大。"声望"号加速到29节,5时许,暴风雪加大,两艘德舰消失了身影。

8时整,惠特沃思召来部分警戒舰只,向西航进。挪威天气寒冷,北部冬夜漫长。由于深受大西洋暖流的影响,挪威沿岸的大部分海面冬季不结冰。

雷德尔对希特勒说,如果德军攻下挪威,德空军的轰炸机就能轰炸英国;相反,如果英军攻下挪威,德国海军将被困死北海,德国失去瑞典的铁矿石,甚至德国北部城镇,就会受到英机的空袭。

希特勒批准了雷德尔的建议。入侵挪威是闪电式的占领,必须在挪威的8个港口同时进行。挪威陆军不堪一击,但英国海军对登陆部队是个巨大的威胁。

雷德尔组建了6支舰队,让登陆部队乘坐作战舰只。雷德尔又组建了3支舰队,负责攻占丹麦,保障进攻挪威时的补给线安全。

舰艇排水量小,只能运载部队和轻武器。雷德尔只好用商船来运送大型装备和弹药。由于商船的航速太慢,雷德尔下令,万一遭到挪威海军和英舰队的拦截,必须进水自沉。

德登陆部队的最高司令官是陆军将领冯·法尔肯霍斯特,空军部队是第L0航空兵团队,指挥官是伊斯列尔。海军分别在波罗的海和挪威海作战。

4月7日3时,负责攻占纳尔维克的德海军第1舰队和负责攻占特隆赫姆的第2舰队满载着部队,秘密出发,来到易北河口外的海域。它们与"沙恩霍斯特"号、"格奈森瑙"号战列巡洋舰会合,在海军吕特晏斯将军的率领下,向北驶去。

7日上午,舰队被英国侦察轰炸机发现。13时30分,12架英国侦察轰炸机前来攻击,对德舰队没有造成太大的损失。

8日清晨,"希佩尔"号巡洋舰击沉了掉队的英舰"格洛沃姆"号。

午后,第2舰队驶往特隆赫姆。

9日,吕特晏斯在与惠特沃思的"声望"号交手以后,率"沙恩霍斯特"号、"格奈森瑙"号故意撤退,吸引了封锁挪威佛斯特峡湾的英舰队。10艘德国驱逐舰趁机开进佛斯特峡湾。

佛斯特峡湾弯弯曲曲,与奥福特峡湾相连,两岸悬崖峭壁,地势险峻。挪威重镇纳尔维克,坐落在奥福特峡湾的内侧。

10艘德驱逐舰在邦特的率领下,来到纳尔维克港外,被挪威海防舰"艾德斯沃尔德"号挡住。德舰用鱼雷将"艾德斯沃尔德"号击沉。挪威军舰"诺格"号拼命发炮。几分钟后,"诺格"号也被鱼雷击沉。

两艘挪威军舰沉没后,2000名德军冲出军舰,夺取了岸上的工事,攻下纳尔维克。根据原定方案,邦特的驱逐舰队应该立即加油,然后离开

德国"沙恩霍斯特"号战列巡洋舰

峡湾。但是，油船和运送装备弹药的商船多数遇难，只有"詹·韦勒姆"号油船赶来了。

邦特命令5艘驱逐舰加油，其他5舰停泊在东北部的赫尔扬斯湾和西南部的巴兰根湾。

与此同时，其他几路德军攻下了特隆赫姆、卑尔根、斯塔万格、克里斯蒂安。直到10日下午，德军才攻下挪威首都奥斯陆。

9日16时，英国海军部得到报告，纳尔维克港中出现了德舰。英国海军部和直布罗陀舰队司令福布斯发现上当了，直接向李海军上校下令，命令第2驱逐舰队赶往佛斯特海峡。

李上校拥有5艘驱逐舰，立即向峡湾挺进。不久，他得到情报，纳尔维克港中有6艘驱逐舰和1艘德潜艇。

李上校向福布斯和惠特沃思海军中将分别报告敌情。他请求在10日清晨涨潮时冲入峡湾，发动攻击。惠特沃思同意给予支援，但要求等待支援舰只的到来。海军部要求李上校伺机行事。

10日清晨，由于涨潮李上校的5艘驱逐舰避开了水雷，冲向峡湾。5舰驱逐舰摸黑前行，速度很慢。1艘负责警戒的德潜艇没有发现英舰队，李上校的驱逐舰驶近纳尔维克港。

4时30分，英驱逐舰"哈迪"号与"亨特尔"号、"汉沃克"号冲进港内。"霍特斯普尔"号和"霍斯达伊尔"号在港外作为预备队。3艘英舰的第一次攻击，就朝5艘德舰发射了10枚鱼雷，舰炮同时开火。英军1枚鱼雷击中邦特的旗舰，舰桥起火，邦特上校被击毙。德旗舰24小时后沉没。1艘德舰被鱼雷炸断，沉入海底。

其他3艘德舰受到重创，丧失了战斗力。英舰"霍特斯普尔"号入港支援，用鱼雷击沉了两艘德商船。5艘英舰猛烈地发炮，把港内德军的仓库和岸防德军阵地打得遍地开花。

李上校发现还有两艘德舰，他下令进攻。"哈迪"号冲在前面，5

艘英舰驶离时，轮番向大雾笼罩的港口炮轰一阵，击沉了5艘德商船。

6时，李上校率第2驱逐舰队快离开峡湾了。突然，在赫尔扬斯湾方向，发现这是邦特部署在外面的3艘德驱逐舰。相距4海里时，双方开火。顿时，炮声隆隆，进行了一场炮战。

李上校下令撤退。几分钟后，峡湾西部又出现两艘驱逐舰。当英国信号兵发出联络信号时，遭到一阵猛烈的炮击。原来，这是两艘德舰，它们拦住了英驱逐舰的退路。

英驱逐舰处于两面受敌的不利境地。德舰的舰炮口径较大，炮火猛烈。一发炮弹命中英"哈迪"号驱逐舰的舰桥，李上校受到重伤。为了避免沉没，"哈迪"号向南岸浅滩冲去。英国水兵们跳进寒气透骨的冰水，藏在一个小村庄里。李上校在上岸时牺牲了。

峡湾雾很大。不久，英"亨特尔"号和英"霍特斯普尔"号相撞，"亨特尔"号被撞沉。"霍特斯普尔"号连忙撤退，又被击中7发炮弹。

"汉沃克"号和"霍斯达伊尔"号赶来支援。3艘驱逐舰边打边逃，撤到了外海。德舰也大多中弹，加上缺乏燃油，无法追击，英舰趁机逃跑。

英国海军部得到第2驱逐舰队的报告后，命令惠特沃思封锁佛斯特峡湾，堵住德驱逐舰。同时，福布斯率直布罗陀舰队主力北上。

10日，15架英国大鸥式轰炸机在卑尔根附近发现了受到重创的德国巡洋舰"柯尼斯堡"号，把它炸沉。11日4时，18架箭鱼式飞机从英"暴怒"号航空母舰出发，在特隆赫姆附近海域轰炸了两艘德舰。埋伏在斯卡峡湾入口处的英国"箭鱼"号潜艇用鱼雷使"吕佐"号受到重创。福布斯没有遇到德舰，继续率领直布罗陀舰队，向北驶去。

12日上午，福布斯派1艘战列舰和9艘驱逐舰进攻纳尔维克港，收拾德驱逐舰。当夜，惠特沃思海军中将登上了老式战列舰"厌战"号。

"厌战"号参加过日德兰海战，排水量3万吨，装有8门381毫米主炮，8门152毫米副炮。由于佛斯特峡湾航道狭窄，暗礁较多，"厌战"号行动不便。

惠特沃思于13日上午，率"厌战"号和9艘驱逐舰，冲进峡湾。

11时，"厌战"号通过特兰诺灯塔。"厌战"号出动飞机，前往奥福特峡湾寻找德舰。在赫尔扬斯湾，飞机击沉1艘德潜艇，发现两艘德驱逐舰。

双方距离7海里时，1艘德舰连忙向湾内逃去。另1艘德舰躲在岩石背后。英驱逐舰发射鱼雷，同时"厌战"号用381毫米主炮炮击。很快，德舰丧失了战斗力。

4艘德舰接到警报，出湾报复。海战在纳尔维克以西12海里处展开了。英国驱逐舰冲锋在前，"厌战"号在后面掩护。德舰拼死反抗，但不是"厌战"号的对手，被迫逃跑。下午1时，1艘逃到赫尔扬斯湾的德驱逐舰刚要进湾，被鱼雷击沉。剩下的3艘逃到罗姆巴克斯湾。

英舰队开始攻打纳尔维克。纳尔维克港中只有3艘受创的德舰，"厌战"号一阵炮轰，击毁了一艘德驱逐舰。3艘英国驱逐舰冲入纳尔维克，击沉了另外两艘。在德舰的反击下，1艘英驱逐舰受到重创，被迫撤退；另1艘英驱逐舰撤退时触礁搁浅。

罗姆巴克斯湾位于纳尔维克东北部，宽仅500米。水流急湍，岩石密布，两岸峭壁林立。"厌战"号舰体庞大，躲在湾外。英军出动飞机带路，4艘英驱逐舰依次驶入。

刚过海湾窄口，在最前面的"爱斯基摩"号遭到伏击，被藏在岩石后面的德驱逐舰用鱼雷击中。"爱斯基摩"号舰首被炸毁，被迫返航。3艘英驱逐舰继续前进，和德舰对射。

由于两艘英驱逐舰的弹药不多了，另1艘前主炮停止了炮击。德驱逐舰同样也打光了炮弹和鱼雷。1艘德驱逐舰向岩石撞去，受到重创。3艘德舰自沉海湾。德舰水兵们弃舰登岸。英舰认真地搜索峡湾，向1艘搁浅

"厌战"号主炮射击

的德舰发射鱼雷,然后离开了峡湾。

"厌战"号回到到纳尔维克港外,惠特沃思想出动海军陆战队冲到岸上,从德军那里夺回纳尔维克。但 2000 名德军是山地作战师中的一个团,骁勇善战,火力很强,再加上英军陆战队兵力不足,只好放弃登陆作战。

"厌战"号见完成了任务,率领舰队离开了纳尔维克湾。纳尔维克海战,英军获得了胜利,歼灭了德国的 10 艘驱逐舰。但是,德军实现了战略目标，控制了挪威海岸的军事重镇。

后来，英国海军陆战队几次登陆作战，都伤亡惨重，海上浮尸密布。丘吉尔被迫放弃了登陆作战，派海军封锁斯卡帕湾、格陵兰岛、冰岛和奥克尼群岛之间的海域，阻止德舰从挪威的峡湾中进入北大西洋。

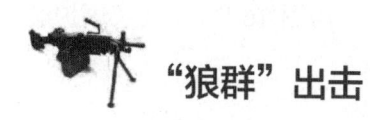

"狼群"出击

护航队长输得心服口服，一夜间，德潜艇击沉了17艘商船。

邓尼茨认为潜艇单独作战力量太弱，决定采取"结群战术"对付英国的护航舰队。

邓尼茨把新战术形象地称之为"狼群战术"，艇群呈扇面展开，首先发现目标的潜艇把目标的情况向指挥中心报告，指挥中心指挥所有的潜艇向目标发起攻击。

"狼群"白天潜入水下，夜里发动攻击。潜艇提高无线电通讯能力，艇长们必须经过专门的训练。

于是，邓尼茨返回德国，重新组建潜艇部队，他积极地把新战术贯彻到每艘潜艇的日常训练中。

一天，邓尼茨在德国潜艇司令部主持了作战会议。

邓尼茨说："德军征服法国后，我们的航程缩短了800公里，使得我们能在海上停留更长的时间，为潜艇实施'狼群战术'创造了条件。现在英国船队已经不走比斯开湾，而改走其他航线了。我们应该把潜艇部署在英国附近，伺机攻击……"

U-47的舰长普莱恩问："'狼群'由谁指挥呢？"

邓尼茨笑着说："由我指挥，同时我会指定某位舰长担任现场指挥官。"

邓尼茨出动的"狼群"进行了残酷的潜艇战,与英国商船势不两立。

1940年9月份,邓尼茨的潜艇部队在北海海域张开血盆大口,制造了一波波攻击盟国商船的巨浪。

9月20日—22日,英国的1支护航队被5艘德潜艇围住了。结果,德潜艇击沉了11艘商船,还击伤了两艘商船。10月16日,1支英国护航运输队正在大西洋上航行。

3天后,这支护航运输队到达北大西洋的洛卡尔沙洲,距离目的地还有一半的路程。它由34艘舰船组成,包括30艘商船,运载各种原料,4艘护卫舰只为它们护航,在夜色的笼罩下缓缓地航行。

护航队的队长是位英海军的老军官,正站在舰桥上望着船队。

看到船队没有受损失,他感到松了一口气,他熟悉大西洋,只需再走两天多的时间,他就到达目的地了。

这次出海真顺利,在上船以前,他听见人们说,这两个月来有很多商船被潜艇击沉,有些护航运输队被"狼群"追了几天。

他对这些谣言一点都不相信,20多年以前,那时他年轻的时候就跟德国潜艇较量过,人们把德国艇长吹得跟凶神恶煞似的,其实并不可怕。

他感到了有些困了,走回住舱。

大多数船员和护卫舰的官兵们都睡着了。接连几天对德国潜艇的警戒使他们困得要命。

这时,U-48号潜艇发现了这支护航运输队,邓尼茨接到电报后,赶紧在海图上标示这支航队的位置、航向、航速、组成和护航兵力。

邓尼茨派U-38号、U-46号、U-99号、U-100号、U-101号和U-123号立即赶往现场,吃掉这支护航运输队。

U-48号浮出水面,偷偷接近运输队,发现了3艘商船。这时,不用瞄准就能击中,舰长布莱克·劳特下令:"1号管发射!"

第一章　海战惊魂

两条鱼雷游向百米外的商船扑去。同时，潜艇掉头逃跑。

随着两声巨响，两艘商船起火爆炸，剧烈地摇晃起来，缓缓地沉入大西洋。

护航队长被爆炸声吵醒了，1名舰员跑上前来报告："前面的两艘商船遭到潜艇的偷袭。"

护航队长马上走上舰桥，两艘商船正在燃烧着，大火把海面都照亮了，船队四散而逃。他立即下令："护卫舰，马上出击。"

4艘护卫舰在海面上搜索潜艇。1艘护卫舰接收到U-48号潜艇向邓尼茨报告战况的无线电信号。它立即朝U-48号追来。

U-48号赶紧下潜，水听器中传来驱逐舰的螺旋桨巨大的噪音。很多深水炸弹在潜艇上面的海水中炸响。

这时，U-48号下潜200米，深水炸弹的爆炸深度仅为120米。

护航队长以为潜艇被赶跑了，下令恢复队形，向前全速前进。U-48号在船队的后面跟着，不断地向邓尼茨报告运输队的方位。

10月18日傍晚，"狼群"追上了护航运输队。根据邓尼茨的命令，U-99号将再次钻到船队中央，攻击商船。U-46号、U-100号、U-101号和U-123号潜艇从左右两侧攻击。

U-48号追上了"狼群"，"口袋"布好了，就等运输队钻进去了。

深夜，U-46号第一个发射了鱼雷。1艘商船在不到10分钟内就出现了大倾斜，船员纷纷跳上救生艇。

这时，护航编队的队长正在商船上睡觉。剧烈的震动吓得他跳了起来，他赶紧逃出船舱。

浓烟夹着热气迎面扑来，他向下望去，船首被炸得乱糟糟，快断开了。

船就要沉没了，他下令弃船。同时，他通过无线电下令："立即规避！"

所有的商船都奉命规避，几艘新船单独逃跑了。

"狼群"开始吃"羊"了。

4艘护卫舰在海面上来回巡逻,那时的护卫舰还没有雷达设备,靠肉眼看不见潜艇。

"狼群"在船队中不断下潜,躲避驱逐舰的攻击;不断上浮,向商船发射鱼雷。

"狼群"一拥而上,大打出手。

护卫舰东窜西扑,忙个不停。

随着一连串的爆炸声,一艘艘商船沉没,海面上漂满了碎片、尸体、破布。燃油在海面上到处飘浮。

护航队长输得心服口服,一夜间,德潜艇击沉了17艘商船。

19日,天亮后,"狼群"躲在水下休息。

3艘潜艇没有鱼雷了,返回基地,剩下的几艘潜艇接到邓尼茨的电令,去追赶另一支护航运输队。

这是1支由45艘舰船组成的快速护航运输队,它装的是英军的作战物资,护航舰艇由2艘驱逐舰、1艘扫雷舰、4艘反潜快艇和3艘武装拖网渔船组成。这支运输队威风凛凛地驶向英国。

一只"老狼"跟在运输队的后面。它是U-47号潜艇,舰长叫普莱恩。

他并不心急,等待刚刚完成攻击任务的4艘潜艇的到来。他连续跟踪快速运输队一天一夜,终于等来了4只"狼"。

在19日晚和20日晚,在他的指挥下,5艘潜艇对快速护航运输队连续攻击,船队四散而逃,"狼群"击沉了12艘商船,击伤2艘。

1941年3月6日傍晚,1支满载着军用物资的护航运输队,在8艘英驱逐舰的保护下,驶向非洲。

当护航运输队到达冰岛西南海域时,U-47号潜艇发现了它们。普莱恩向邓尼茨报告了敌情。

第一章 海战惊魂

英国商船处于护航驱逐舰的保护之下

邓尼茨派 U-70 号和 U-99 号潜艇，火速赶往该海域。

U-47 号潜艇已经成了"王牌潜艇"，普莱恩是德国人的偶像。U-70 号和 U-99 号潜艇从东面冲向护航运输队。

U-70 号第一次与"王牌潜艇"共同作战，舰长立功心切，向艇员们下令："准备发射！"

U-70 号潜艇第一个赶到攻击阵位，距运输船队越来越近了，800 米、600 米、400 米……

"放！"艇长下令。

"嗖！嗖！"2 条鱼雷向两艘商船游了过去。

"轰"的一声，击中了 1 艘商船，大火把海面都照亮了。

U-99 号潜艇连续发射了几条鱼雷，击沉了几艘商船。

负责护航的英驱逐舰冲向"狼群"，"狼群"慌了手脚，连忙下潜。驱逐舰们用声纳锁定了目标，深水炸弹射向潜艇如雨点般倾泻。

一连串的爆炸声在海里响起。U-70 号被炸沉了。

U-99 号被炸得浮出水面，在夜色的掩护下逃跑了。

在混战中，U-47 号一直躲在"OB—293"护航运输队后面。这只狡猾的"老狼"没有攻击商船。

第二天清晨 4 时 20 分左右，下起了暴风雨，袭击了海上的运输队。

U-47 号悄悄地上浮，"黑獾"号驱逐舰的雷达兵发现它了。驱逐舰投掷的深水炸弹炸毁了 U-47 号的水下推进器。

U-47 号丧失了行动能力，不久，就被炸沉了。

一天中午，U-110 号浮出海面，几个舰员爬出舱外，晒太阳。

舰长拿起望远镜，认真地观察。在远处出现滚滚的黑烟，那一定是 1 支护航运输队。舰长回到舱内，通过无线电召唤 U-99 号和 U-100 号。

3 只"狼"不敢在白天吃"羊"，躲在水里跟在英国运输队的后边。

黄昏，5 艘英驱逐舰和 2 艘护卫舰开始向船队四周搜索。舰上的声纳发现了 U-100 号。3 艘驱逐舰悄悄地围了上去，投掷深水炸弹。

这时，U-99 号潜艇闯入船队，用鱼雷击中了几艘商船，大火照亮了夜空。

3 艘驱逐舰接到求救信号后，赶去救援。U-99 号击沉 6 艘商船后，趁乱逃走了。

U-100 号脱离了险境，但它不肯空手而归，跟踪护航运输队。

次日凌晨，U-100 号浮出海面，英国驱逐舰围了上去。U-100 号还没有下潜就被炮弹击中了，1 艘驱逐舰冲了过去，把 U-100 号撞成两截。

很快，"徘徊者"号驱逐舰的声纳探测到海面下的 U-99 号，一连串的深水炸弹炸得 U-99 号浮出水面，投降了。

1943 年 3 月底，护航航空母舰在大西洋上出现了。德国潜艇经常遭到舰载机的攻击，盟军用最快的速度把航线的上空填满了。

盟国编成了支援舰队，就是由驱逐舰、护卫舰等组成的舰队。

英国海军在谷物运输船、油轮上改装飞行甲板，搭载 3 至 4 架"刀鱼"式飞机。"刀鱼"攻击性很强，还能飞回飞行甲板，对潜艇的威胁很大。

3 月 26 日傍晚，1 支护航运输队前边的几艘舰船驶入德潜艇群的中间。U-663 号和 U-564 号潜艇几乎同时向邓尼茨发出护航运输队的电报。

U-663 号刚浮出海面，就发现 1 艘驱逐舰迎面冲了过来。U-663 号赶紧下潜！刚潜到潜望镜深度，深水炸弹就不断地炸响了。

U-663 号剧烈地摇摆，艇员们被摔得晕头转向。潜艇向海底沉去。

艇员们艰难地爬回岗位，潜艇在 180 米深处停了下来。它不敢动了，艇员们议论道："敌人好像早就盯上我们了。"

的确，这是支援舰队的舰艇，支援舰队装备了高频测向仪，对付潜艇效果很好。

其他潜艇刚刚浮出水面，就被支援舰队赶入海底。这支护航运输队安全地通过了潜艇巡逻线。

4月后，邓尼茨出动60艘潜艇组成4条巡逻线："燕八哥"潜艇群由16艘潜艇组成，在冰岛的西南迎击ONS-5运输队；"啄木鸟"潜艇群由18艘潜艇组成，在纽芬兰东北迎击SC-127号护航运输队；在"燕八哥"潜艇群南面组成"山鸟"潜艇群，迎击HX-235运输队；"画眉鸟"潜艇群由13艘新潜艇组成，在西班牙和比斯开湾以西，迎击为躲避德潜艇而改航的运输队。

通过英国情报部门的努力，英国海军对德国潜艇部队的一举一动都知道。但ONS-5护航运输队还是被"狼群"盯住了。

ONS-5护航运输队包括43艘运输船、3艘驱逐舰、5艘护卫舰和2艘负责救护的武装拖网船。

4月22日，ONS-5离开英国，逆风前进，取偏北的航线躲开德国潜艇群活动区，驶向加拿大、美国等港口。

4月28日，太阳刚刚升起，海面十分宁静。ONS-5运输队没有想到，1艘德国潜艇竟跟在后面。

"燕八哥"潜艇群的U-650号潜艇，发现了运输队，马上召唤"狼群"。"燕八哥"潜艇群就像饿急了眼的狼群，扑向运输队。

突然，海面上掀起惊涛骇浪，大浪高10多米。能见度太差，潜艇群找不到运输队。

黄昏，潜艇群根据规定向邓尼茨发报，被英国驱逐舰上的无电线测向仪接收。

护卫舰艇冲向测定的位置，德国潜艇纷纷下潜，再也不敢浮出水面使用无线电设备了。

各个潜艇之间无法联络，被迫化整为零，独自作战。

29日黎明，跟在ONS-5运输队后面的U-650号带着U-258号击沉1

艘商船。1架从冰岛起飞的飞机飞到U-258号上空,在15米的高度投掷了4颗深水炸弹。U-258号潜艇艇首被击中,返回基地。

30日,运输队散布在30平方海里的海面上,飞机不断地在上空巡逻,日夜不停,德国潜艇不敢浮出水面。

邓尼茨出动30艘潜艇组成的"狼群",把ONS-5的航线挡住了。

5月4日晚,护航运输队在平静的海面上行驶。在月光的映照下,运输船的轮廓非常清晰。

运输队排成多路纵队的队形,警戒舰既能及时发现潜艇,又便于击退潜艇。

潜艇群把护航运输队包围了,纷纷浮出水面。护卫舰就冲向潜艇,直到把潜艇赶跑为止。

1艘快艇发现U-192号后,连续追击3小时40分钟,进行了7次攻击,才把U-192号击沉。

1艘飞艇为运输队负责空中护航。U-630号潜艇刚刚浮出水面,就被飞艇炸沉。U-438号也受伤了。

潜艇群只击沉了7艘运输船,却损失2艘潜艇,被击伤多艘。

邓尼茨认为,运输队离纽芬兰越近,得到的空中支援就越强,必须在5月6日以前吃掉运输队。邓尼茨命令潜艇群在5日至6日进行决战,命令潜艇不要下潜,不惜一切代价攻击商船。

6日早晨,大雾笼罩,能见度只有100米左右,德国潜艇群决定闯入迷雾攻击商船。

护航舰借助雷达将浓雾中的德潜艇看得一清二楚,德国潜艇却看不见护航舰。

每当潜艇进入攻击阵位,都被护航舰挡住,接下来是猛烈的炮轰。U-267号靠高速度才躲避了1艘快艇的炮轰。

U-638号却被深水炸弹击沉。U-125号潜艇在大雾中什么都看不见,被"奥里比"号驱逐舰撞成重伤。1 艘快艇冲上来一阵炮轰，把 U-125 号击沉。

正在这时，第一支援舰队的 5 艘舰只赶到。在前边的"塘鹅"号海岸炮舰的雷达发现了 U-438 号，开炮把它击沉。

靠隐蔽占优势的潜艇，现在都出现在护航舰的雷达荧光屏上，陷入被动挨打的绝境。

邓尼茨感到情况不妙，如果中午大雾散开，盟国的飞机飞来，潜艇群将更危险。邓尼茨下令停战，6 艘潜艇已经被击沉，4 艘受到重创。护航运输队损失了 13 艘商船。

盟国用新的测位方法和威力越来越大的深水炸弹，对付德国潜艇。盟国的护航舰只也越来越多，使潜艇作战更加吃力。

1943 年 5 月 24 日，邓尼茨下令所有的潜艇全部撤退到亚速尔群岛。

1943 年 3 月至 5 月，猎潜战出现了转折点。5 月份，被德国潜艇击沉的商船只有 50 艘，总吨位 25 万吨，而德国潜艇损失 41 艘，其中 25 艘是在大西洋沉没的。猎潜战在 1943 年春末出现转折点是因为：

第一，"火炬"登陆战结束后，很多驱逐舰返回英国，再加上推迟了两支苏联护航运输队的出港时间，霍顿组织了 5 个支援大队。有 1 个大队拥有 1 艘护航航空母舰"比特"号。美国海军组成了护航航空母舰特混大队。

第二，邓尼茨得到了关于同盟国护航运输队的情报，使德国能够集中 20 艘潜艇前去攻击。可是，根据"超级机密"提供的情报，使霍顿能够命令护航运输队改变航向，避免被德潜艇发现。

第三，1943 年 3 月，同盟国召开大西洋护航运输队会议，决定统一指挥同盟国的反潜部队。由英国和加拿大统一负责北大西洋护航运输队的远洋护航。根据"超级机密"提供的情报，大西洋中部的一些海域是德国潜艇的加油点，结果美国海军新成立的护航航空母舰特混大队驻扎在中大

邓尼茨（左一）与德国潜艇官兵握手

西洋，专门对付德国的供应潜艇。

尽管造船厂尽了最大的努力，到1944年6月初，负责登陆任务的49艘潜艇中只有9艘安装了通气管。盟军对法国铁路进行了大规模的战略轰炸，许多改装用的配件堆在货场中。

1944年6月6日，诺曼底登陆开始了。5时13分，邓尼茨向49艘潜艇发布命令：凡登陆的舰艇，都是重要的目标，无论冒任何危险必须攻击。

6日夜晚，15艘德潜艇从布勒斯特出发，其中7艘安装了通气管，能够潜航到达英吉利海峡。剩下的8艘，被迫浮出水面充电，以便有充足的电能在天亮后潜航。

8艘潜艇成一路纵队，向西驶去。不久，U-415号德潜艇受到飞机的攻击。U-256号德潜艇击落1架飞机。

U-415号潜艇接收到很多盟军飞机的雷达信号，来自右舷的雷达信号最强。1架盟军飞机出现，从右舷发动攻击。潜艇还击，飞机投掷4颗深水炸弹。

U-415号潜艇的两台发动机都坏了，机械师修复了柴油机。受到重创的U-415号潜艇和U-256号潜艇返回基地。另外，盟军飞机还炸沉了两艘德潜艇。

天亮后，潜艇陆续在水中潜航。U-212号潜艇没来得及下潜，遭到两架"蚊"式鱼雷机的攻击，U-212号潜艇几乎失控，摇晃着逃回基地。

在整个战斗过程中，盟军飞机都没有发现德国飞机。在6月7日夜晚，36艘德潜艇浮出水面充电，继续向东航行。

8日凌晨，加拿大的1架"解放者"式轰炸机关闭雷达后，用最大的速度飞向1艘德潜艇。

飞机在潜艇上空40英尺的高度上掠过时，投掷6颗深水炸弹，把潜艇完全炸碎了。

10分钟后，这架飞机从月光处钻出，关闭雷达，用6个深水炸弹击沉了1艘德潜艇。

从布勒斯特出发的8艘没有安装通气管的潜艇，只剩下4艘。

这4艘潜艇在8日早晨遇到了英国飞机。U-413号潜艇与1架飞机展开了一场激战。潜艇重创了飞机，飞机也重创了潜艇，各自返回基地。

剩下的3艘潜艇在接下来的几天里，都被击沉了。

没有装通气管的德潜艇仍然无法靠近英吉利海峡。

剩下的22艘没装通气管的德潜艇，努力摆脱掉盟军飞机。又有5艘德潜艇受损，1艘沉没。

至6月23日午夜止，盟军飞机击沉了9艘德潜艇，击伤11艘。6艘带有通气管的德潜艇驶入英吉利海峡，另外2艘因为耗光了蓄电池能量而驶入圣彼得港。

第一章 海战惊魂

6艘德潜艇偷偷地击沉了两艘英军护卫舰，英军军舰立即报复，击沉了1艘潜艇。15日，U-621号潜艇击沉1艘美国坦克登陆舰，攻击了两艘美国战列舰。盟军的军舰把它赶跑了。两周后，第2艘装有通气管的德潜艇进入猎场。

装有通气管的潜艇能够使用柴油机无限期地潜航，潜艇露出水面的是3英尺高的通气管的顶端。如果海面平静，潜艇正在航行时，盟军能够在5英里处发现通气管的航迹。

对通气管的搜索就在广阔的球场上寻找高尔夫球一样难。而且，雷达发现通气管的距离也不超过4英里。

6月18日，1架美国的"解放者"式轰炸机发现了一股德潜艇喷出的烟云，接着发现德潜艇的通气管。飞机投掷了深水炸弹，只对潜艇造成轻伤。

7月11日，1架飞机发现了1艘潜艇的通气管。潜艇接收了飞机的雷达厘米波，连忙下潜，由于艇首下潜得太快，艇尾伸出了水面。飞机趁机摧毁了艇尾，潜艇沉没了。

与此同时，英国航空兵与从挪威和德国各基地出发的德国潜艇展开了空潜战。英国飞机击沉5艘德潜艇，重创4艘。

从数目上来说，潜艇先后击沉11艘运输船，4艘登陆舰，5艘护卫舰，重创5艘运输舰，1艘护卫舰，1艘登陆舰。

两个多月的作战中，德国潜艇部队给盟军造成的全部损失，不到登陆兵力的1%。但潜艇的损失却超过10%，

8月底，盟军几乎已经占领了整个法国。沿比斯开湾的德潜艇基地或被攻占或被包围。邓尼茨和他的潜艇部队永远失去了他们在战争初期所创立的这个最大规模的"狼穴"。

德国潜艇被迫向挪威基地转移，几乎每一艘都安装了通气管。在广阔的水域上，德国潜艇几乎毫无顾忌地潜航。

德国潜艇在不列颠群岛周围的浅水区出现，围绕英国海岸行驶的船只变成了德国潜艇的猎物。

8月底，U-482号潜艇没有被军舰或者飞机发现，击沉了5艘商船，然后偷偷地溜走，回到挪威基地。1944年最后的4个月，德国潜艇在英国海岸只击沉了14艘商船。而经过英国海岸的商船多达1.2万艘。

到1944年夏季，同盟国得知了德国建造新型潜艇的计划。对于潜艇建造来讲，最重要的是中德运河，因为巨大的潜艇装配组件只能通过水路运送。在1944年的秋季，中德运河反复遭受大规模轰炸。

9月23日夜晚，盟国重型轰炸机炸毁了1个高架水渠，一段6英里长的运河河水通过炸开的水渠流走了，很多货船搁浅在河床上。经过抢修，11月，运河重新开放，但盟军的轰炸机又来了，德国人再次抢修。1945年1月初，这种情况又发生了两次。

总之，巨大的潜艇装配组件只能通过水路运送。许多地方的运河发生堵塞，建造潜艇的工作被迫转用铁路运输。

使用铁路运输必须把装配组件拆成零部件，这样做完全失去了预制件的优点。另外，向造船厂运送配件还不是最大的困难，为了增加潜艇的蓄电能力，共有4个工厂生产蓄电池。由于大规模战略轰炸，除了最小的工厂外，其他3个工厂被迫停产或者减产。盟军的轰炸机对德国造船厂进行了连续的破坏性轰炸。

1945年4月30日，U-2511号从卑尔根港出发，它是德国第一艘新型大潜艇。U-2511号通过北海时，与英国海军的1支反潜舰群相遇。U-2511号潜艇收回通气管，航速提高到16节，甩开了反潜舰群。

战争结束后，同盟国的海军军官们纷纷登上德国新型潜艇。最新型的大潜艇能进行水下充电，一次充电可以续航300海里，是普通潜艇的3倍。不过，德国新型潜艇连1条鱼雷都没有来得及射出去，德国就投降了。

末日之战

由于供应潜艇和战斗潜艇损失惨重，邓尼茨把剩下的潜艇撤离了印度洋、南大西洋和巴西沿岸。

1943年9月，回到北大西洋的德潜艇装备了音响自导鱼雷和两门四联装防空炮。

9月18日中午，38艘商船在6艘护航舰艇的护航下出现了。下午，根据"超级"情报，这支护航运输队改航西北方向。19日黎明前，驻纽芬兰的加拿大空军开始了空中巡逻，一架飞机炸沉了一艘德潜艇。

19日夜，德潜艇将护航舰艇"埃斯卡佩德"号炸伤。9月20日，德潜艇击沉了2艘商船，被"拉根"号探测到。就在"拉根"号准备投射深水炸弹时，被德军用一颗音响自导鱼雷命中，受到重创。

"加蒂诺"号立即前去支援，"加蒂诺"号和"波利安瑟斯"号遭到音响自导鱼雷的攻击，德国潜艇趁机逃走了。

天亮前，盟军的"解放者"式轰炸机赶来支援，击沉了一艘德潜艇。

20日下午，第9支援舰队赶来支援。

很快，德潜艇击沉了第9支援舰队的"圣克罗伊"号护航舰艇。就在"伊钦"号护航舰艇前来援助时，一颗音响自导鱼雷击中了"伊钦"号的尾部。

夜晚，德潜艇发射了多枚音响自导鱼雷，击沉了"波利安瑟斯"号舰艇。21日，海面上出现浓雾，护航航空母舰上的飞机在浓雾的间隙中起飞迎战。

22日下午，大雾散开，护航航空母舰的飞机全部起飞，同时加拿大空军的飞机前来支援。夜晚,一艘德潜艇用一枚音响自导鱼雷击沉"伊钦"号护航航空母舰。

在混战中,一艘德潜艇突破护航封锁线,击沉3艘商船。加拿大空军不断加派飞机支援,德潜艇于23日被迫撤离。

1943年10月,第2支援舰队驶向北大西洋。由于恶劣的天气飞机无法起飞,在风暴中,德潜艇向"搜索者"号护航航空母舰发射鱼雷,但没有击中。在战斗中,2艘德潜艇被击沉。

10月,盟军飞机开始从亚速尔群岛起飞战斗,连续击沉5艘德潜艇,德潜艇被迫撤离了亚速尔群岛海域。

1943年夏季,同盟国更改了密码,邓尼茨无法得到护航运输队的情报,很多潜艇返回基地。一些潜艇进行了改造,装上通气管。德潜艇群朝不列颠海域靠拢,潜艇战在护航运输队进出各英国港口必经海域展开。"超级机密"向英海军提供了德国潜艇的动向,在20天内英军击沉了6艘潜艇。

1944年初,"超级机密"再次破译了德国最高统帅部的情报,得知德国正在研制超过25节的水下高航速潜艇,引起了同盟国的不安。

盟国决定集中轰炸组装新型潜艇的造船厂。制造新型潜艇电动机的西门子厂和舒克特厂,制造潜望镜的蔡斯厂遭受了大规模的轰炸。持续大规模的轰炸严重影响了新型潜艇的建造速度。

德普通型潜艇的建造速度仍提高了,1944年建造的吨位比1943年还要多。

英国海军在英吉利海峡和西部海防区布了许多深水雷区。这些深水雷区能够保护诺曼底登陆舰队,还能对付德海军的通气管潜艇。

1944年2月,印度洋的很多护航运输队受到德日潜艇的攻击。大西洋的猎潜战缓和后,很多反潜部队赶往印度洋。

1944年春,一些护航航空母舰在印度洋攻击了德日潜艇后,由于印度海军护航兵力的支援，在有护航航空母舰的运输队中，没有损失1艘商船。后来，护航航空母舰继续向东行驶，加入英国太平洋舰队。

1944年1月至2月，美军的一支巡逻机中队携带磁探仪转向直布罗陀海峡水区。2月24日，美机发现1艘德潜艇，驱逐舰"安东尼"号和"威沙特"号赶来击沉了潜艇。另外，3架装有磁探仪的美机，投下炸弹，炸沉了1艘德国潜艇。

盟军的反潜飞机在北极海域，即挪威、设得兰群岛和冰岛间的海域上空遭受重大损失。北极的德潜艇不仅用音响自导鱼雷攻击护航舰艇，还露出水面用四联装防空炮攻击飞机。

从1944年2月开始，大西洋的很多护航航空母舰前去支援驶往苏联的盟军护航运输队。护航运输队在几乎都是黑夜的冬季行驶，空中护航几乎都是在夜晚进行。

"文德克斯"号是第一艘专门猎潜的真正的航空母舰，能够搭载整个第825中队。由于天气太冷，舰载飞机的火炮经常失灵，深水炸弹无法投放，结果损失严重。

在中大西洋海域，美国的"猎潜群"部署在亚速尔群岛至佛得角群岛。2月，"布诺克岛"号航空母舰猎潜编队击沉了4艘德潜艇。"博格"号航空母舰猎潜编队和"瓜达尔卡纳尔"号航空母舰击沉2艘德潜艇。

德国潜艇部队改变了加油地点。根据"超级机密"提供的情报，"克罗坦"号航空母舰猎潜编队和"特里波利"号航空母舰猎潜编队等待德供应潜艇自投罗网。"克罗坦"号航空母舰猎潜编队击沉了1艘德供应潜艇。

不久，"博格"号和"布诺克岛"号赶到接替。5月，德国潜艇击沉了"布诺克岛"号，炸断了"巴尔"号护卫舰的舰尾。

由于供应潜艇和战斗潜艇损失惨重，邓尼茨把剩下的潜艇撤离了印度洋、南大西洋和巴西沿岸。

经典 全景二战丛书 海战惊魂

德国潜艇返回基地，艇员正在陆续上岸

第一章 海战惊魂

1944年5月29日,德国潜艇击沉"布诺克岛"号后,"瓜达尔卡纳尔"号航空母舰猎潜编队前来报复。6月4日早晨,"瓜达尔卡纳尔"号猎潜编队发现一艘德潜艇。

两分钟后,"查特林"号驱逐舰发动了攻击。"瓜达尔卡纳尔"号航空母舰快速撤离,舰载机在上空护航。德潜艇浮出潜望镜深度,发现了护航舰艇,紧急下潜,但被"查特林"号击中。12分钟后,德潜艇在距离"查特林"号700码的海面上被迫浮出。"查特林"号发射一枚鱼雷,没有命中。舰载机连忙扑去,德潜艇投降。

盟军在法国诺曼底开辟第二战场,邓尼茨在英吉利海峡附近集结所有的潜艇,进攻通过英吉利海峡支援盟军的舰船。英国海军在英吉利海峡附近增驻了10个护航大队和3艘护航航空母舰。

邓尼茨出动25艘潜艇赴海峡进攻登陆舰艇,6月底,只有4艘到达英吉利海峡。另外的21艘中,有5艘被迫返航,3艘受创后返航,7艘潜艇被击沉,剩下的6艘设法突破了封锁线。

德潜艇加装了通气管后,厘米波雷达很难探测到潜艇通气管的头部。飞行员只能用眼睛去发现通气管的头部或者它喷出的烟雾,错过了很多战机。德潜艇往往在攻击了护航舰艇以后,遭到长时间的追击才沉没的。发现潜艇十分困难,许多护航舰艇不肯放过已发现的德潜艇。

英国海军部非常忧虑,担心德国航速25节的新型潜艇会服役。为了对付快速潜艇,哪怕研制出快速护卫舰艇,但存在着声呐不能在20节以上的航速使用的难题。

在战斗时,德潜艇只需把速度降为15节,就能发射声自导鱼雷,然后快速逃离。解决这一难题的办法就是占领德国造船厂和工厂。后来,盟军在德国高速潜艇大量服役以前占领了德国造船厂,德国投降时,已经建成了199艘高速潜艇。

由于盟军在欧洲大规模反攻,德国建造了袖珍潜艇,专门对付登陆舰船。当盟军向欧洲海岸推进时，一些袖珍潜艇攻击英国东海岸和英吉利海峡的舰船。

1945年3月11日，"托林顿"号护卫舰发现一个雷达信号。信号很快就消失了，"托林顿"号驶往该海面，投掷30颗深水炸弹。不久，1艘德袖珍潜艇浮出了水面，"托林顿"号向潜艇开炮，2名舰员投降。

13日，"托林顿"号在古德温沙洲以南1海里处探测时，没有发现任何目标。"托林顿"号发射了1组深水炸弹，想把附近的潜艇都吓跑。不久，1艘德袖珍潜艇浮出了水面，这艘袖珍潜艇更小，用雷达和声呐无法发现它。

袖珍潜艇的威胁日益严重，大青花鱼式和剑鱼式鱼雷轰炸机专门对付袖珍潜艇。它们飞行速度很慢，对付袖珍潜艇很有利。战争结束时，水面舰艇共击沉50艘德袖珍潜艇，飞机击沉16艘。

1945年3月，邓尼茨出动6艘潜艇去攻击美国的城市。美国海军得知德潜艇携带了V-2火箭，连忙在亚速尔群岛部署了两支猎潜兵力。北面的兵力由2艘护航航空母舰和17艘驱逐舰组成。

4月11日至22日，北面的兵力击沉了3艘潜艇。南面的兵力由2艘护航航空母舰和22艘护卫舰组成。

4月24日，一艘德潜艇被舰载机发现，遭到了9艘护卫舰的追击。这艘德潜艇发射一枚音响自导鱼雷，将"戴维斯"号护航航空母舰击沉。这艘德潜艇还向"弗莱厄蒂"号护航航空母舰发射了鱼雷，但没有击中。6小时，这艘德潜艇浮出水面后被击沉。

在二战期间，德国建造了1900艘潜艇，只有1150艘服役。有807艘被击沉，其中614艘是在与护航舰队作战时被击沉的，292艘被飞机击沉，46艘被飞机和水面舰艇共同击沉。

1944年7月后，97艘潜艇被轰炸机炸沉，那时德国空军已经没有还手之力了。在3.9万名德国舰员中，2.8万名死亡，死亡率为71%。

1944年底，盟国参加猎潜的远洋舰艇多达880艘，近岸舰艇多达2200艘。在二战中，盟国的护航舰艇共损失了2882艘船，受到重创的有264艘。

护航海战

邓尼茨不知道U-110号潜艇被俘虏，更不知道密码都落在英国情报局的手中。

由于德潜艇的作战半径不断地伸向北大西洋，英对冰岛和纽芬兰之间没有护航的运输队提供空中或者海上护航变得十分重要了。

1941年4月，冰岛的岸防航空兵的实力加强了，英第204航空中队和第269航空中队开始进驻冰岛。

同时，位于赫瓦尔峡湾的加油基地也投入使用了，使舰艇护航半径大增。为了缩短护航舰艇由于加油而离开运输队的时间，护航运输队的航线移向冰岛。

这样一来，德国潜艇所要航行的距离更长了，潜艇为了节省燃料，在所在海域巡逻的时间被迫减少。然而，在英国海军和加拿大海军的交接处还有一个大空白区，需要从加拿大海岸和冰岛提供空中护航。

5月，英国和加拿大确定了空中远程护航的战略，但仍有约300海里的空白区。于是，英国借到了美国的远程卡塔林纳式飞机。

5月27日，英国和加拿大在纽芬兰的圣约翰斯设立了基地。加拿大海军的猎潜舰艇，都进驻圣约翰斯基地。

6月，15艘轻护卫舰加入猎潜部队，该部队兵力达到30艘驱逐舰、9艘小护卫舰和24艘轻护卫舰。有了这些舰艇，就可以提供首尾相连的护航了。

6月17日，第一艘新型远程护航舰艇建成，因为各种原因，无法大量建造。拥有超远程飞机以填补纽芬兰与冰岛间的空白区变得非常重要了。

英空军与海军达成协议，海军负责所有在海上作战的飞机的指挥。先由海军下达任务，再由岸防航空兵负责完成任务。岸防飞机由空军指挥官拥有绝对控制权，但现场的具体指挥则由护航舰队指挥官负责。

即使这样，岸防航空兵的兵力仍显得不足，海军部和空军部对以往的飞机猎潜战进行了研究以后，发现出动许多飞机对护航运输队进行短距离护航等于浪费，因为通过破译的德国最高统率部的情报已经证实，在近海区域内没有德国潜艇。

6月，岸防航空兵收到10架超远程解放者式轰炸机，从北爱尔兰和冰岛的基地起飞作战。通过"超级"情报，英海军得知德国潜艇正在通过比较固定的航线横渡比斯开湾，开赴大西洋。因为缺少远程飞机，岸防航空兵无法利用这个情报。德国潜艇往往在夜里浮出水面，飞机无法在夜间发动攻击。

1941年1月底，英美两国的参谋人员在华盛顿开会。双方确定，不管美国是否参战，美国都负责大西洋的航运安全，英国则负责地中海的航运安全。

3月1日，美海军成立大西洋舰队支援部队，包括3个驱逐舰中队和4个巡逻机中队。支援部队在英国设立了基地，选定苏格兰和北爱尔兰的一些基地。

1941年春，一些德国潜艇在弗里敦周围海区作战，那里几乎没有护航舰只。

3月4日，英海军的4架桑德兰式飞机转场到弗里敦。5月，6艘德潜艇在弗里敦一带海区击沉了32艘商船，很多商船都是快进北非各港口

解放者式轰炸机正在投弹

时被击沉的。英国海军部被迫从北大西洋调走一部分海军航空兵。

5月7日,一支护航运输队遭到U-201号潜艇的进攻,2艘船被击沉。5月9日中午,U-20L号和U-110号潜艇击沉了3艘船。

"奥布里舍"号轻护卫舰探到了U-110号潜艇,两次攻击潜艇。当U-110潜艇被迫浮出水面时,"奥里布舍"号、"百老汇"号和"大斗犬"号驱逐舰都发现它了。

"大斗犬"号舰长想俘虏U-110号潜艇,便以15节的航速追逐U-110号潜艇。U-110号上的舰员正在操纵火炮时,"大斗犬"号上的火炮立即开火,德潜艇上的舰员被迫弃舰跳海。"大斗犬"号派1个工作组到U-110潜艇上。

英军得到了几大堆机密文件,还有带整套信号的"埃尼格玛"军用密码无线电收发报机。"大斗犬"号营救完德军舰员后,把U-110潜艇拖走了。

邓尼茨不知道U-110号潜艇被俘虏,更不知道密码都落在英国情报局的手中。直到战争结束,德国海军潜艇的通信内容都被英国海军加以利用,包括每艘德国潜艇的位置、作战情况和指挥官的名字。

英国海军部为了保守情报来源,多次不使用德军的情报。

1941年5月,原德国货船"汉诺威"号改装为护航航空母舰,改名为"奥达城"号。

8月的一天,第269中队1架飞机在冰岛以南约80海里处的水上发现1艘潜艇。

该潜艇进行了下潜,那架飞机投放了1个烟幕筒,并向基地发出报告。第二架飞机接替了第一架。10时30分,U-570号潜艇浮出了水面,第二架飞机投掷了4颗深水炸弹。潜艇仅受到轻伤,但没有经验的德国舰员却投降了。第二架"哈德逊"式飞机在U-570号潜艇上空盘旋。

第三架飞机和其他飞机依次接班。晚23时,"北部酋长"号拖船赶来。午夜后,拖船"金斯顿玛瑙"号、"沃斯特沃特"号和"温德梅尔"号赶到,2艘驱逐舰也赶到。U-570号潜艇被拖到了英国。

8月10日至15日,在纽芬兰阿全夏的美国基地,丘吉尔,罗斯福制定了一个计划,决定由美海军对大西洋的运输队进行护航。

9月份,"奥达城"号所携载的4架"欧洲燕"式飞机击落2架德机。

9月4日上午,美国驱逐舰驶向冰岛。1架英国飞机通知它,在前方10海里处有1艘德潜艇。

美"格里尔"号赶到德国潜艇的位置时立即减速,用声呐进行探测,发现了德国潜艇。英国飞机接到"格里尔"号不准备进行攻击的通知后,投放了深水炸弹。

第一章　海战惊魂

德国潜艇以为是美驱逐舰"格里尔"号投射了深水炸弹。

12时40分，德国潜艇向"格里尔"号发射了1枚鱼雷。

"格里尔"号躲开了鱼雷，并进行了炮击。13时，德国潜艇发射第二枚鱼雷，"格里尔"号又躲开了。德国潜艇趁机潜入水中溜走了。

以"格里尔"号事件为借口，罗斯福总统于9月11日宣布，凡是进入美舰防区内的任何德国或者意大利潜艇，"胆敢攻击美舰，将招来报复。"

10月15日，一支50艘商船遭到9艘德潜艇的攻击。4艘美海军驱逐舰、1艘英海军驱逐舰和自由法国的1艘驱逐舰赶来，支援原来的5艘护卫舰。

10月16日夜2时左右，1艘美驱逐舰受到重创。又有7艘驱逐舰赶来支援。9艘德潜艇仍然击沉了6艘商船，还击沉了2艘驱逐舰。

10月31日，美驱逐舰"鲁本·詹姆斯"号被1艘潜艇击沉。

1941年11月，英国第8集团军在北非进攻隆美尔的部队。希特勒要

剑鱼式鱼雷轰炸机从"皇家方舟"号航空母舰上起飞

求邓尼茨从比斯开湾各基地抽调潜艇赴地中海作战。

"超级机密"立即向英国海军部通知这个情况，海军部下令加强直布罗陀猎潜警戒的命令。德国潜艇都在夜里浮出水面通过直布罗陀海峡，在直布罗陀有9架装备雷达的英国海军航空兵的"剑鱼"式鱼雷轰炸机。

11月8日，9架"剑鱼"式鱼雷轰炸机从"皇家方舟"号航空母舰上起飞。由于"皇家方舟"号母舰被德国潜艇击沉，这支舰载机中队只好降落在直布罗陀机场。这些"剑鱼"式鱼雷轰炸机支援英国空军进行夜间猎潜警戒。

12月1日，"剑鱼"式鱼雷轰炸机使U-96号潜艇无法通过直布罗陀海峡。此后3周，"剑鱼"式鱼雷轰炸机通过夜间攻击，迫使德4艘潜艇返航。

12月21日，1架"剑鱼"式鱼雷轰炸机在夜间巡逻时，击沉了1艘德潜艇。另外，1架装有雷达的"威特雷"式飞机击沉了1艘德潜艇。

1941年12月14日，36艘商船在第36护航大队的护航下由直布罗陀出发，不断地受到德国飞机和潜艇的攻击。德国潜艇不少于12艘，击沉了2艘商船、1艘护航航空母舰"奥达城"号和1艘驱逐舰。德国损失了4艘潜艇，从"奥达城"号起飞的飞机击落4架德机。

乌鸦啄地洞

邓尼茨在日记中写道："此次作战失利，是由于敌人护航兵力强大。"

1942年6月4日凌晨，意潜艇"卢吉托腊利"号和"莫诺西尾"号从法国拉帕利斯港出发,准备驶往波罗黎群岛附近海域。它们在水面航行,比斯开湾的海面上一片漆黑。

忽然,瞭望哨发现在艇首上方有一盏明灯,好像是一架飞机。潜艇来不及下潜,连忙向左撤退。20秒钟后,灯光消失。

"卢吉托腊利"号的舰员们开始讨论。灯光好像来自一架飞机,可是,飞机为什么不攻击潜艇呢?讨论的结果是,多数人说那一定是德国或意大利的飞机。为了弄清情况,舰长下令发射识别照明弹。

灯光的确来自飞机,那是英皇家空军格雷斯韦尔驾驶的一架飞机首次使用利式探照灯。

飞机在距离意潜艇约6英里时利用雷达捕捉到潜艇,飞机在高空中飞向潜艇,机组人员打开了探照灯。格雷斯韦尔和机组人员发现下面的一艘大潜艇,但眨眼间飞机飞过去了。

格雷斯韦尔知道,飞机飞回去攻击时,潜艇有足够的时间下潜,失败的原因是飞得太高了,这次难得的机会就这样丢失了。

突然,格雷斯韦尔吃惊地发现海面上有一颗照明弹腾空而起。机组人员讨论着:它是不是英国潜艇呢?格雷斯韦尔提醒机组人员,英国潜艇只是在水面使用浮灯。

格雷斯韦尔很快改变了航向,用雷达捕捉到潜艇,用探照灯光照射潜艇。机组人员用机关炮和深水炸弹向潜艇攻击。

深水炸弹在潜艇下面爆炸,"卢吉托腊利"号受到重创。舰员们被迫把弹药舱用水淹没以避免爆炸。

飞机油料不足了,被迫返航。"卢吉托腊利"号这才逃过劫难。舰员们庆幸自己大难不死。潜艇已经丧失了战斗力,摇摇晃晃地返航了。

从此,同盟国在大西洋上开始了"乌鸦啄地洞"的空潜战。

1942年夏天,大部分德潜艇来到大西洋中部的"空白区"作战。为了攻击德潜艇,盟国继续封锁比斯开湾,同时投入更多的航空兵力填补大西洋中部的"空白区"。

为此，英国空军的第 120 航空中队加入海军；用于大西洋"空白区"的空潜战，大大加强了反潜力量。

第 120 航空中队接收了美国解放者式远程飞机，续航时间约 16 小时，武器装备也大大加强。

第 120 航空中队的飞行员布洛克少校是猎潜明星，创造了最高的反潜纪录。

布洛克兴趣广泛，对新事物感兴趣，富于冒险精神。他的一位兄弟是英国船员，随德国潜艇击沉的商船一同沉没了。

布洛克恨透了德国潜艇，发誓为兄弟复仇。对大多数英国飞行员来讲，在大海上发现德国潜艇是很困难的，他们把大西洋猎潜看作最枯燥无味和最令人厌烦的任务，他们渴望与敌机发生空战。

布洛克总是抢着执行反潜任务，与机组人员的合作很默契。

战争初期，布洛克驾驶安桑式和赫德逊式飞机攻击潜艇，他被评为"卓越"的飞行员。第 120 中队接收了解放者式轰炸机后，在布洛克的一再请求下，上级把他调到第 120 中队。

布洛克十分重视雷达搜索技术，不久，布洛克和机组人员多次攻击潜艇。尽管战果很小，但在多数飞行员没有发现过潜艇的情况下，他们显得突出了。

1942 年 8 月 16 日，在亚速尔群岛附近的一支护航运输队遭到潜艇群的攻击，布洛克用深水炸弹击中了 U-89 号潜艇。由于深水炸弹的定深不合适，U-89 号潜艇逃跑了。

18 日，布洛克在同一片海面上，攻击了 U-653 号潜艇，当时 U-653 号正扑向一支英国护航运输队，没想到受到重创。U-653 号潜艇好不容易返回了基地。

布洛克为没有击沉潜艇而感到苦恼，他希望得到 25 英尺定深装置的深水炸弹。长期以来，英国岸基航空兵在反潜时是采用从潜艇的正横方向进行投弹的战术，每次飞机投弹时总有一半深水炸弹失去作用。

布洛克决定从潜艇首尾方向投掷深水炸弹，使每颗深水炸弹都能发挥作用。这种新方法要求飞机顺着潜艇的首尾方向飞行，飞行难度很高。

不久，先进的深水炸弹装备第 120 中队，布洛克的反潜飞行技术也训练成功了。10 月 12 日中午，布洛克和机组人员从冰岛的空军基地起飞，为 1 支护航运输队提供短程掩护。

机组人员迎着刺眼的海面反射光芒认真搜索着，1 位机组人员发现机翼右侧有 1 艘小艇的航迹。布洛克立即向右飞去，从太阳方向向下俯冲。

当他直对着小艇时，发现它是 1 艘德国潜艇。

他照准德国潜艇的舰尾，笔直地顺着潜艇首尾方向掠过，6 颗深水炸

深水炸弹对德国潜艇进行攻击

弹准确击中德国潜艇。哪怕布洛克站在德国潜艇的甲板上，向水中连续快速投掷深水炸弹，也很难取得这么好的效果。

潜艇受到巨大冲击，数处破裂，海水涌入舱内，瞬间沉没，艇上的人员全部丧生。

此后的3个星期内，布洛克和机组人员攻击了两艘潜艇。11月份，布洛克击沉1艘潜艇，还击伤了1艘潜艇。

12月7日，邓尼茨出动20多艘潜艇，拦截1支进入大西洋"空白区"的英国护航运输队。这支英国护航运输队共有25艘商船，5艘护卫舰为它们护航。

12月8日清晨，第120中队的1架"解放者"式轰炸机，在远离冰岛800英里外，为这支护航运输队提供短程护航，德国潜艇在夜色的掩护下击沉了1艘商船。

不久，布洛克驾机前来接班，继续提供短程护航。天色昏暗，能见度很低，又下了冰雹。布洛克和他的机组在护航运输队周围进行大面积的搜索。

布洛克发现左侧下方，1艘潜艇正在海面上追赶运输队。布洛克用深水炸弹进行了攻击，潜艇不见了。

1个小时后，布洛克又看见两艘潜艇。布洛克飞过去照准1艘潜艇，投掷仅剩的两颗深水炸弹。两艘潜艇迅速潜入了水中。

经过长时间的飞行，布洛克和机组人员饥饿难忍。布洛克和机组人员刚要用餐，又发现了1艘在海面上行驶的潜艇。

布洛克飞快地抓起操纵杆，牛排和土豆洒了他一身。机组人员扔掉盘子，各就各位。这时，布洛克正向潜艇俯冲，用加农炮和机关炮扫射，潜艇赶紧下潜。

此后，德国潜艇多次浮出海面，企图攻击商船，布洛克刚把1艘潜艇赶下水，另1艘潜艇又浮上来了。如此反复较量，整整5个多小时。

在飞机加农炮的射击下，20多艘潜艇再也不敢浮出水面了。这时，燃油已经不足，布洛克急忙返航。

布洛克离开后，另1架解放者式轰炸机赶来接班，发现了5艘潜艇，空袭了4艘。

这两架飞机完成了护航任务，粉碎了邓尼茨用"狼群战术"对护航运输队的残酷攻击。邓尼茨在日记中写道："此次作战失利，是由于敌人护航兵力强大。"

布洛克在第120中队服役的一年半时间内，共击沉两艘潜艇，击伤多艘德国潜艇。与此同时，大多数英国飞行员却找不到德国潜艇。

至1943年5月，布洛克已经击沉了6艘、重创6艘德国潜艇。

7月8日，比斯开湾只有碧蓝的海水和德国潜艇。布洛克正在空中飞行，仍未发现德国潜艇。飞机开始返航了，突然，炮手在左侧的海面上发现1艘潜艇。

飞机一个急转弯进入潜艇的首尾攻击位置。

这艘潜艇是U–514号，由于出现故障，正在水面上航行，潜艇的柴油机的噪音很大，正在为蓄电池充电。艇员们都没有听见飞机的巨大轰鸣声。

布洛克刚度过假期，在休假期间他试飞了装备探照灯的"解放者"飞机，试射了新型空对舰火箭弹。

布洛克对火箭弹很感兴趣，他现在驾驶的这架飞机上新装备了8颗火箭弹、8颗深水炸弹和1颗声自导鱼雷。

布洛克只用几秒钟就进入了攻击阵位，下面的潜艇正向南行驶，没有下潜。

飞机向下俯冲，距离800码时，布洛克发射了两颗火箭弹，潜艇还浮在海面。1秒后，布洛克在600码的距离发射了两颗火箭弹。四分之三秒后，距离500码的距离发射4颗火箭弹。

英国120航空中队的飞行员们在一旁等待战斗机加油

飞机迅速升空，炮手看到1颗火箭弹穿透了艇体的水线下部。潜艇竖着沉入大西洋。布洛克飞回来照准漩涡处投掷8颗深水炸弹。深水炸弹爆炸后，布洛克投射1颗声自导鱼雷。

战斗结束后，海面平静了，浮出大片油迹和混杂的漂浮物。

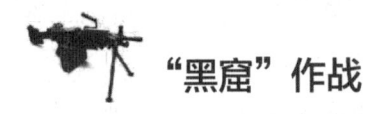

"黑窟"作战

大多数海军军官认为不用飞艇反而更安全，因为飞艇比最能冒烟的货船还容易被德国潜艇发现。

1943年5月，德国海军总司令邓尼茨把36艘潜艇派往"黑窟"，企图吃掉盟国的 HX-237 快速护航运输队和 SC-129 慢速护航运输队。

在北大西洋上，有一大片海域是盟国岸基飞机的作战半径无法到达的地方，即空白区。邓尼茨常出动"狼群"在这一带攻击商船。盟国海员们一提起空白区就诅咒它是商船的坟墓。

以前，护航运输队听说"狼群"挡道，会主动躲避，绕道行驶。但这一次，英国海军部认为，护航舰只大量服役，舰上装备了高频无线电测向仪、厘米波雷达和先进的深水炸弹，声呐性能突飞猛进，再加上解放者式超远程飞机和护航航空母舰的护航，空白区已经没有了。因此，不需要躲避德国"狼群"；面前这么多的德国潜艇，也无法避开。

英国海军部想在"黑窟"杀开一条道路，摧毁"狼群"的巡逻线，把北大西洋战场的制海权夺回来。英国海军部命令 HX-237 和 SC-129 护航运输队，向"黑窟"逼进！

5月11日下午，SC-129 慢速护航运输队距离纽芬兰岛约 600 海里，到达"黑窟"。

这时，同盟国的第 86 中队和第 120 中队的飞机已经装备了可怕的"MK24"型声自导鱼雷。另外，英国护航航空母舰"比特"号，搭载了 9 架剑鱼式和 3 架野猫式飞机。

10 日下午，"比特"号上的 1 架剑鱼式鱼雷轰炸机攻击 U-403 号德潜艇。德潜艇被迫发炮还击，飞机逃回护航航空母舰。

第 86 中队出动 3 架"解放者"式轰炸机，它们带有两枚声自导鱼雷，外加 4 颗深水炸弹。一旦潜艇下潜，他们就投掷声自导鱼雷。潜艇浮在水面，他们就投掷深水炸弹。

为了不泄露声自导鱼雷的秘密，在空潜战中使用声自导鱼雷有严格的规定，不准在靠近德国和意大利海岸的海域使用，防止声自导鱼雷被德国和意大利抢去。如果德潜艇能发现声自导鱼雷的使用方法时，也不准使用。

5月12日，1架"解放者"式轰炸机冲向1艘潜艇，潜艇紧急下潜。飞机在下潜旋涡的正上方，投掷了1枚小小的100磅的声自导鱼雷。飞机在海面上盘旋了两分钟，突然，在德潜艇潜入地点约900码外冲起一股小水柱。

一会儿，艇尾受到重创的德潜艇由于大量进水，被迫浮出水面，向飞机发射加农炮。飞机的燃油不足了，只好返航。

第二天，受到重创的潜艇被加拿大的1架飞机发现。德潜艇艰难地潜入水中，盟军的两艘护航军舰赶来将德潜艇炸沉。

13日中午，德国潜艇奉命返回基地。在这次战斗中，同盟国的护航运输队只损失5艘商船，击沉了德国4艘潜艇。

5月18日，德国破译了1支护航运输队的航线。邓尼茨出动了17艘潜艇。这支护航运输队没有护航航空母舰，但是随时可以起飞支援的超远程飞机超过15架。另外，有一部分航线位于盟军岸防飞机的作战半径内。盟军的巡逻飞机击沉了2艘潜艇。

5月19日，多架"解放者"式轰炸机不断驱赶德国潜艇。1架飞机向刚下潜的U-954号潜艇发射两枚声自导鱼雷。半分钟后，竟同时涌起了两个小水柱。从此，U-954号潜艇失踪了，邓尼茨的儿子在这艘潜艇上服役。

5月23日清晨，英护航航空母舰"射手"号为一个快速护航运输队护航。"射手"号出动1架"剑鱼"式和1架"野猫"式飞机，用高频无线电搜索1艘不断发报的潜艇。

"剑鱼"式鱼雷轰炸机挂有8枚新式火箭弹，"剑鱼"式躲进一片云层里。当它追上潜艇时，钻出云层。

飞机的炮口瞄准了正在下潜的德潜艇，在距德潜艇800码处发射两颗火箭弹，没有击中。距潜艇400码时，飞机发射2颗火箭弹，又没有击中。在300码时，发射2颗火箭弹，又没有击中。在200码时，第4次发射，

遭到英军反潜火箭弹打击，U艇紧急下潜

击中了潜艇尾部。

潜艇倾斜着浮出了水面，泄露了大量燃油。德潜艇的舰员们冲向防空炮，剑鱼式连忙逃离。野猫式飞机开始连续射击，向潜艇发射了600发炮弹。幸存的德舰员们沉掉潜艇，他们被1艘英国护航军舰救起。

5月10日以后的两周中，至少370艘商船通过中大西洋。同盟国损失了6艘商船，德国损失了13艘潜艇，其中飞机击沉7艘。

5月23日，邓尼茨下令停止战斗，向同盟国反潜兵力薄弱的亚速尔群岛推进。

由于德国潜艇一直没有装备"纳克索斯—11"接收机，因此总是被同盟国反潜部队的厘米波雷达找到。

为了对付同盟国的军舰和飞机，邓尼茨要求海军科学家们研制"鹪鹩"音响自导鱼雷（与同盟国"MK24"型声自导鱼雷相似）和高射速的四联装高射机关炮。

邓尼茨向希特勒报告说，必须在新型的"瓦尔特"潜艇大量服役以前保存实力。希特勒说，大西洋是德国的第一道防线，即使在大西洋打一场败仗，也比在德国边境挨打强。另外，希特勒知道，同盟国要想保持对德国潜艇部队的优势，就必须集中海空军兵力。1943年夏天时，同盟国有1100多架飞机在大西洋上巡逻，配备了庞大的训练和补给等机构。在海军方面，同盟国投入了1支比德国潜艇部队的数量大很多倍、费用高昂的反潜舰队。

可见，德国的生存受到了威胁。在德国海军还没有大量装备新型潜艇以前，保存实力是惟一的选择。

在1943年最初几个月，同盟国战略轰炸航空兵开始轰炸位于法国西海岸的德潜艇基地。德国建造了大量的16英尺厚的洞库，把潜艇和修理厂藏起来。

圣纳泽尔和洛里昂的市区被炸成废墟，但潜艇洞库却安然无恙。

1943年1至5月间，同盟国的远程轰炸机损失在100架以上，但对德国潜艇部队几乎没有造成损失。

护航航空母舰是提供空中护航的最简便、最省钱的方法。在风浪太大的条件下，护航航空母舰的飞行甲板不断摇摆，使很多"剑鱼"式鱼雷轰炸机坠毁了，但飞行员很少丧命。用每架价值几千英镑的飞机去冒险，能够使每艘价值几百万英镑的商船平安航行，这种冒险太值得了。

1943年5月末，邓尼茨决定以中大西洋向西航行的同盟国船只为主要攻击目标，将潜艇部署在亚速尔群岛附近海域。美国正忙着向地中海运输大量的部队和补给。在百慕大和北非沿岸约3000英里没有多少机场。

第一章 海战惊魂

邓尼茨希望遇到新的"大西洋空白区"。

6月初，17艘德潜艇追击向西航行的1支护航运输队。这支护航运输队拥有"波格"号护航航空母舰。4日，"波格"号上的复仇者式飞机向德潜艇群中的3艘潜艇发动攻击，但失败了。5日，两架复仇者式飞机发现U-217号潜艇，1架野猫式飞机攻击U-217号潜艇，U-217号潜艇被迫下潜。"复仇者"式飞机趁机向潜艇投掷4颗深水炸弹。U-217号潜艇被炸沉。

"波格"号及其4艘护航驱逐舰完成护航任务以后，回去寻找德潜艇群。6月8日下午，1架复仇者式飞机攻击1艘潜艇，该潜艇装备了四联

美国海军舰载"野猫"式战斗机

（门）装高射机关炮。密集的防空炮弹使第一架飞机被迫丢弃深水炸弹，飞回"波格"号。

第二架飞机赶到，被击中了，飞机逃回"波格"号。潜艇用高射机关炮与飞机交战。几架"野猫"式飞机扑来了。

1架"野猫"式突破火力网，打伤了11名炮手，击毁两门高射机关炮。就在潜艇下潜时，1架飞机投掷了深水炸弹，潜艇受到损失，但逃脱了。第二天，"波格"号的7架飞机击沉了潜艇油船。

在7月和8月，美国护航航空母舰共击沉德潜艇13艘。

8月末，邓尼茨命令潜艇部队返回基地。

另外，分散的单个德潜艇在巴西和西印度群岛，以及非洲西海岸和东南海岸攻击单独航行的商船。在7月的前几天里，德潜艇在以上水域击沉21艘商船，自己却没有损失。自7月9日至8月底，以上水域飞机击沉了14艘潜艇，这些潜艇刚一被发现就能被声自导鱼雷击沉。

7月18日傍晚，在美国佛罗里达州南端的海域，1架美国飞艇与1艘德国潜艇遭遇了。这种软式飞艇比空气轻，一般长251英尺，有两个425匹马力的发动机，航速55英里/小时，装有雷达、磁力探测仪和声呐浮标，和4颗攻击潜艇用的深水炸弹。

大多数海军军官认为不用飞艇反而更安全，因为飞艇比最能冒烟的货船还容易被德国潜艇发现。盟军的飞艇在第二次世界大战中掩护过8.9万艘同盟国的商船，整个大战中只损失了1艘飞艇。

在这次战斗中，K-34飞艇想炸沉水面上航行的1艘德国潜艇。飞艇还没有接近潜艇，潜艇的炮手们就看见它了。防空炮穿透飞艇的气囊后飞了出去，氦气逐渐泄漏。K-34号飞艇飞到潜艇的正上方，投掷装置坏了，深水炸弹没有脱离飞艇。

结果，飞艇坠落后被深水炸弹炸沉。潜艇早已逃离了，舰长不断地向邓尼茨吹嘘战功，没想到半路上被1架英国飞机给炸沉了。

舰艇反潜战

"英格兰"号单独扑向吕-105号,一群炸弹投向水中,海面立即泛起污油、破布和各种杂物。

1944年5月6日晚,在佛得角以西500海里的海面上,以美国护航航空母舰"布罗克岛"号为主力的护航舰艇组成了反潜网。

2时16分,舰载机发现前方20海里的1艘德国潜艇。1小时后,"巴克莱"号护卫舰赶到现场,借助月光,"巴克莱"号的舰员们看见了水面上的德国潜艇。

它是U-66号,在水面上快速航行着。它把"巴克莱"号护卫舰当成是德国的军舰,它向"巴克莱"号发射3颗信号弹。

当双方靠近时,"巴克莱"号用舰炮轰击德潜艇。

U-66号一边用火炮反击,一面躲避。

双方在海面上进行了炮战,几分钟以后,难分胜负。

由于海上的风浪太大,天色昏暗,再加上潜艇小,不容易击中,而"巴克莱"号的体积大,容易被炮弹击中。

"巴克莱"号调头加速,向U-66号撞去,U-66号没有想到"巴克莱"号这么勇猛,当"巴克莱"号撞到U-66号时,U-66号才知道大事不好了。

"轰隆"一声巨响,"巴克莱"号的舰首插进潜艇的外壳。"巴克莱"号的舰首向上抬,舰尾沉了下去,双方都停止了炮战。

U-66号的艇员连忙携带轻武器登上指挥塔和甲板,用冲锋枪朝护卫舰扫射,一些艇员举起冲锋枪冲进"巴克莱"号。

"巴克莱"号的官兵被打得措手不及。等德国兵扫射时,"巴克莱"号忙用枪还击。一些美国士兵捡起身边的物品向冲进来的德国艇员砸去,激烈的枪战开始了。

这场枪战只有几分钟,一个巨浪打来,护卫舰从潜艇的甲板上滑下来了,德国潜艇立即朝护卫舰撞去,由于双方距离太近,撞击力很弱。

潜艇继续倒车,再次撞向"巴克莱"号。正在这时,"巴克莱"号的美国士兵们扔下了几十颗手榴弹,几颗手榴弹扔到潜艇的舱内,引爆了燃油库和弹药库。

U-66号燃起烈火,潜艇沉入大西洋。

"巴克莱"号失去了战斗力,第二天上午,它离开反潜群,返回纽约港。

后来,很多反潜舰艇采用撞击的方法,可是,经常得不偿失,往往自身遭受重创。

不过,在第二次世界大战中,护卫舰在反潜作战中立下了赫赫战功。美国海军的"英格兰"号护卫舰竟在12天内击沉6艘潜艇。

1944年,日海军伊-16号潜艇接到命令,命令它用最快的速度运一批粮食从特鲁克港出发,到达布干维尔岛的布因,救助一支弹尽粮绝的部队。

1944年5月14日8时,伊-16号出发了。海面上风浪很大,潜艇在深海航行着。

伊-16号向总部发出了以下电文:"预定5月22日20时赶到布因。"

日海军所使用的密码被美国海军破解了,伊-16号的电文被美国海军情报部门截获,并译出来。

西南太平洋舰队命令图拉吉港的美海军第39护卫舰分队前去攻击伊-16号。

5月18日下午,美第39分队的护卫舰"乔治"号、"英格兰"号和

第一章 海战惊魂

"拉比"号向拦截海域快速驶去。

19日下午，3艘护卫舰到达拦截海区，用雷达、声呐等反潜器材搜索潜艇，3艘护卫舰组成了"品"字形。

13时许，"英格兰"号的声呐探测到水下的伊–16号，伊–16号在位于"英格兰"号西北、距离1800码的海下愉快地航行。

3艘反潜护卫舰变为战斗阵形。"英格兰"号护卫舰奉命追击伊–16号潜艇，"乔治"号和"拉比"号护卫舰在外面拦截，防止伊–16号逃掉。

13时40分，"英格兰"号距离伊–16号400码。41分，"英格兰"号投掷了两组定深为40米的深水炸弹，深水炸弹的爆炸声影响了声呐的探测，伊–16号没有被击中。

这时，伊–16号左躲右避。14时10分，"英格兰"号的声呐再次探测到伊–16号，"英格兰"号投掷两组深水炸弹，把深水炸弹的爆炸深度定为60米，仍未击中伊–16号潜艇。

"英格兰"号立即开到日潜艇的正上方，用声呐探测，发现日潜艇躲在100米的深水中。"英格兰"号把深水炸弹的爆炸深度定为100米，向日潜艇连续5次投掷深水炸弹。

几秒钟后，传来沉闷的爆炸声。一会儿，水下传来了巨大的爆炸声。残渣、残肢烂肉、污油等各种杂物漂了上来，"英格兰"号的舰员们欣喜若狂。

为了阻止美国海军发动的攻势，日本的7艘潜艇于5月16日出发，驶往马努斯岛东北150至350海里的拦截海域。

5月21日零时，7艘潜艇到达马努斯岛东北150至350海里的拦截海域。

日潜艇的这个行动计划又被美海军获悉，第39护卫舰分队的"乔治"号、"英格兰"号、"拉比"号护卫舰，于21日3时赶到马努斯岛东北海域。

第二天凌晨,"乔治"号的雷达发现1艘在海面上航行的日潜艇吕-106号,3艘护卫舰把吕-106号包围了。

吕-106号赶紧下潜。"乔治"号和"英格兰"号用深水炸弹攻击它,没有击中。

吕-106号正在水下朝"英格兰"号开去,准备通过"英格兰"号的舰底,利用护卫舰的尾流逃跑。

"英格兰"号在吕-106号刚要通过时,立即调头,用深水炸弹攻击吕-106号。吕-106号被炸沉了。

5月22日凌晨,"英格兰"号炸沉了吕-104号。

5月24日,"英格兰"号炸沉吕-116号。

5月26日夜,"英格兰"号炸沉吕-108号。

27日下午,3艘护卫舰返回马努斯港。美海军总部命令"斯彭利尔"号和"黑泽武德"号护卫舰加入第39护卫舰分队,同时派另一支反潜舰队开赴现场。

后来,两支反潜舰队的近10艘舰艇,连续3天没有找到日本潜艇。突然,"黑泽武德"号护卫舰发现了吕-105号日本潜艇。

日海军在原来的拦截线上损失惨重,把拦截线向西移动360海里,却被"黑泽武德"号发现了。

"乔治"号、"拉比"号和"黑泽武德"号,包围了吕-105号。从凌晨4时开始,3艘护卫舰不停地投掷深水炸弹,到7时29分还没有把吕-105号潜艇击沉。"英格兰"号奉命赶到支援。

"英格兰"号单独扑向吕-105号,一群炸弹投向水中,海面立即泛起污油、破布和各种杂物。吕-105号已经躲过了12次攻击,第13次被"英格兰"号炸沉。

"英格兰"号取得了骄人的战绩,12天击沉了6艘潜艇,这真是创世界纪录的战绩。

萨沃岛海战

"阿斯托里亚"号的舰长被喊醒，他跑到舰桥上，下令停止发炮。他认为打的是友舰，过了两分钟后，经部下们再三央求，才同意开炮。

中途岛海战后，日海军司令山本五十六派三川军一海军中将率第8舰队南下，控制赤道以南、东经141度以东的海域。

突袭珍珠港时，三川曾指挥第3战列舰战队和第8巡洋舰战队随南云忠一行动。后来，第3战列舰战队划归栗田健男指挥，三川升任第8舰队司令。

三川乘旗舰"鸟海"号巡洋舰启航，于1942年7月25日到达特鲁克。休息过后，"鸟海"号南下，5天后到达腊包尔的辛普森港。三川把司令部设在岸上。

腊包尔地处新不列颠群岛的西端，是日军威胁澳大利亚的前沿阵地。腊包尔的年降雨量达5000毫米，岛上经常闹水灾。岛上怪石嶙峋，雨林莽莽，蜈蚣、蚂蟥、蛇蝎层出不穷。

几个月前，日军进驻腊包尔，在岛上修建了机场、码头、兵营和医院。日本海军驻扎在腊包尔上的是一支小舰队、第11航空舰队的第25航空战队，陆军是百武中将的第17军。

参谋们向三川汇报了所罗门群岛的局势："5月初，日海军出动陆战队攻下了图拉吉岛、萨沃岛、佛罗里达岛和圣伊萨贝尔岛；6月8日，日军跨过海峡，攻下了瓜达尔卡纳尔岛的隆加岬；2500名日军在瓜岛上建立一座野战机场，守卫机场的日军有400人；7月，一个工兵连到达图拉吉，

日本海军中将三川军一

立即修建水上飞机基地。"

三川认为，瓜岛机场的建成，对日军进攻新喀里多尼亚十分有利。

7月31日，三川和百武会晤。17军正忙于准备莫尔兹比港作战，先头部队攻下了科科达。欧文斯坦利山脉奇险，重型装备和军需物资难以运输，百武要求三川的海军开辟近海航线。

三川决定在占领米尔恩湾内的重镇萨马赖和拉比以后，于8月中旬攻下莫尔兹比港。

几天来，机场的日军不断来电，要求增援飞机。可是，第11航空舰队不同意。前来轰炸瓜岛机场的美机一天比一天多，开始时只是单机骚扰，后来几架前来轰炸，后来十几架前来轰炸。

8月5日，日本情报机构向三川报告，美军近日来十分活跃，可能会在南太平洋兴风作浪。三川认为，日军从科科达铁路向前推进，美军会出动一支航空母舰特混舰队攻打通往布纳的运输线，或者进攻莱城和萨拉莫阿。美机袭击瓜岛，只起牵制作用。

三川认为美军的重点不是瓜岛方向。一支驶往布纳的日军护航运输队遭到美机群的拦截后被迫撤退，三川派3艘运输舰由1艘巡洋舰、2艘驱逐舰和2艘猎潜舰护航，运送17军的先头部队在布纳登陆。

三川准备出动手上的所有飞机，于7日早晨轰炸拉比。他准备集中力量攻下莫尔兹比港。

6日，被强行征用修建瓜岛机场的当地人夜晚全都逃跑了。

7日清晨，三川接到一份急电："4时30分，图拉吉岛遭到美机和美航母特混舰队的狂轰滥炸。"

三川大惊失色，发现自己对敌情判断错误。不久，瓜岛发来电报："发现美1艘战列舰、2艘航空母舰、3艘巡洋舰、15艘驱逐舰、几十艘运输舰。"

参谋们匆匆跑到司令部。情况糟糕，美军竟要在图拉吉岛和瓜岛同时强行登陆。

瓜岛和图拉吉岛的兵力薄弱，靠他们抵抗美国登陆部队，等于自取灭亡。一会儿，腊包尔与瓜岛的联络中断。

6时5分，图拉吉岛的日军请求增援。三川从美军使用的兵力看，美军肯定要强占并坚守瓜岛和图拉吉岛。

三川吓出了一身汗。一旦美军控制了瓜岛上的机场，那么，日军的整个南下战略就破产了。

形势危急，三川决定反攻。参谋们立即拿出应急方案：派第25航空战队的所有飞机，包括准备轰炸拉比的飞机，立即轰炸登陆瓜岛的美军；一切可能出动的舰只，赶到瓜岛美登陆舰队的锚地，在夜晚击毁美舰只；与此同时，地面部队立即在瓜岛登陆，把岛上的美军歼灭；第8舰队的5

艘潜艇立即赶往瓜岛海域击沉美舰船，并且监视敌舰队的动向。

但是，日本第8舰队不是美国航母特混舰队的对手。第25航空战队的岸基飞机能够想办法牵制住美国航母特混舰队，但是，第8舰队仍有可能遭到美舰载机的毁灭性攻击。

最大的问题是陆军必须立即登陆瓜岛，一旦行动迟缓，美军在瓜岛就稳如泰山了。第17军的百武中将认为美军不堪一击，不肯抽调攻打莫尔兹比港的重兵。

三川迫于无奈，先组织315名官兵，派"明阳丸"运兵船运载，在1艘布雷舰和1艘补给舰的护送下，驶向瓜岛。"明阳丸"在途中被美S-38号潜艇击沉了。

10时30分，高炮部队三声炮响。参谋们跑到楼外，看见13架美轰炸机向东飞去，高度约7000米。美军不惜一切代价，白天来轰炸腊包尔机场，阻止日机飞往瓜岛。

经过1天激战，美军占领图拉吉全岛，并攻下瓜岛上的机场。

为了防止日军攻击登陆滩头的舰只，美军在远距离上部署了潜艇和侦察机。在特鲁克岛与所罗门群岛之间的海域，部署了6艘潜艇，在俾斯麦海内的潜艇数量庞大。空中的侦察力量，由岸基航空兵、陆军航空兵和舰载航空兵共同组成。

7日20时，三川舰队刚刚出发，就被美S-38号潜艇发现了。美军护航舰队司令特纳得知三川出动了2艘驱逐舰，3艘大型舰只，正向东南方向高速航行。由于距离还有500多海里，舰艇又少，特纳没有把三川舰队看在眼里。

8日10时，一架美侦察机发现了三川舰队。飞行员拖延了6小时，才向总部报告敌情，误报三川舰队中有2艘水上飞机母舰。结果，特纳误以为日舰队想去某一海岛建立水上飞基地，结果更放心了。

除了运载部队外，23艘运输舰装满作战物资，需要4天才能卸完。

美国海军少将弗莱彻

在4天内，特纳需要弗莱彻的航母特混舰队提供空中掩护。

8日午后，运输舰卸载刚完成1/4，弗莱彻担心航母特混舰队受到损失，擅自撤出了瓜岛水域。

弗莱彻走后，特纳非常惊慌。当晚，他立即召集护航司令克拉奇雷和美海军陆战队1师师长范德格里夫特开会，研究防御对策。

克拉奇雷乘"澳大利亚"号赶来，把护航舰队的指挥权交给"芝加哥"号的舰长波特。克拉奇雷在图拉吉与瓜岛之间的萨沃岛外侧，部署了"布鲁"号和"塔尔波特"号驱逐舰，负责监视海峡的西口。

在萨沃岛的内侧，分为南、北、东3大巡逻区。南区巡逻队由"堪培拉"号、"芝加哥"号、"澳大利亚"号巡洋舰，"巴格雷"号、"帕特森"号、"贾维斯"号驱逐舰组成；北区巡逻队由"文森斯"号、"昆西"号、"阿斯托里亚"号巡洋舰，"威尔森"号、"赫尔姆"号驱逐舰组成；东区巡逻队由"圣胡安"号、"荷巴特"号巡洋舰,"蒙森"号、"布奇曼"号驱逐舰组成。其余舰只,在图拉吉岛和瓜岛登陆场外警戒。

克拉奇雷做好了迎战日本海军的准备,他对三川舰队的情况一无所知。特纳对护航舰队的安全十分担忧,说在卸下急需的补给品后,运输队第二天必须撤离。

范德格里夫特勃然大怒,要求海军把补给品卸完再走。双方发生激烈争吵,会议召开了几个小时。

与此同时,三川舰队通过"布鲁"号和"塔尔波特"号的警戒,正向南区巡逻队冲去。

三川进行了周密的策划。8日4时,5艘重巡洋舰各弹射1架水上飞机前往图拉吉和瓜岛侦察。7时25分,1架侦察机报告,在瓜岛以北海面,发现美军的1艘战列舰、4艘巡洋舰、7艘驱逐舰、15艘运输舰。

不久,该机报告,在图拉吉附近,发现美军的2艘巡洋舰,12艘驱逐舰,3艘运输舰。

三川认为,美军主力在瓜岛。三川认为,美国航空母舰特混舰队可能藏在瓜岛南部或者东南部海域,只要三川舰队日落前不靠近瓜岛,就不会遭到美舰载机的狂轰滥炸。

三川一路上担心遭到美军航空母舰的攻击。8时25分,1架美侦察机飞来,跟踪三川舰队。三川下令向左转向,欺骗美机飞行员。美机傻乎乎地向北飞去,三川舰队又向右转向。

20分钟后,水上飞机飞回,日舰纷纷把它们吊回飞行平台,1架美侦察轰炸机低空进入。各舰防空炮发射炮弹,美机逃走了。

三川舰队成一字纵队进入布干维尔海峡。

三川认为美军侦察轰炸机将不断飞来,可能还会遇到大规模的空袭。看来,离瓜岛越近,危险就越大。想到这里,三川连忙下令减速。

三川发现了轰炸瓜岛和图拉吉岛后返航的日机。不久,三川下令加速到24节。14时30分,三川用灯光信号通知各舰:自萨沃岛南部海域进入,用鱼雷攻打瓜岛的美主力舰队,再向图拉吉登陆滩头驶去,用鱼雷和舰炮攻打美舰船。

三川舰队向南驶去,1小时后,瞭望哨报告,舰首右舷方向发现不明舰只,距离30公里。三川下令准备战斗。过了很久,三川用望远镜观望,原来是日海军的"秋津洲"号水上飞机母舰,正驶向昌佐岛,修建水上飞机基地。

这时,舰队的情报部门截获到大量美军的电讯,多数是舰载机飞行员降落时的谈话。当时,快黄昏了,美国航空母舰正在收回飞机,三川认为今天肯定不会遭到美国航空母舰的空袭了。

傍晚,三川下令把甲板上所有可燃物抛进大海,对弹药、鱼雷进行了防火整备。

三川舰队以"鸟海"号为首,排成一字纵队,间距为1200米。21时10分,5艘巡洋舰出动水上飞机,侦察并负责投掷照明弹。

5位飞行员缺少夜晚弹射起飞的经验,不料5机弹射都成功了。日舰纷纷在信号桅上挂上白色识别旗,加速到26节。

一会儿,水上飞机报告说,萨沃岛南端有3艘敌巡祥舰。22时,三川舰队做好战斗准备,航速提高到28节。

22时40分,在右舷20度方向,三川发现了模模糊糊的萨沃岛。3分钟后,瞭望哨大喊:"右舷30度,发现1艘敌舰。"

它是美国的"布鲁"号驱逐舰,相距10公里,正好拦住了三川舰队的航路。

三川不想打草惊蛇,下令向左躲避,同时把航速减为22节。舰队高速行驶时的航迹容易被敌舰识破,舰员们盯着美"布鲁"号驱逐舰。

"布鲁"号上的雷达性能不稳,它前进一段航程后,调头返航,再向前搜索,再调头返航。

不久，瞭望哨大喊："左舷20度，出现1艘敌舰。"三川下令向右转向，躲避敌舰。

这次三川舰队发现的是"塔尔波特"号驱逐舰。美海军过分相信雷达，形同虚设的瞭望哨没有发现三川舰队。不久，"塔尔波特"号驱逐舰掉头返航，正好与三川舰队前进的方向完全相反。

23时30分，三川下令加速到30节。"夕瓜"号驱逐舰的航速低，被派去攻击"布鲁"号和"塔尔波特"号驱逐舰，为三川舰队的撤退扫清障碍。

三川舰队排成一字纵队，向东南驶去。忽然，瞭望哨大喊："左舷7度，美巡洋舰。"

三川认为那是1艘驱逐舰，它是"贾维斯"号驱逐舰，正向三川舰队驶去。

日军旗舰"鸟海"号重巡洋舰

美"帕特森"号驱逐舰用无线电发报:"警报!警报!不明舰只正在行进。"

与此同时,瞭望哨大喊:"右舷9度,发现3艘美巡洋舰。"同时,一架日舰上的水上飞机投掷了照明弹,把美舰"堪培拉"号、"芝加哥"号和"巴格雷"号照得通体透亮。

"鸟海"号舰长早川大佐大喊:"发射鱼雷!放!"

三川舰队的"鸟海"号、"青叶"号、"加古"号3舰同时发炮,美"堪培拉"号巡洋舰中了24发炮弹和两条鱼雷。火灾烧到整个巡洋舰,开始向右倾斜,丧失了战斗力。天亮后,美舰队用鱼雷把它击沉。

"帕特森"号驱逐舰用闪光灯向各舰报警,并向三川舰队上空发射照明弹,发射鱼雷,开炮攻击三川舰队。

三川舰队朝东北冲去,作之字运动。在炮战中,"帕特森"号的4号炮位的两门炮被炸毁。但它继续猛轰三川舰队的尾舰,直到看不见为止。

"巴格雷"号驱舰队向左转向,以便鱼雷发射管瞄准三川舰队。由于转向太快,鱼雷兵错过了最佳射击角度。"巴格雷"号继续左转一圈,鱼雷兵刚要射击,三川舰队不见了。

三川舰队遇到"巴格雷"号驱逐舰时,距离不足2000米,三川没有攻击"巴格雷"号。三川下令瞄准美巡洋舰"芝加哥"号。

"芝加哥"号的舰长波特被警报惊醒后,跑到舰桥上,看见两艘敌舰高速驶来。他下令发射照明弹,没想到射出去的照明弹是哑弹,不起作用。

一条鱼雷撞向右舷,"芝加哥"号忙向右躲避,这时,另一条鱼雷向左舷撞来,"芝加哥"号向左躲避。

波特想让战舰从两条鱼雷中间过去,没想到,"芝加哥"号舰首被鱼雷击中,前甲板涌满了海水。三川舰队的重炮齐射,一发炮弹命中了前桅。

"芝加哥"号立即还击，向打开探照灯行驶的日"夕凰"号发射25发炮弹。"夕凰"号立即关灯。三川舰队的航速快，"芝加哥"号追不上三川舰队。

波特舰长严重失职，竟忘了把敌情通知北区和东区巡逻队。三川下令取东北航向冲向北区巡逻队，在黑暗中，"古鹰"号重巡洋舰、"天龙"号、"夕张"号轻巡洋舰脱离舰队，与三川排成两列纵队共同朝东北航向驶去。

这样一来，三川的这一纵队只剩下以"鸟海"号为首的4艘重巡洋舰了。

瞭望哨报告，左舷30度发现美舰队。"鸟海"号舰长早川大佐下令打开探照灯，23时53分，双方距离7000米，三川舰队的每次炮击都命中美舰，美舰燃起熊熊大火。几分钟后，美舰胡乱还击。双方距离更近，机关炮开始疯狂地扫射。

南区和北区距离仅10海里，当三川舰队用鱼雷攻击南区巡逻队时，北区巡逻队和"阿斯托里亚"号以为南区巡逻队正在投掷深水炸弹，还把三川舰队弹射的水上飞机当成美机，对照明弹的闪光也没有引起警觉。

"鸟海"号用探照灯照住"阿斯托里亚"号，三川舰队的4艘巡洋舰的炮弹落在"阿斯托里亚"号的四周，"阿斯托里亚"号的炮手们立即还击。

"阿斯托里亚"号的舰长被喊醒，他跑到舰桥上，下令停止发炮。他认为打的是友舰，过了两分钟后，经部下们再三央求，才同意开炮。

这时，三川舰队已朝"阿斯托里亚"齐射了4次，"阿斯托里亚"号燃起熊熊大火，成为明亮的靶标。

"阿斯托里亚"号的通讯中断，前主炮和副炮被炸毁，舱内火势很大，丧失了战斗力，驶向萨沃岛，企图搁浅，后于9日中午沉没。

日"青叶"号巡洋舰用探照灯照亮"昆西"号巡洋舰。

碰巧的是，三川率领的4艘巡洋舰从左边攻击"昆西"号，脱离三川舰队的"古鹰"号、"天龙"号、"夕张"号从右边攻击"昆西"号。

两个日舰纵队左右夹攻，射击凶猛而准确，"昆西"号烈火熊熊。"青叶"号立即关闭探照灯，日舰纷纷藏在暗处，向起火的"昆西"号开炮。"昆西"号不知道日舰在哪里，只好朝日舰炮口闪烁的火光开炮。3发炮弹击中"鸟海"号，其中1发炸毁4号炮塔，1发炸毁舰桥后面的海图室。

炮战中，日"天龙"号巡洋舰发射鱼雷，一条命中"昆西"号。"昆西"号发生大爆炸，半小时后沉没了。

当"文森斯"号巡洋舰被3艘日舰的探照灯照住时，舰长弗利科误以为是南区巡逻队。他用无线电提出抗议，要求3舰关闭探照灯。

3艘日舰向"文森斯"号猛烈开火。弗利科下令发射照明弹，用舰炮还击。

美军"文森斯"号巡洋舰

第二次齐射后，"文森斯"号的水上飞机起火。3艘日舰关闭探照灯，向"文森斯"进行齐射。弗利科下令向右撤退，这时，两条鱼雷击中"文森斯"号，8分钟后，第3条鱼雷击中"文森斯"号。

"文森斯"号向左倾斜，15分钟后沉没。

三川舰队来不及攻击美"赫尔姆"号、"威尔森"号驱逐舰，向北冲去，把拦路的"塔尔波特"号驱逐舰击成重伤。

停在瓜岛和图拉吉岛的美军运输舰只纷纷停止卸载，就在这个危急关头，三川猛地想起了弗莱彻的航母特混舰队。

这时，三川舰队正在单独作战。如果去攻击登陆场的美运输舰只，三川首先需要集合舰只，这需要两个半小时，等他率舰队攻击美运输舰只时，已经是9日3时，离天亮只有1个小时。

据悉，美航母特混舰队距离瓜岛只有100海里，如果美航母特混舰队向瓜岛运动，天亮前就能空袭三川舰队。到时候，三川舰队必将全军覆灭。

最好是马上撤退，离美军的航母特混舰队越远越好。

9日0时23分，三川下令返航。"鸟海"号发出灯光信号："返航，320度，30节。"

三川用无线电命令第11航空舰队派飞机前来增援，为舰队护航。事实上，三川的情报不准，弗莱彻早就率美航母舰队撤离瓜岛了。

萨沃海战就这样结束了。三川向司令部发出了邀功电。山本五十六除了例行的嘉奖外，对三川未能攻击美军运输舰只深感遗憾。

在太平洋的所有海战中，萨沃岛海战是美国海军遭受的最惨重的失败之一。萨沃岛海战使登陆美陆战队1师陷入绝境，使美军的瞭望台计划差点被打乱。

萨沃岛海战，轴心国一方称为第一次所罗门海战。美军的S-44号潜艇击沉了返航的"加古"号重巡洋舰。

马里亚纳海战

不久,"大凤"号加油管路因鱼雷爆炸受损后,不断冒出的汽油蒸气引发了大火,把装甲飞行甲板炸开大洞,随后沉没。

瓜岛战役结束后,美军兵分两路,发动了大反攻。一路由陆军的麦克阿瑟指挥,在西南太平洋上向菲律宾群岛推进。另一路由海军的尼米兹战略指挥,斯普鲁恩斯具体战术指挥,在中太平洋上攻击日军。

经过几个月内的苦战,美军占领了吉尔伯特群岛和马绍尔群岛。

1944年5月,斯普鲁恩斯兵锋直指马里亚纳群岛,其中塞班岛是最重要的岛屿。

马里亚纳群岛和吉尔伯特群岛、马绍尔群岛不同,它位于日本的防御圈内,一旦失守,美军就切断了日本和南方占领区之间的交通线,到时候美国的远程轰炸机和潜艇,都可以直接从马里亚纳群岛出发,攻击日本本土。

日海军司令丰田副武深知事关成败,向小泽下达了"阿"号作战命令,决计不惜一切代价,增援塞班。

就在美军和日军在塞班岛上激战时,美第5舰队与小泽治三郎的第1机动舰队,在菲律宾海域进行了大规模的海战,它的胜负不仅关系到塞班岛上的争夺战,而且对麦克阿瑟的西南太平洋盟军进攻菲律宾群岛非常有利。

1944年6月15日,小泽治三郎率领日本舰队分为甲、乙、丙3支部队由塔威塔威岛出发了。日本舰队共有9艘航空母舰和舰载机约475架。

米切尔率领的第 58 特混舰队，拥有 15 艘航空母舰和 956 架舰载机。丰田副武估计海战将在关岛和邻近岛屿日机的作战半径以内，在美国岸基飞机的作战半径以外的海域展开。

6 月 17 日清晨，斯普鲁恩斯得知小泽率第 1 机动舰队进入菲律宾群岛海域后，命令米切尔的第 58 航母编队向第 5 舰队的其他舰队靠拢。黄昏，第 5 舰队集结完毕。

第 5 舰队在太平洋上摆开 30 海里长的防线。第 58 航母编队的 4 个航空母舰群组成了两条横线，李中将的 7 艘战列舰组成了一条竖线。

与此同时，正在朝塞班岛逼进的小泽向第 1 机动舰队发布了战斗命令。小泽的第 1 机动舰队在数量上处于绝对劣势，而且舰载机性能低劣，最重要的是日军飞行员缺乏空战经验，美军飞行员的数量是日军的两倍。

丰田副武认为可以利用岸基飞机去弥补巨大的差距，命令栗田率领一支包括 3 艘轻型航空母舰的舰队去吸引美第 5 舰队，而小泽的由 6 艘航空母舰和 5 艘战列舰组成的第 1 机动舰队在距离栗田 85 海里的后边准备攻击美第 5 舰队。

6 月 18 日，美日舰队在马里亚纳群岛以西的菲律宾海面上寻找对方。美海军提防着日海军的舰载机，而日海军极力避免使美海军李中将的 7 艘战列舰的舰炮发挥可怕的威力。

19 日清晨，小泽发出无线电信号出动一支在关岛加油的机群时，斯普鲁恩斯发现了日第 1 舰队的位置。

此时美日舰队相距约 270 海里，斯普鲁恩斯的舰载机无法攻击日第 1 舰队。为了防止日本岸基飞机的攻击，6 月 19 日清晨，第 58 航母编队出动 33 架舰载机攻击关岛的岸基飞机，击毁日机 35 架。至此，美军把日军在马里亚纳群岛上所有的岸基飞机都击毁了。丰田副武并不知道所寄予厚望的岸基飞机已经没有了。

第一章 海战惊魂

6月19日天刚亮，飞来几架日军彗星飞机。美军恶妇式战斗机马上扑了上去。很快，恶妇式战斗机击落一架彗星飞机。

大批日军飞机准备从关岛起飞，米切尔出动33架恶妇式战斗机前去攻击，约有30架日本战斗机和轰炸机被击毁。近10点时，恶妇式战斗机奉命返航。

第一批日军69架舰载机飞抵西面140海里上空，美军雷达已经发现了它们。

8点30分，第二批128架日机开始起飞。第一架起飞的日机发现海面上有一枚鱼雷飞向"大凤"号航空母舰，立即俯冲下去，将鱼雷撞爆。另一枚鱼雷击中了"大凤"号的右舷，加油管路因鱼雷爆炸而受损，但

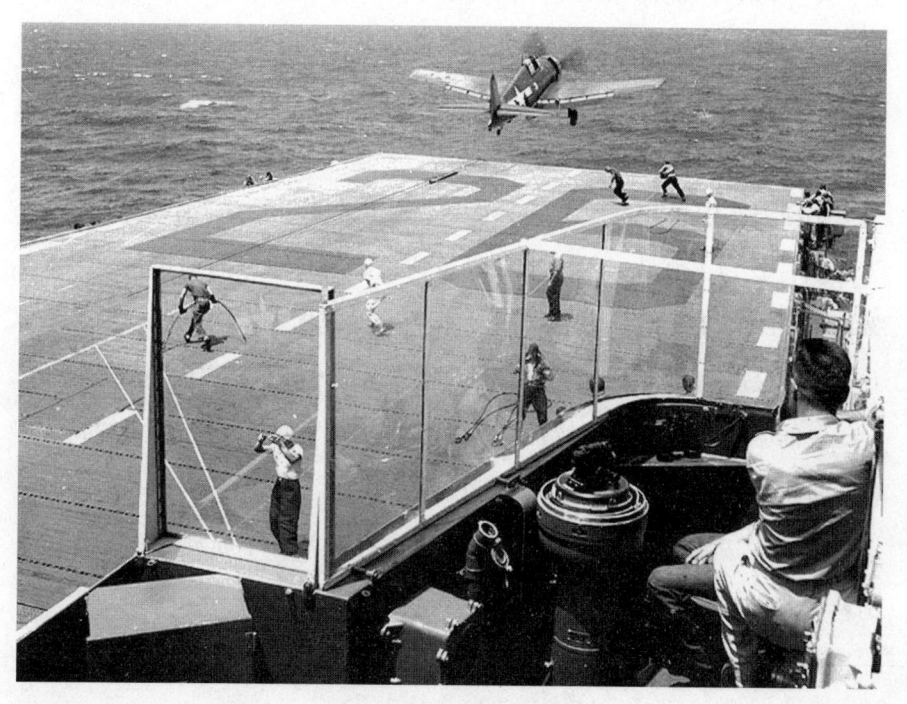

刚刚起飞的恶妇式战斗机

"大凤"号的日机继续起飞。

米切尔下令所有的恶妇式战斗机拦截日机。地勤人员在航空母舰的甲板上忙个不停,飞行员们跳进座舱,庞大的恶妇式战斗机依次滑出甲板,让其他战斗机起降、加油和补充弹药,米切尔命令所有的鱼雷轰炸机和俯冲轰炸机都升空。

日本航空母舰距离美舰队400多海里,鱼雷机和俯冲轰炸机无法去攻击它们,只好在非作战海域上空待机。几分钟内,140架恶妇式战斗机与80架恶妇式战斗机会合后,去迎击日机群。

双方机群在距离美航母舰队约90海里的上空相遇。恶妇式战斗机群向下方的69架日机俯冲。日机像树叶一样地向下坠落,共有42架日机被击落。日机无法靠近美航空母舰,美军只损失了1架战斗机。

半小时后,恶妇式战斗机拦截第二批128架日机。所有的"恶妇式"战斗机都参加了空战。只有20架日机冲过恶妇式战斗机的封锁,大部分被战列舰击落了。6架彗星舰载俯冲轰炸机攻击"黄蜂"号和"邦克山"号航空母舰,仅造成轻伤。此次空战中,只有15架日机返航。

小泽海军中将并不知道日军损失重大,又出动了49架飞机,有一半飞机没有找到美舰队。另一半日机遭到恶妇式战斗机的围攻,被击落7架,剩下的飞机攻击美国航空母舰,但没有造成损失。

小泽又出动82架飞机,结果没有被击落的9架日机飞向关岛。

午前,"棘鳍"号潜艇钻入日本舰队,向"翔鹤"号航空母舰发射3枚鱼雷。3个小时后,"翔鹤"号沉没。

不久,"大凤"号加油管路因鱼雷爆炸受损后,不断冒出的汽油蒸气引发了大火,把装甲飞行甲板炸开大洞,随后沉没。

这场海战,美军潜艇击沉3艘日航空母舰,美战斗机击落373架日机,美机损失了23架飞机。

第一章 海战惊魂

空中拍摄的"翔鹤"号被鱼雷击中后起火爆炸

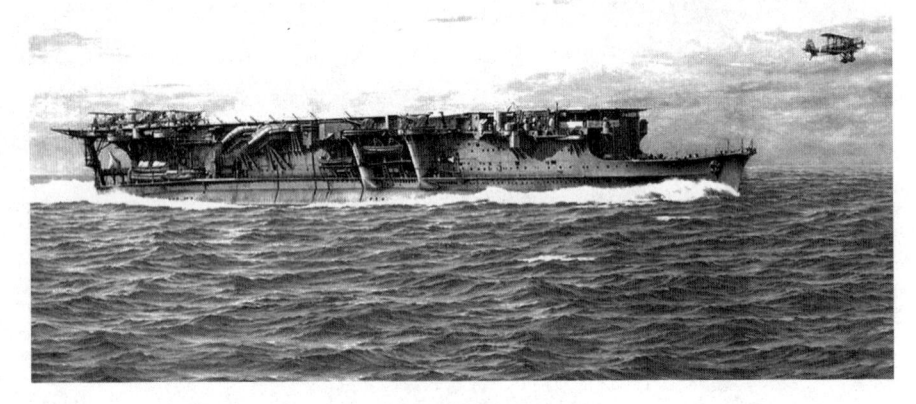

"大凤"号航空母舰

6月20日黄昏前,美侦察机又发现了日舰队。米切尔进退两难,根据飞机油箱的储油量,不一定能在夜里回到航空母舰,飞行员只有少数人能摸黑降落。若等到天亮再进攻,会失去攻击日舰队的机会。

很快,米切尔下令起飞,116架飞机从10艘航空母舰飞走了。日落时,美机群发现了日舰队。

小泽拼凑了75架飞机,但它们挡不住美机。日舰队的两艘油船受到重创,"飞鹰"号航空母舰中了鱼雷后起火沉没。"瑞鹤"号、"隼鹰"号和"千代田"号受创,65架飞机被击毁。

只有少数美军飞行员在黑暗的飞行甲板上安全降落,多数飞行员认不出哪些是航空母舰,哪些是军舰。一些飞机被迫在海上迫降。米切尔承担舰队亮灯后引来日军潜艇的巨大危险,下令:"开灯!"

航空母舰上灯火辉煌，军舰不断地发射信号弹，飞机在航空母舰上降落了。在水上和航空母舰上降落时，美军损失了近百架飞机，但飞行员大多数得救了。

马里亚纳海战的胜利，使马里亚纳群岛的主要岛屿上的日军完全与外界隔绝。不管塞班、提尼安岛和关岛的日军如何顽强，孤立无援的日军注定要灭亡的。

毫无疑问，美国航空母舰出尽了风头，攻守兼备。但是，细细查看一下战果，原来潜伏的美国潜艇立下了大功。它们不仅提供了准确的情报，使美舰队有足够的时间调兵遣将，而且在日军准备抢先进攻时，击沉了"大凤"号和"翔鹤"号航空母舰。

"大凤"号是小泽的旗舰，曾一度指挥混乱，为美军的防守反击，赢得了时间。

从此，日海军再也不敢和美国的航空母舰正面决战了。

锡布延海战和萨马海战

很多年后，栗田感慨地说："当时，我并不知道第3舰队和第7舰队已经撤走了，现在回想起来，真是后悔莫及！"

1944年6月的马里亚纳海战结束后，第2舰队司令栗田健男海军中将决心重创美舰队，正独自坐在旗舰的司令室内思索应敌之策。

太平洋战争爆发以来，栗田健男参加的几场大海战都失败了。中途岛海战时，栗田健男率领支援舰队，结果陪着南云的航空母舰舰队挨揍，被击沉重巡洋舰1艘，还被重创巡洋舰1艘、驱逐舰2艘。

瓜岛海战时，栗田健男率领"东京特快"炮击舰队，始终没有跟美舰队交战。

马里亚纳海战时，栗田健男升任前卫舰队司令，结果，栗田健男惨败而归，前卫健队的"飞鹰"号航空母舰被击沉，"榛名"号战列舰和"摩耶"号重巡洋舰受创。

多少年来，信奉巨舰大炮主义的栗田健男一直渴望与美舰队进行战列舰决战，可是，栗田健男又惧怕美军的航空母舰特混舰队。

小泽命令栗田健男率第2舰队撤到冲绳，加油后返回日本濑户内海。栗田和小泽等将领被海军上将丰田副武召到东京，商讨应敌之策。

栗田要求率第2舰队南下，驶往林加锚地加油。因为日本本土的燃油太少了。

小泽的航母特混舰队留在日本补充飞机和训练飞行员。美军占领关岛后，估计几个月内会发动更大的攻势。丰田副武希望，小泽的航母特混舰队到时能恢复战斗力。

在吴港，栗田用半个月的时间准备，给所有的军舰安装雷达，加装防空炮。栗田认为第2舰队早晚要跟美国的航空母舰特混舰队较量一番。

1944年7月中旬，栗田率舰队赶到位于荷属东印度（印度尼西亚）苏门答腊东海岸中部的林加锚地。

8月10日，为了抵抗美军登陆菲律宾群岛，日海军联合舰队司令丰田副武下达了进行"捷1"号作战的命令。

"捷1"号作战成败的关键在于出敌不意和夜战优势。分配给栗田舰队的任务是驶向文莱、北婆罗洲，力争把美运输舰只连同登陆部队一同击沉；或者，力争冲进登陆滩头，击沉美运输舰只。小泽舰队的任务是突然攻击美舰空母舰舰队，为栗田进攻美运输舰只扫清障碍。

栗田抓紧时间训练舰队，舰上的所有轻重火炮，包括步枪，都进行了

"武藏"号超级战列舰

射击训练；为了躲避炸弹和鱼雷，舰队不断地进行队形演练，单舰进行躲避操练；增加夜战训练，力争在夜里与美护航舰队决战；进行攻击敌运输舰队锚地的训练。

连续训练了3个月，栗田舰队作好了随时出发的准备。栗田多次召集部下，研究应敌之策。

在菲律宾群岛，美军的登陆地点最大可能有3个：拉蒙湾、莱特湾和达沃湾。栗田等人反复讨论了3个假设登陆地点的水道和地形，以及栗田舰队通过这些水道攻击美军运输船只所要采取的措施和步骤。

随着讨论的深入，栗田等人发现了很多的问题。他们发现，侦察机在那么远的距离上发现美舰队的机会几乎为零。到时，栗田舰队无法保证在美运输舰船卸载以前赶到锚地。根据作战经验，到时候栗田舰队攻打的只是空舰只。用庞大的栗田舰队去攻打空的运输船只太不划算，再加上向登陆场航行时，栗田舰队随时都可能遭受美航空母舰舰载机的大规模空袭。

栗田健男认为丰田副武给他下达的任务是不合理的。他要求先攻打美航空母舰特混舰队，再摧毁美运输船只。

栗田健男认为，就算把美登陆舰只都击沉，如果美航空母舰舰队留在附近海域，美军还可以组织登陆舰只登陆。栗田舰队的冒死奔袭，只能减缓一下美军的攻势。

如果给美航空母舰舰队以重创，就会使登陆的美军陷入绝境，有效地阻止美航空母舰舰队攻击日本本土。

栗田认为舰队有这个实力，他拥有7艘战列舰、10艘重巡洋舰、2艘轻巡洋舰和19艘驱逐舰。它们除了装备大口径火炮外，还配备了许多防空炮。7艘战列舰中，有王牌战列舰"大和"号和"武藏"号。

太平洋战争爆发之初，两艘巨舰一直被珍藏起来。中途岛海战，日海军开始把航空母舰作为舰队主力，"大和"号和"武藏"号被冷落起来。

瓜岛海战，"大和"号和"武藏"号曾经南下，但没有起到作用。

栗田想用"大和"号和"武藏"号的超级重炮报复美航空母舰。

在苏门答腊的巨港，栗田舰队加满了燃油。每艘军舰的雷达性能很好，雷达兵能够熟练使用雷达。炮手们经过刻苦的训练，技术猛增。栗田认为，可以与美航空母舰舰队对抗了。

许多军官向栗田提出了修改计划的要求，但是，丰田副武的命令已下，栗田没有办法更改了。攻击美航母特混舰队的任务，已经由小泽的航母特混舰队负责。栗田决定作好攻击美登陆舰队的准备，半路上如果遇到美航母特混舰队，就干掉几艘美国航空母舰。

10月20日，栗田舰队从林加出发，驶入文莱港。与此同时，美军在莱特湾登陆。21日，丰田副武下令，栗田舰队必须于25日清晨进攻莱特湾的塔克洛班锚地，歼灭美运输舰只。

丰田副武命令栗田兵分两路，从南北两个方向，进攻莱特湾。大部分舰只由栗田率领，代号为中央舰队，剩下的2艘战列舰和4艘驱逐舰代号为南方舰队，由西村率领。要求两支舰队于25日清晨赶到莱特湾，各舰队可以单独攻击美运输船只。

10月22日，栗田率领中央舰队从文莱出发。战列舰和重巡洋舰排成两列纵队，驱逐舰在两翼保护。23日清晨，栗田的中央舰队进入巴拉望水道。

栗田对部下们说，美航空母舰能够摧毁其他舰只，但无法对付"大和"号和"武藏"号。

"大和"号和"武藏"号舰体庞大，排水量分别为6.8万吨、7.2万吨，比德国最大的战列舰"俾斯麦"号还要多2万多吨。

两艘战列舰堪称"王中之王"。舰体长263米，比足球场还要长。从舰底到主桅顶端超过50米。

每舰各有4个大螺旋桨，直径6米；螺旋桨中央的主舵重70吨。舰上的超大型探照灯直径达1.5米，它们装备的是460毫米主炮。战列舰的主炮一般为356毫米。

舰上装有9座主炮，炮塔重2774吨，相当于1艘驱逐舰。主炮可以把1.5吨重的大炮弹射到40公里以外。还装有两座3联装155毫米副炮、12座双联装127毫米高炮、115门高射机关炮和两座机枪。

"大和"号和"武藏"号的火力之猛，让美国海军界谈之色变。

另一个重要优势是装甲厚，舰壳重2万吨，装甲重2.1万多吨，比舰壳多出1000多吨。

为了保证战舰的"不沉"，舰上设有1147个水密舱，使储备浮力达5.7万吨，主要水密舱室配有注排水设备。

另外，舰上备有 20 台应急排水泵，每台的排水能力为 100 吨/小时。按照设计要求，战列舰被击中一条鱼雷后，在采取救护措施 5 分钟后，首尾吃水差不超过 2.3 米；击中两条鱼雷，在采取救护措施 20 分钟后首尾吃水差不超过 2.3 米。如果向对称舱注水，军舰横倾达到 18 度时仍能恢复平衡。

两路纵队的间距为 3600 米。栗田健男犯了错误，在舰队的前边，他没有配置护卫舰。上午 6 时 32 分，美潜艇"海鲫"号和"鲦鱼"号潜入中央舰队的前面。

"海鲫"号在距离 1000 米时，攻击栗田的旗舰"爱宕"号，接着又用尾部发射管把"高雄"号重巡洋舰击成重伤。"鲦鱼"号潜艇击沉了"摩耶"号重巡洋舰。

"爱宕"号燃起熊熊大火，不久沉没。舰队司令部人员死伤过半。栗

"爱宕"号重巡洋舰

田爬上"岸波"号驱逐舰。黄昏,"岸波"号驶近"大和"号战列舰,栗田在"大和"号的桅杆上升起司令旗。

栗田率队继续向北驶去。23日夜晚,栗田的中央舰队向东驶去,进入民都洛海峡。

为了保证麦克阿瑟的西南太平洋部队在莱特湾成功登陆,美太平洋海军出动两支舰队。一支是金凯德指挥的美太平洋第7舰队,除了拥有运输舰船以外,还有6艘战列舰、18艘护航航空母舰、8艘巡洋舰、30艘驱逐舰和12艘护卫舰。

第7舰队负责运送登陆部队,运输舰船卸完后,掩护撤退。

另一支舰队是哈尔西指挥的第3舰队,负责夺取制空权,消灭一切威胁美第7舰队的日舰队。

第3舰队的主力是第38航母特混舰队。第38航母特混舰队由4个特混大队组成,每个特混大队均有1至2艘航空母舰、2艘轻型航空母舰、2艘战列舰、3艘巡洋舰和14艘驱逐舰。

10月23日,哈尔西接到"海鲫"号的报告,栗田的中央舰队正从巴拉望水道向西北驶来。

在夺取了菲律宾群岛的制空权后,第1特混大队奉命前往乌利西环礁休整。3个特混大队部署在菲律宾东海岸。

哈尔西率3个特混大队于夜晚到达菲律宾东岸集结,分别部署在吕宋岛中部和萨马岛外,以堵死日舰队进入莱特湾的圣贝纳迪诺海峡和苏里高海峡。

24日清晨,哈尔西出动侦察机,进行了全面搜索。7时46分,一架侦察轰炸机在民都洛以南发现了向东航行的栗田中央舰队。

8时32分,哈尔西命令3支特混大队向圣贝纳迪诺海峡集结,并空袭栗田舰队。第1特混大队在海上待命。

从"企业"号和"富兰克林"克航空母舰上起飞的侦察机报告说，在苏禄海发现西村率领的栗田南方舰队。

哈尔西决定集中力量空袭栗田中央舰队，把防守的重任，留给金凯德的第7舰队。

9时10分，第2特混大队出动了12架轰炸机、12架鱼雷机、21架战斗机。第4特混大队没有到达起飞海域。第3特混大队刚出动20架轰炸机轰炸马尼拉机场。

日军出动了岸基飞机，分3批，每批50至60架，攻击哈尔西的第3特混大队。美战斗机群和日本机群进行了空战，一架日机向"普林斯顿"号轻型航空母舰投掷两颗炸弹。

炸弹钻进机库爆炸，引爆了停在机库中装有鱼雷的6架鱼雷机。"普林斯顿"号成为火葬场，烧到黄昏时，舰尾的鱼雷库被引爆，"普林斯顿"号沉没了。

日机的空袭是为了牵制哈尔西的兵力，支援栗田的中央舰队。哈尔西的第2和第4特混大队出动了一批批飞机，去空袭栗田中央舰队。

10时26分，第一批美机飞到锡布延海。栗田中央舰队排成两个环形队列，驶向塔布拉斯海峡。

2000多门高射炮疯狂阻击，组成了密集的火力网。环形队列中央，"大和"号和"武藏"号也喷射着密集的防空炮弹。

美机群冒着密集的弹雨，向下俯冲。两架飞机坠落，不久，飞机占了上风。

美机的平均时速都超过了200海里，而"大和"号和"武藏"号的航速仅为27节。美机打完就撤，轮番攻击。日舰队追不上，逃不掉。

"大和"号和"武藏"号每一次躲避，都需要几分钟。而美机完成攻击和撤退的动作只需几秒钟。美机比"大和"号和"武藏"号轻2万倍。

第一章 海战惊魂

就是说,"蚊子"能够轻易攻击"大象",而"大象"却很难攻击"蚊子"。炮手们还来不及瞄准,美机就飞走了。

一条鱼雷击中"妙高"号巡洋舰,受到重创的"妙高"号被迫返航。一条鱼雷击中"武藏"号右舷,"武藏"号受了轻伤。

第二批美机飞来,从不同方向同时攻击"武藏"号,9条鱼雷、7颗炸弹和15颗近失弹同时击中"武藏"号。"武藏"号严重左倾,航速降为22节。这时,第3特混大队击退了日军岸基飞机。第3特混大队的68架飞机,赶来攻击。

200多架飞机轮番攻击"武藏"号,又有11条鱼雷和10颗炸弹击中了"武藏"号。"武藏"号还是不肯沉没,但已经严重下沉,航速只有6节了。

"武藏"号在"利根"号巡洋舰的单独护送下,在海面上挣扎。19时35分,"武藏"号向左大倾斜,沉入太平洋。

栗田彻底绝望,美航空母舰可以任意攻击,而战列舰却无还手之力。"大和"号等舰只受了轻伤,还能再战。

栗田心想,没有迹象表明美航母特混舰队受到小泽舰队的攻击。美航母特混舰队集中力量攻击他的舰队。如果他还向前开进,不久就会全军覆没。

栗田下令向西撤退,在锡布延海等待机会。栗田向丰田副武发了电报,要求在日机群重击美航母特混舰队后,再向莱特湾前进。

不久,丰田副武下令:"你部继续向莱特湾出击!擅自改变计划,将导致全军失败。望你部按计划行事。"

栗田下令舰队转向,驶向莱特湾。在夜色的掩护下,栗田闯入圣贝纳迪诺海峡。舰队排成一字纵队,长达10海里。过了海峡,舰队变为搜索队形。

栗田的中央舰队竟安全地通过了海峡。25日拂晓,舰队改为环形队列,向南航行，估计 10 时后，可以进入莱特湾。25 日 6 时 40 分，瞭望哨报告东南方发现美护航航空母舰。栗田看见一艘美国护航航空母舰，一架架美机正紧急起飞。

美护航航空母舰由商船改造而成，没有重装甲，只有轻武器，与战列舰进行炮战等于死路一条。

美护航航母特混舰队向东撤退，栗田舰队紧追不舍。日巡洋舰冲在最前面，后面是 4 艘战列舰，再后面是驱逐舰。

日舰纷纷开火，美护航航空母舰摇摇晃晃，飞行甲板倾斜。美舰队一面逃跑一面放烟幕。突然，电闪雷鸣，天降暴雨！

烟幕和雨幕遮住了一切，栗田下令停止炮击。15 分钟后，美舰队离开雨区，日舰队的舰炮越打越凶猛。

7 艘美驱逐舰掉头扑来，纷纷发射鱼雷。

栗田舰队为了躲避鱼雷，"大和"号战列舰多次转向，停止炮击。一艘日重巡洋舰受创后返航。栗田命令集中火力，攻击美舰，两次齐射，击沉了 7 艘美舰。

栗田舰队全速追击美舰队。"大和"号 1.5 吨重的炮弹飞向美舰队，几艘美护航航空母舰起火，浓烟滚滚。

突然，美鱼雷和轰炸机冒着密集的炮火，从四面八方扑来。日舰纷纷转向，躲避鱼雷。美轰炸机的炸弹炸不坏战列舰的装甲，但把舰员和炮手炸得伤亡惨重。美战斗机用机枪专门扫射炮手。

栗田本想歼灭美护航航母特混舰队，没想到追了两个多小时，却没有逮住美舰队。燃油已经不多，再追下去舰队就无法返航了。

9 时 10 分，栗田下令停止追击。此次炮战，栗田舰队击沉 2 艘护航航空母舰、2 艘重巡洋舰、7 艘驱逐舰。但在空袭中，已方又有 3 艘重巡洋舰受伤。

第一章 海战惊魂

栗田认为，莱特湾内还有美航母主力舰队，大规模空袭就要来了，如果中央舰队强行进入莱特湾，就会遭受灭顶之灾。栗田自作主张，下令向北撤退。此令一出，所有的日舰官兵都惊呆了！

栗田舰队能够通过圣贝纳迪诺海峡，是因为哈尔西中了丰田副武的调虎离山之计。

原来，24日黄昏，一架侦察机发现了小泽的航母特混舰队。哈尔西率领3个特混大队连夜向北追击，使圣贝纳迪诺海峡无军把守。

哈尔西认为金凯德的第7舰队能够守住圣贝纳迪诺海峡，而金凯德认为哈尔西的第3舰队还在守卫圣贝纳迪诺海峡。

金凯德把大部分军舰派到了苏里高海峡，前去攻击西村的栗田南方舰队。第7舰队留在萨马岛外的，只剩18艘护航航空母舰。它们分为3个大队，每队6艘，各由7艘驱逐舰和护卫舰保护。与栗田交战的，只是其中的第3大队。

这些护航航空母舰的最高航速才16节，舰上只有一门防空炮。它们顽强抵抗，使栗田彻底动摇了进攻莱特湾的信心。

当栗田向北撤退时，第3大队只剩下几艘驱逐舰了。舰载机也用光了鱼雷和炸弹。如果栗田舰队进攻莱特湾，那么麦克阿瑟的登陆部队和80多艘运输舰，就会任栗田的舰炮宰割。这样，"捷1"号作战就胜利了！

很多年后，当人们问起这件事时，栗田感慨地说："当时，我并不知道第3舰队和第7舰队已经撤走了，现在回想起来，真是后悔莫及！"

"捷1"号作战，即莱特湾大海战，由锡布延海战、苏里高海战、萨马海战和恩加诺海战组成。栗田舰队进行了锡布延海战和萨马海战。

战列舰之王"大和"号只击沉了"冈比亚湾"号护航航空母舰和2艘驱逐舰。另外，小泽的航空母舰舰队被哈尔西击沉4艘航空母舰，西村的栗田南方舰队被第 7 舰队歼灭。

26 日，栗田的中央舰队不断遭到第 3 舰队舰载机的空袭。

21 时 30 分，栗田率残部通过圣贝纳迪诺海峡，向西继续逃窜。

"神风"特攻战

有一个飞行员先用机枪扫射日军的指挥部后，再去攻击美军舰。

自杀性攻击的战术在太平洋战争初期就曾经出现过，例如，偷袭珍珠港的时候，饭田房太郎驾驶受伤的飞机撞击了美机的机库，但山本五十六禁止此类做法。山本的作战命令以九死一生为前提，尽量避免经验丰富的飞行员自杀性的作战方式。

后来，随着日军在太平洋战场上的节节败退，形势恶化，日本危在旦夕，日本的飞机不仅数量不足，而且已经落后了。日本还缺乏训练有素的飞行员。由于飞行员训练的时间很短，飞行员发生的飞行训练事故一天天地增加，仅海军因训练着舰发生的事故而毙命的飞行员，每天就达四五人。

绝望的情绪在日军中蔓延，与其让飞行员训练而死，还不如与敌舰同归于尽更好。独自一个人带着炸弹发动攻击，能够炸沉 1 艘敌舰。当时，日军广泛地宣传舍生精神，控制着日本军人的思维方式。

1945 年 4 月 1 日，美军在冲绳岛登陆。面对美军不断发起的强大攻势，日军于 4 月 5 日下令，发起空中攻势。

第一次攻击代号是"菊水一号"特攻作战，于 4 月 6、7 日两日内进行。

4月6日傍晚，日军派出699架飞机，在冲绳岛向美军登陆部队和盟军海上护航舰队及运输船只发动攻击。

为了对付"神风"自杀攻击，美军战斗机立即拦截，舰上各种舰炮一同开火，美舰队四周到处都是烟与火。不讲战术的日机在盟军的炮火下纷纷栽入大海，少数穿过火力网的日机向盟军舰船撞去，有些飞机一头栽到盟军在冲绳岛建立的滩头阵地上。

大规模的"集体自杀"行动使盟军防不胜防，令盟军难以招架。在为时两天的"菊水一号"特攻中，日军炸沉美军的坦克登陆舰1艘、驱逐舰3艘、军火运输船2艘，美军10多艘舰船被击伤。日军损失355架"神风"。

4月11日、12日，日军发动"菊水二号"特攻作战。12日，一名日飞行员驾驶"樱花弹"撞沉了一艘美舰。下午2时45分，一架"神风"自杀机撞击美舰"埃伯尔"号，舰上燃起大火。

美军终于扑灭了大火，突然，一枚"樱花弹"冲了出来，击中美舰右舷，驱逐舰几分钟后消失了。当天有10多艘美军舰船受到损伤。日军损失了298架飞机。

5月27日，尼米兹更换了指挥官。让哈尔西替代斯普鲁恩斯，麦凯恩替代米切尔，希尔接替特纳，第5舰队又改称第3舰队。哈尔西上任以后，为了减轻特混编队的压力，在冲绳岛修建了陆基航空基地，用陆基航空兵逐渐代替航母编队。

哈尔西采用了一系列对付"神风"的办法。在预警方面，美军用雷达警戒飞机弥补雷达警戒舰只的缺乏，出动驱逐舰和两栖作战舰艇负责警戒，在最有可能出现"神风"的方向出动战斗机进行空中警戒。

美军在冲绳岛北部地区设立很多雷达监视哨，占领了附近的小岛，在上边建立雷达站。利用快速的小艇充分发挥火力优势对付"神风"特攻机。美海军对付"神风"的经验越来越丰富。

但日海军的"神风"特攻机却无法改变战术,因为没有一个飞行员回来报告撞击敌舰的经验。

参加"菊水"作战的飞行员多是被迫的,他们认为自己所作的牺牲是毫无意义的。为此,有些飞行员自称没有找到任何舰艇而飞回了航空基地。有一个飞行员先用机枪扫射日军的指挥部后,再去攻击美军舰。

6月10日,第38特混舰队离开冲绳海域。美军陆基飞机取得了冲绳岛的制空权。

从4月16日到5月28日,日军发动了6次特攻作战,出动的飞机越来越少,损失很大而取得的战果越来越小。

6月3日至22日,日军发动第9、第10号"菊水"特攻战,参战自杀机只有95架。从4月6日至6月22日,在10次自杀攻击中,日军共损失900多架飞机和"樱花弹",炸沉美驱逐舰以下舰船20多艘,伤近

在疯狂的呼喊声中,一架"神风"特攻机即将起飞

200艘。

由于日军飞行员消耗速度远远超过了培训速度，使飞行员补充成为难题，执行任务的特攻队员，多数是士兵，普通市民，甚至是是航空学校里的中学生。

每次发动的都是自杀性行动，飞行训练已经简化到最低的程度，内容为"起飞、对准目标、向下撞"，训练的时间大大缩短。这种本来是想提高突击效益的战术，实际效率很低。

面对美军日益强大的攻势，日本军部找不到什么好办法。冲绳沦陷后，日本军部筹划"本土决战"，制定了庞大的自杀攻击战略，企图用铺天盖地的"神风"把美国太平洋舰队歼灭一半。根据这一战略，不论是作战飞机，还是教练机，任何可用的机种，全都改装成特攻机，准备了1万多架。并且在"樱花弹"的基础上，研制出"桔花弹""藤花弹"和"超大型弹"。"桔花弹"，装有两台喷气推进器，海平面最大时速为660公里，在6000米高空续航距离为555公里，搭载800公斤的炸弹。"藤花弹"是一种简易飞机，速度高达每小时520公里，续航距离为1100公里，搭载500公斤炸弹。

"超大型弹"由重型轰炸机改装而成，载弹3吨，威力可观。日军大批培养"神风"驾驶员，这种教育比冲绳战役前时更加简单，训练时间不超过30小时。

7月，日海军已经把3500架特攻机部署于九州岛，陆军的1300多架特攻机也归海军使用。

7月2日，冲绳战役结束了。日军死亡10.5万人，平民死亡10万人。这次战役，美军先后投入的总兵力达到54.8万人，死亡1.3万人。美军受伤的舰艇达到200多艘。

冲绳岛战役使美国明白，如果美军在日本本土实施登陆，会面对大规模的疯狂抵抗。为了早日结束战争，美国总统杜鲁门作出了使用原子弹的决定。

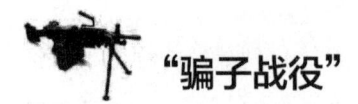

"骗子战役"

日本人没有想到美国潜艇能穿越朝鲜海峡的水雷，到达日本内海区大肆破坏。

1944年，在太平洋战场上，美军不断取得胜利，日军一路溃退。

为了尽早结束太平洋战争，美太平洋舰队潜艇部队司令洛克伍德海军中将制定了"骗子战役"计划，意图是封锁日本内海的航运，把日本变成孤岛。

"骗子战役"计划：9艘潜艇秘密通过在日本列岛的重要海峡、航道和港口布下的水雷区，进入日本内海，大肆破坏。

参与"骗子战役"的潜艇群取名为"海德曼妖妇"，由"海鲛"号潜艇的艇长海德曼统一指挥，9艘潜艇分成3个艇群。

"海鲛"号、"克伦威尔"号、"铲鱼"号为第一艇群，由海德曼负责指挥。

"金枪鱼"号、"鳐鱼"号和"骨鱼"号为第二艇群，由皮尔负责指挥。

"飞鱼"号、"泥鱼"号和"廷奴沙"号为第三艇群，由赖泽负责指挥。

为了成功地通过日海军布设的一系列水雷区，1945年春，"海德曼妖妇"的各艇到达东海、琉球群岛以北海域，在日海军的水雷区进行实战训练。

1945年5月，"骗子战役"正式开始。

5月27日晚、28日晚、29日晚，"海德曼妖妇"中队的3个艇群相

第一章　海战惊魂

美国潜艇

继在夜幕下出发，朝西北驶去。6月4日，9艘潜艇到达朝鲜海峡。

9艘潜艇冒险在朝鲜海峡的水下潜航，水雷搜索器经常报警，9艘潜艇以3节的航速艰难地躲避水雷，从水雷的空隙中潜航。6月6日，9艘潜艇全部通过朝鲜海峡，驶入日本海。

日本海上航行的日本船只亮着灯航行着，没有护航舰艇。为了保证最大的战果，9艘潜艇潜伏起来。

根据计划，第一艇群的攻击海域为本州岛西北海岸至北海道西海岸；第二艇群的攻击海域为本州岛南端至珠州岬海岸一带；第三艇群的攻击海域为朝鲜东海岸附近。

9日20时，"海鲛"号潜艇在佐渡岛以北海域发现了1艘运输船，"海鲛"号发射1枚鱼雷把它击沉，揭开了"骗子战役"的序幕。午夜前，"海鲛"号又击沉了1艘运输船。

11日，"海鲛"号发现1艘运输船，由于浓雾弥漫，潜望镜无法捕捉目标。"海鲛"号浮出海面，用雷达搜索运输船。"海鲛"号在2公里距离上击沉了运输船。

"海鲛"号在12日、15日、19日击沉了3艘船。"海鲛"号共击沉6艘船。

"克伦威尔"号于9日击沉一艘2215吨的运输船。10日和11日，击沉2艘运输船、2艘小船和1艘护卫舰。

13日和14日，"克伦威尔"号被日驱逐舰发现了。"克伦威尔"号立即加大下潜深度，摆脱了日驱逐舰的追击。14日，"克伦威尔"号逃到清津海峡附近。

"铲鱼"号9日借助大雨潜入小樽港外港，在港内没有发现任何船只，"铲鱼"号只好退出小樽港。不久，"铲鱼"号在港外找到1艘运输船，马上把它击沉。接着，"铲鱼"号又击沉了4艘运输船和4艘小船。

"金枪鱼"号在若峡湾和能登半岛海域活动,"金枪鱼"曾经两次潜入港湾,都未发现目标。2艘日本护卫舰发现了"金枪鱼",双方展开了激烈的海战。2艘日护卫舰多次向"金枪鱼"号投掷深水炸弹,"金枪鱼"号巧妙地摆脱了追歼。"金枪鱼"号是"海德曼妖妇"中没有击沉日舰船的潜艇。

"鳐鱼"号也在能登半岛附近活动,于10日发现1艘日潜艇,在730米的距离上发射4枚鱼雷把日潜艇击沉。

11日傍晚,"鳐鱼"号发现1艘向北驶去的运输船,立即发射4枚鱼雷,没有击中目标。12日上午,"鳐鱼"号潜入水深36米的松下湾。

"鳐鱼"号在距离2300米时,发现1艘运输船,发射6枚鱼雷,把运输船击沉。

几艘港内的日舰向"鳐鱼"号发动了猛烈的攻击。"鳐鱼"号用鱼雷发射管连续发射3枚鱼雷,击中两艘日舰。"鳐鱼"号发射鱼雷以后,立即逃离松下湾,摆脱了日舰的追击。

"骨鱼"号于16日以前,击沉了1艘近7000吨的"牡鹿山丸"号运输船。18日早晨,"骨鱼"号与"金枪鱼"号通报情况后误入须所岬。

在须所岬,"骨鱼"号又击沉了1艘5488吨的客货船"昆山丸"号。"骨鱼"号被日舰发现,"骨鱼"号被日舰的深水炸弹炸沉。

"飞鱼"号于10日在清津港外发现1艘运输船,把它击沉。"飞鱼"又击沉12艘小船。

"泥鱼"号遇到了几百艘朝鲜渔船和2艘运输船。当"泥鱼"号发射鱼雷时,鱼雷突然掉头撞向潜艇,幸亏艇长紧急下潜,才躲过一场劫难。"泥鱼"号没有任何收获。

"廷奴沙"号于9日击沉1艘运输船。12日中午,"廷奴沙"号又发现1艘运输船,就在它冲向运输船时,海上忽然浓雾弥漫,潜艇只好浮出水面。浓雾忽然消失,"廷奴沙"号在海面上攻击运输船,运输船被击沉。20日,"廷奴沙"号又击沉两艘运输船。

日本人没有想到美国潜艇能穿越朝鲜海峡的水雷,到达日本内海区大肆破坏。

6月24日,"海德曼妖妇"的8艘潜艇通过宗谷海峡,离开日本海,于7月4日返回珍珠港基地。

"骗子战役"加速了日本灭亡的步伐,激发起美太平洋海军的信心。美太平洋海军又多次派潜艇潜入日本海破坏,日本投降时,仍有6艘美潜艇在日本海潜航。

第二章

名舰之梦

"海军上将施佩伯爵"号

兰斯多夫信守古老的海战法典，开枪自杀了。

英国是个岛国，大布列颠群岛位于欧洲西部。第二次世界大战爆发时，英国75%的石油、95%的铜、99%的铅、88%的铁矿石、89%的小麦、84%的肉类和93%的食用油都依赖进口，每年进口6800多万吨的货物。

1939年9月，英国约有2100万吨的商船，占世界商船总吨位的31.8%。平均每天有2500多艘商船在海上往返。英国海上交通线的总长度为8万海里以上。通过海上输入，保证了英国的生存和发展。

海上交通线就像是英国的生命线，多少个世纪以来，英国都把建设海军置于第一位。几百年来，大英帝国凭借巨舰大炮保护着海上运输线，创造了"日不落帝国"的神话。当时，大英帝国控制着占世界约四分之一的领土。

在德国首都柏林，德国海军总司令雷德尔早就认识到海上交通线对于英国的重要性。

1928年，雷德尔刚升任德海军总司令，就发表了《海上巡洋战争》一文：海上交通线是英国的命脉，英国生存和发展都与海上交通线紧密相关。

德海军在战争中必须破坏英国的海上交通线，并采取"巡洋战"的方式，即远离海军基地，大量使用巡洋舰单独作战，攻击英国的运输船。

《凡尔赛和约》规定，德国只能拥有6艘战列舰、6艘轻巡洋舰和12艘驱逐舰。起初，德国惧怕协约国，只在和约规定的范围内建造几艘轻型巡洋舰。

德国总理希特勒集大权于一身后，德国不顾《凡尔赛条约》，在"德意志"号战列巡洋舰之后，"舍尔海军上将"号和"海军上将施佩伯爵"号战列巡洋舰下水服役了。

希特勒也信奉巨舰大炮主义，雷德尔主张的"巡洋战"设想，得到了希特勒的嘉奖。

第二次世界大战爆发以前，雷德尔制定了快速发展海军的"Z"计划，"Z"计划规定，到1944年，德国将拥有8艘战列舰、8艘战列巡洋舰、5艘重巡洋舰、44艘轻巡洋舰、2艘航空母舰和249艘潜艇。

雷德尔认为，靠这支实力雄厚的舰队，再加上日本和意大利海军的支援，完全能够对付英国海军。

雷德尔没有想到，希特勒会这么早就发动了战争，导致"Z"计划完全破产了。

但是，雷德尔必须执行元首的命令。他只好硬着头皮跟英国海军对着干。当时，德海军只有2艘旧战列舰、3艘战列巡洋舰、2艘重巡洋舰、6艘轻巡洋舰、22艘护卫驱逐舰、20艘驱逐舰。

而英海军却有12艘战列舰、3艘战列巡洋舰、8艘航空母舰（500架舰载机）、15艘重巡洋舰、49艘轻巡洋舰、119艘舰队驱逐舰、64艘驱逐舰、扫雷舰和45艘岸防舰。

可见，在强大的英海军面前，德海军就像是蹒跚学步的小孩。尽管雷德尔提出把德海军的兵力用于攻击英国商船的设想是正确的，但在使用什么手段达到目的上，雷德尔在战略上犯了错误。雷德尔提出的"巡洋战"，正是以德海军之"短"去攻英海军的"长"。

德潜艇部队司令邓尼茨出动的U-47号潜艇，击沉了英"皇家橡树"号战列舰。一向视潜艇为铁皮小船的希特勒大吃一惊，但"水面舰艇决胜"的传统观念根深蒂固，一时难以改变。

当时,英国、法国和美国的水面舰艇实力庞大,对付水面舰艇的经验丰富。英国、法国和美国也信奉巨舰大炮主义,瞧不起小小的铁皮船——潜艇,因此在对付德国潜艇上无计可施。当时,德国拥有世界上最强大的潜艇部队,其柴油机+蓄电池的动力系统使潜艇的航速大大提高,而且还可以浮出水面充电,大大提升了潜艇的续航力。

雷德尔偏偏以己之"短"去击敌军之"长",拿德国水面舰艇去与实力庞大的英美法海军交战,这肯定会失败的。

在战争爆发前,雷德尔和希特勒都否定了邓尼茨关于发动潜艇战的设想,导致潜艇的建造速度很慢。

德国的出海口既少又不通畅,为了避免军舰被英海军堵在港内,雷德尔在战争爆发前把"海军上将施佩伯爵"号战列巡洋舰和"德意志"号派往大西洋,以便战争爆发后攻击英国及其盟国的商船。另外,雷德尔做好了攻打挪威的准备,以利用挪威的多个优良的港口。

第二次世界大战爆发后,"德意志"号战列巡洋舰身手敏捷,在大西

德国海军元帅雷德尔视察海军

洋东躲西藏，打了就跑。"德意志"号吸引了大量英国军舰的同时，偷偷地击沉了3艘商船，逃回德国海港。

雷德尔盼望"海军上将施佩伯爵"号也能带来更多的捷报。早在1914年11月，海军上将施佩伯爵率德国分舰队，在智利科罗内尔岛海域击沉2艘英军舰。为了纪念他，德海军把1936年建成服役的这艘战列巡洋舰命名为"海军上将施佩伯爵"号。

"海军上将施佩伯爵"号是专为攻击商船而设计的。排水量为1.25万吨，航速高达26节。"海军上将施佩伯爵"号装有2座三联装279毫米主炮，能够发射300公斤的炮弹，射程达到15海里。"海军上将施佩伯爵"装有8门150毫米副炮和6门104毫米炮。单独的英国巡洋舰打不过"海军上将施佩伯爵"号。

"海军上将施佩伯爵"号在南大西洋多次得手，舰长兰斯多夫还想击沉更大的商船。

太阳冉冉升起，蓝蓝的海面上，掀起阵阵白色的海浪。兰斯多夫正叼着雪茄，站在舰桥上。

英国海军于1939年10月5日抽调28艘大型军舰为主力，组建了8个搜索群派到南大西洋海区，其中由哈伍德率领的一支搜索群以福克兰群岛为基地，负责南大西洋西部一带的搜索任务。

快两个月了，哈伍德率领分舰队不间断地寻找。12月13日清晨，哈伍德的分舰队到达距离蒙得维的亚大约350海里的海面上。"阿哲克斯"号轻巡洋舰在前面，"阿基里斯"号轻巡洋舰在正中，"埃克塞特"号重巡洋舰在后面护卫，以14节的航速向东北方向搜索。

6时14分，瞭望哨发现距离10海里处出现了缕缕青烟，哈伍德命令"埃克塞特"号重巡洋舰前去侦察。不久，"埃克塞特"号发报说，目标是"海军上将施佩伯爵"号战列巡洋舰。

哈伍德命令"埃克塞特"号向西航行，绕到"海军上将施佩伯爵"号的右舷;"阿哲克斯"号和"阿基里斯"号向东航行,绕到德舰的左舷。哈伍德准备左右夹攻德舰,使德舰的火力无法集中。

兰斯多夫悠闲地在餐厅吃早餐。忽然,瞭望哨报告,英舰队正从左右扑过来。

兰斯多夫跑到舰桥上,举起望远镜,发现左右两侧都出现了英舰的舰桅。

根据舰桅,兰斯多夫认为是一艘重巡洋舰和两艘轻巡洋舰。兰斯多夫点燃了一支雪茄,吸了两口,猛地一挥手,下令拉响警报。

兰斯多夫不怕这3艘英巡洋舰,因为"海军上将施佩伯爵"号具有较强的装甲防护力,3艘英巡洋舰的总火力远远超过德舰,但装甲防护能力弱。再加上"海军上将施佩伯爵"号舰炮的口径和射程超过了英舰。

"海军上将施佩伯爵"号袖珍战列舰

因此，双方的战斗力差不多。兰斯多夫是一战中的日德兰海战的名将，时刻想为德海军复仇。

英舰刚进入射程，兰斯多夫下令："前主炮，瞄准英驱逐舰；尾主炮，瞄准英巡洋舰！"

舰桥上，德官兵们拿棉球堵住耳朵，以避免舰炮的轰鸣声把耳朵震聋。一会儿，兰斯多夫扔掉雪茄，向话筒大喊："开炮！"

炮声轰隆，兰斯多夫目观察着弹着点，发现英舰前方的水柱升腾，两次齐射炮弹打得太早了。

很快，"海军上将施佩伯爵"号的周围也竖起了水柱。

兰斯多夫大登上射击指挥台，发现"阿哲克斯"号和"阿基里斯"号距离较远，火炮威力弱一些；"埃克塞特"号距离近，重炮火力很猛。

他命令首炮掉转炮口，用所有的主炮集中攻击"埃克塞特"号。

第三次齐射在"埃克塞特"号船舷爆炸，把右舷舱面上的鱼雷兵都炸死了。一颗穿甲弹把一座主炮塔炸飞。"埃克塞特"号驾驶台被击毁了。

"埃克塞特"号用尾炮向"海军上将施佩伯爵"号不断发射炮弹，一枚炮弹命中"海军上将施佩伯爵"号的首楼。

6时30分，"阿哲克斯"号和"亚儿里斯"号趁机靠近，把炮弹射到德舰的甲板上。"海军上将施佩伯爵"号38毫米厚的装甲甲板被打坏。

兰斯多夫命令150毫米副炮和一门主炮回头射击，英舰"埃克塞特"号趁机靠近，向"海军上将施佩伯爵"号的右舷发射鱼雷。

"海军上将施佩伯爵"号施放了烟幕，边打边逃，射出的一颗重磅炮弹击中"阿哲克斯"号，把"阿哲克斯"号的4门主炮全部炸毁。

"阿哲克斯"号冲了过来，距离9000米时，发射4枚鱼雷。

"埃克塞特"号黑烟翻滚，烈火乱窜，舰体向右倾斜。"埃克塞特"号摇摇晃晃，撤退了。"海军上将施佩伯爵"号掉转前主炮，对付"阿哲克斯"号。

一颗重磅炸弹命中了"阿哲克斯"号,打断主桅,"阿哲克斯"号撤退了。

这时,海战进行了82分钟,双方打成了平手。3艘英舰两艘受重创。"海军上将施佩伯爵"号燃油已经不足,也撤退了。

兰斯多夫急忙走下舰桥,检查军舰的伤情。"海军上将施佩伯爵"号中了两颗重磅炮弹。一颗穿透甲板,一颗把首楼炸开大洞,有36名官兵被炸死。

战舰急需补充燃油和修理,行踪已经暴露,无法返回德国了。兰斯多夫决定先到中立国乌拉圭的蒙得维的亚港躲避。

"海军上将施佩伯爵"号向西驶去,两艘英舰跟踪在后。身负重伤的"海军上将施佩伯爵"号驶入港口。

"海军上将施佩伯爵"号刚刚抛锚,在谈判桌上,乌拉圭、德国、英国和法国的代表展开了激烈的舌战。

德国代表提出,战舰必须修好以后才能出海,因此需要一段时间;英、法代表立即提出抗议,他们警告乌拉圭政府,根据国际法,交战国的舰只在中立国港口停留的时间不准超过24小时。

德国代表说,根据伦敦宣言第14条,军舰受损和坏天气除外。英、法代表说,"海军上将施佩伯爵"号只受了轻伤,可以出港。

乌拉圭倾向于盟国,但不敢与德国公开翻脸,乌拉圭提议成立小组调查德舰的伤势。调查小组通过调查后得出:"海军上将施佩伯爵"号无法立即出海,但修理3天后能够出海。德国代表对这个方案强烈不满,乌拉圭政府趁机接受了这一方案。

德国通过各种渠道做乌拉圭政府的工作想让军舰在港中多停留一些时间,但乌拉圭在许多国家的压力下,拒绝了德国的请求。

3艘英舰等候在港口外面,停在港口内的"海军上将施佩伯爵"号无路可逃。

"海军上将施佩伯爵"号攻击英国运输船

3 天的期限就快到了。乌拉圭政府通知"海军上将施佩伯爵"号,必须于第二天下午 6 时离开港口,否则该舰将被扣留至战争结束。

第二天下午,当夜色降临到普拉特河时,"海军上将施佩伯爵"号缓缓向港外驶去。

岸上挤满了人群,在英、法、德三国,人们都拨准了收音机的频道,等待消息。

"海军上将施佩伯爵"号若想逃生,只能在天黑以前冲出英舰的包围圈。

12 月 17 日 19 时 50 分,从"海军上将施佩伯爵"号上发出一连串的爆炸声,近 20 米高的烈焰飞舞在半空中。德舰员们不停地向战列舰上浇汽油。

几小时后,"海军上将施佩伯爵"号沉没了。这是希特勒亲自下达的命令。

12 月 20 日,兰斯多夫舰长在房间里留下了遗言:"从我炸毁战舰那时起,我就决心随我的战舰共存亡了。我的水手们都很安全……"

兰斯多夫信守古老的海战法典,开枪自杀了。

"海军上将施佩伯爵"号的沉没,是对德国海军"巡洋战"战略的重大打击。

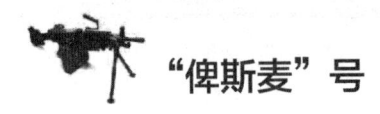

"俾斯麦"号

"俾斯麦"号占了大便宜,吕特晏斯心里又喜又惊。

1941 年 4 月,雷德尔制定了"莱茵演习"的"巡洋战"计划。雷德尔决定出动两支舰队,破坏盟军的北大西洋运输线。由吕特晏斯海军上将

第二章 名舰之梦

担任舰队司令，指挥德国超级战列舰"俾斯麦"号、"沙恩霍斯特"号战列巡洋舰、"格奈森诺"号战列巡洋舰、"欧根亲王"号重巡洋舰。

"沙恩霍斯特"号和"格奈森诺"号组成南方舰队；"俾斯麦"号和"欧根亲王"号组成北方舰队，两支舰队将对盟军海上运输线发动钳形攻势。

"沙恩霍斯特"和"格奈森诺"号还没有启航，在英飞机的猛烈空袭下，"格奈森诺"号需要大修，"沙恩霍斯特"号的主机出现故障。"欧根亲王"号被鱼雷击中，幸亏没有大伤。

1941年5月在一次德三军秘密会议上，讨论战局。陆军总司令冯·布劳希奇将军手握指示棒，在地图上指点着，向希特勒、雷德尔、戈林炫耀德国陆军的战果。

希特勒露出了笑意。戈林哭丧着脸，一改趾高气扬的神情，在大布不列颠空战中德国空军的败局已定，已经快结束了。雷德尔的海军情况最糟，随时等待希特勒的训斥。

"雷德尔元帅，你都干了些什么？"希特勒大声地吼道："德军占领挪威后，仍然没有你的战绩，损失了3位王牌艇长不说，克里奇默尔居然当了俘虏，我们的脸面何在……"

直到希特勒口干舌燥，雷德尔才小心地说："我准备发动一次决定性的行动，代号为'莱茵演习'，派'俾斯麦'号和'欧根亲王'号到北大西洋，袭击盟国的船队。记得年初，'沙恩霍斯特'号和'格奈森诺'号一下子就干掉11万多吨商船。英国海军没有逮住它们。我想，'俾斯麦'号比两舰战斗力高，让它们出战，更能痛击英国人。"

希特勒露出微笑，雷德尔说："我敢说'俾斯麦'号打遍大西洋无敌手，它是战列舰之王。"

"俾斯麦"号体现了"巨舰大炮"主义，雷德尔想用它在大西洋上切断英国的海上交通线。

"俾斯麦"号是以俾斯麦来命名的。俾斯麦于1862年至1871年曾担任普鲁士王国首相，1871至1890年担任德意志帝国宰相，推行"铁血政策"。

俾斯麦发动了侵略丹麦的战争、普奥战争和普法战争，通过战争手段统一了四分五裂的德国。

1871年，德国帮助法国镇压了巴黎公社工人运动。在俾斯麦的领导下，德国从软弱无能的"邦联"变成强大的帝国。

"俾斯麦"号下水典礼那天，希特勒带着军政要员赶到造船厂，把俾斯麦的孙女请来。希特勒心情十分激动，"俾斯麦"号超过英国的任何一艘战列舰，希特要以"俾斯麦"号来壮国威。

吕特晏斯海战经验丰富，他认真研究了北大西洋的形势以后，赶到柏林，对雷德尔说："虽然地中海战场上，英海军与意大利海军打得难解难分，但英海军在斯卡帕湾仍有大批军舰。我们只用2艘军舰太冒险，如果英海军集中大西洋上的军舰，'俾斯麦'号将遭到围攻，而且英国还有航空母舰、巡洋舰和驱逐舰。哪怕英军只有二三艘战列舰，'欧根亲王'号也不是'俾斯麦'号的好帮手。"

雷德尔反问道："那你有什么好办法？"

"我想推迟'莱茵演习'……"

雷德尔不耐烦地说："我们不能坐以待毙，英海军无法在地中海上抽身，只有不惜一切代价卡断英国人的补给线，才是惟一的出路。你马上做好战斗准备！"

5月18日，"俾斯麦"号和"欧根亲王"号驶出卡特加特海峡，朝冰岛北部驶去。

"俾斯麦"号是德国最大的战列舰，于1935年动工，1940年下水服役。"俾斯麦"号长224米，宽36米，两舷中甲板下装甲厚度330毫米，主甲板装甲厚度分别为101.6毫米和50.8毫米。

"俾斯麦"号的最高航速为29节，排水量为4.2万吨，安装了8门

381毫米的主炮，12门150毫米副炮和40门防空机关炮，搭载4架水上飞机和6个533毫米鱼雷管，火力强大。

这艘以上世纪德国"铁血宰相"俾斯麦命名的战列舰，在战斗力上远远超过英国战列舰。

1941年5月21日，海面上一片浓雾，夹杂着疾风暴雨。

清晨，"俾斯麦"号与"欧根亲王"号结伴冲过流冰群，驶向科尔斯峡湾。

"俾斯麦"号的行踪，引起了英国情报人员的注意，一份紧急情报告直接发往英海军司令部。

英直布罗陀舰队司令约翰·托维海军上将马上把从直布罗陀到斯卡帕弗洛内所有的战列舰、航空母舰和大型水面舰艇都派往北海，准备制服"魔鬼俾斯麦"。托维登上旗舰"英王乔治五世"号，指挥海战。

英舰队堵住了北海，吕特晏斯进入大西洋只能走丹麦海峡了。

乌黑的浓云使丹麦海峡的能见度极低，吕特晏斯以为利用坏天气进入长达80公里的丹麦海峡英舰不会发现。

英"萨姆福克"号重巡洋舰和"诺福克"号重巡洋舰的远程雷达显示了德舰队的准确方位。距离丹麦海峡最近的"胡德"号战列舰接到"诺福克"号的电报，立即与"威尔士亲王"号战列舰赶到丹麦海峡，等待"魔鬼俾斯麦"自投罗网。

丹麦海峡最窄处只有180海里，格陵兰岛一侧流冰拥塞，冰岛一侧布有水雷场。吕特晏斯不敢怠慢，命令"俾斯麦"号舰长林德曼和"欧根亲王"号舰长布林克曼准备战斗。

"俾斯麦"号的巨炮转动，1600磅穿甲弹被塞进炮膛。在战列舰的顶部，测距兵紧张地观望着。

英舰"威尔士亲王"号排水量3.8万吨，航速30节，安装了10门356毫米主炮。英"胡德"号与"俾斯麦"号的性能几乎相同，只是主装甲板较薄。

"胡德"号的穿甲弹首先撕破了夜空,在"俾斯麦"号周围炸响,无数水柱围住了"俾斯麦"号。"俾斯麦"号马上还击。

双方在对射时向对方靠近。一颗重磅穿甲弹自"俾斯麦"号尾炮中喷出,在"胡德"号的甲板上爆炸,"胡德"号变成了火海。

几分钟后,"俾斯麦"又一次齐射,再次撕开"胡德"号的装甲,穿透6层甲板,顺着没有防护的通道,在炮塔底下的弹药舱中爆炸。

300吨弹药被引爆,"胡德"号被炸成两截,这艘立下过赫赫战功的战列巡洋舰很快就消失了。舰上1400多名官兵中,只有3人幸存。

这时,德舰自然不肯放过"威尔士亲王"号。几分钟后,在"俾斯麦"号和"欧根亲王"号的夹攻下,"威尔士亲王"号的舰桥被炸毁,火控指挥室也被炸毁。指挥塔上,英官兵的尸体堆在一起,鲜血流到甲板上。"威尔士亲王"号边放烟幕边撤退。

英舰离开,吕特晏斯向雷德尔发报:"英'胡德'号被击沉,'威尔士亲王'号受重伤后逃跑。另有两艘英巡洋舰跟踪。"

"俾斯麦"号且战且退,向西南而逃。吕特晏斯命人检察"俾斯麦"号的伤情。在混战中,"俾斯麦"号的2号锅炉舱被击中,2号燃油舱被炸坏,大量燃油泻入海面,军舰就像拖着黑色的大尾巴。

"俾斯麦"号占了大便宜,吕特晏斯心里又喜又惊,喜的是"俾斯麦"号不愧是战列舰之王,经得起打,而且火炮精良,几次齐射就把"胡德"号击沉了。

吕特晏斯料到英海军不会善罢甘休,一定会围捕"俾斯麦"号。德国海军没有航空母舰,"俾斯麦"号无法对付来自空中的攻击,眼下惟一的办法,就是躲避一阵再说。

躲到哪去呢?吕特晏斯想到两点:第一是逃到德国潜艇封锁线的背面去,由潜艇抵挡英舰队;第二是逃到德国岸基飞机的作战半径能到达

德国"俾斯麦"号战列舰

的海域。

吕特晏斯决定向圣纳泽尔方向航行。

7时30分,"俾斯麦"号遇到海上风暴,海上卷起的巨浪,战列舰在巨浪中时起时伏。经过几个小时折腾后,机电部门报告:到圣纳泽尔的油料不够,被打坏的2号燃油库的大洞,无法堵住。

吕特晏斯感到情况糟了,看了一会海图,决定驶向布勒斯特港,去那里要比到圣纳泽尔港近120海里。

英国海军发现了"俾斯麦"号的长长油迹。装有远程雷达的英舰"诺福克"号在德舰射程以外跟踪,不断向托维海军上将报告"魔鬼俾斯麦"的方位。

丘吉尔得知"胡德"号被击沉,他认为这是英国的耻辱。丘吉尔认为,只要一天不消灭"俾斯麦"号,英国就会一天不得安宁。

"俾斯麦"号已经成为德海军的象征,只有干掉"魔鬼俾斯麦"号,才能灭一灭德国的霸气,保卫英国的海上交通线。

丘吉尔痛下决心，决定不惜一切代价，坚决干掉"魔鬼俾斯麦"。

丘吉尔批准的围歼"俾斯麦"号的军事计划，通过电波传到大西洋的托维海军上将那里。

英国在大西洋海域部署了42艘战舰，一张围歼"俾斯麦"号的巨网已经拉开。这张巨网的主力是2艘航空母舰、5艘战列舰和3艘战列巡洋舰。

丘吉尔含着雪茄，日夜守在指挥部，每小时都要海军作战指挥部向他汇报情况。

25日22时，在"胜利"号航空母舰的甲板上，英鱼雷轰炸机相继起飞。9架鱼雷轰炸机抗拒着恶劣的天气，向"俾斯麦"号扑去。

由于视线不好和天气太糟，投射的9条鱼雷，只有1条击中，没有炸到"俾斯麦"号的要害。

这次袭击惊醒了吕特晏斯，认为英舰队来者不善。突然，他想起击沉"胡德"号后，"俾斯麦"号就收到了"诺福克"号和"萨福克"号的雷达回波。由于"诺福克"和"萨福克"号害怕遭到德国潜艇伏击，走的是Z字航线。当它们处在Z字的两端时，"俾斯麦"号上的雷达回波不见了，为什么不能利用这种方法摆脱英舰的追踪呢？

吕特晏斯利用夜色的掩护和英巡洋舰的雷达盲区，摆脱了英舰队的围捕。

托维上将得知德舰从雷达上消失后，错误地认为德舰向西南方向逃去，下令英舰向西南方向追击。

"俾斯麦"号与英舰队方向相反，准备先躲进挪威卑尔根港。

26日10时30分，托维上将苦于找不到"魔鬼俾斯麦"时，一架英国水上飞机报告：在比斯开湾内发现"俾斯麦"号正向法国海岸逃窜。

这架水上飞机被"俾斯麦"号防空炮火击落，跟踪中断。托维从海图上找到了"俾斯麦"号的位置，英国直布罗陀舰队距离德舰130海里，无法追上，其他舰队都追不上，只有萨墨维尔的H舰队能够拦住"俾斯麦"号。

第二章 名舰之梦

时间已经不多,"俾斯麦"号再前进600公里,就到达德机群保护区。丘吉尔下了死命令,必须截断"俾斯麦"号的逃路,不惜一切代价击沉它。

H舰队的主力是航空母舰"皇家方舟"号、战列巡洋舰"声威"号和巡洋舰"谢菲尔德"号。接到托维的命令后,萨墨维尔知道,在这次海战中,H舰队已经从辅攻升为主攻,一旦拦截失败,为"胡德"号复仇的机会将会丢失。

H舰队向北疾驶,接近了"俾斯麦"号。"皇家方舟"号出动15架"箭鱼式"鱼雷轰炸机飞向"俾斯麦"号。

英飞行员英勇地冒着猛烈的防空炮火,抛下一条条鱼雷。"俾斯麦"号遭受重创,大量进水,左螺旋桨被炸毁,碎片卡死了舵机,很难操纵。

吕特晏斯向希特勒报告说:"我舰难以操纵,被包围……我们将与战舰共存亡!"

绝望的情绪在"俾斯麦"号官兵中蔓延,由于连续4天4夜的恶战和航行,水兵们精疲力尽了。

5月27日凌晨,"俾斯麦"号被几十艘英舰团团包围。

托维亲自指挥战列舰"乔治五世"号、"罗德尼"号和两艘巡洋舰绕到"俾斯麦"号的前边。

上午8时47分,英战列舰"罗德尼"号第一个发炮,几分钟后,"乔治五世"号也发炮了,密集的炮弹泻落在"俾斯麦"的甲板上、炮台上。

"俾斯麦"号拼命地开炮还击。半小时后,舵机完全失控,战舰的航向忽左忽右,炮手们难以瞄准。

"罗德尼"号在距离4000米时,不断发炮。重磅穿甲弹似暴雨般射出,"俾斯麦"号上的舰员们在烈焰和浓烟中胡乱奔逃。炮塔、桅杆和烟囱都被摧毁,"俾斯麦"号变成了废铁。

英机和战舰发誓一定要炸沉"魔鬼俾斯麦"。不断爆炸的鱼雷和炮弹,为"俾斯麦"号奏响了出殡的礼炮。

10时36分，德国最大的战列舰"俾斯麦"号沉没。包括吕特晏斯在内的2200名德舰员丧生，只有113名舰员获救。

6月1日深夜，"欧根亲王"号重巡洋舰在海上躲藏了几天后，忐忑不安地驶入布勒斯特港。

"莱茵演习"最后以德海军惨败而结束。

"俾斯麦"号的沉没再一次警告德国海军：在拥有世界上最强大的水面舰艇的英国海军面前，德国的水面舰艇注定要灭亡。

希特勒和雷德尔终于认识到"巡洋战"设想的重大缺陷。

5月28日，丘吉尔就歼灭"俾斯麦"号战列舰一事发给罗斯福一封电报："它是一艘强大的战舰，这艘敌舰使我们的紧张状况加剧。击沉了它以后，我们的很多战列舰和航空母舰可以去干其他的事情。这对日本海军也将产生重大的影响，而这种影响是非常有利于我们的。"

"沙恩霍斯特"号

德舰水兵们痛苦地哼着古老的歌：《水兵的坟墓上不会开出鲜花》。

1943年末，在德国大型水上舰只中，"俾斯麦"号和"斯佩海军上将"号战列舰已被击沉，"提尔皮茨"号战列舰被击伤，"格奈森瑙"号战列巡洋舰受到重创，"舍尔海军上将"号和"纽伦堡"号在波罗的海到处逃窜，"欧根亲王"号重巡洋舰受重创，"吕佐"号战列舰正在大修。

德国海军总司令邓尼茨接到潜艇和侦察机的报告，由19艘商船组成的JW-55-B护航运输队正通过挪威海时，他手中仅剩"沙恩霍斯特"号战列巡洋舰了。

第二章 名舰之梦

1935年,"沙恩霍斯特"号战列巡洋舰开工建成,排水量为3.1万吨,航速31节,续航力为1万海里。舰上装有3座3联装279毫米主炮,首部2座,尾部1座。高层建筑的两侧,分别装了12门150毫米副炮。它的主炮口径小了一些,但射速很快。

1939年11月,"沙恩霍斯特"号和"格奈森瑙"号合伙,在冰岛水域击沉了英轻型巡洋舰"雷沃尔平迪"号。1940年4月,"沙恩霍斯特"号和"格奈森瑙"号引诱英国海军主力舰队北上。挪威战役结束时,两舰用舰炮击沉了英"光荣"号航空母舰。

攻击"光荣"号时,"沙恩霍斯特"号被1艘英驱逐舰用鱼雷击中。大修4个月后,"沙恩霍斯特"号与"格奈森瑙"号合伙进入北大西洋,击沉了23艘商船。后来,两舰躲进布勒斯特港。

英国海军对两舰恨之入骨,每天都派飞机去轰炸,还派去大批舰只,监视两舰的行踪。雷德尔命令两舰和"欧根亲王"号重巡洋舰一起,通过多佛尔海峡,北上挪威。半路上,两舰在荷兰海岸触雷,返航德国。

"格奈森瑙"号停在船坞内遭到英机的不断轰炸,始终无法修复。"沙恩霍斯特"号孤独地北上,躲入挪威阿尔塔峡湾。

"沙恩霍斯特"号的第四任舰长是朱利叶斯·欣茨,他刚一上任,就接到进攻的命令。

陪伴"沙恩霍斯特"号的是5艘驱逐舰,由埃里克·贝海军少将出任这支舰队的司令。

贝海军少将身高马大,天生一副凶相,原先是德国海军驱逐舰队的司令。1年多来,贝海军少将海军转战北极海域,参加过击沉英国巡洋舰"爱丁堡"号的海战。

贝海军少将出任这支舰队的司令后,整天哭丧着脸。在驱逐舰上指挥,比在巡洋舰上要辛苦很多。但是,贝海军少将已经习惯了驱逐舰。

"沙恩霍斯特"号上高耸的桅楼使贝海军少将很不习惯。他第一次指挥巡洋舰，就像乡下佬第一次进城一样不安。

出征前，北风大作，扫荡着挪威的雪峰。大海在咆哮，雪雨交加，海天为之昏暗。贝海军少将不担心身躯庞大的"沙恩霍斯特"号，担心的是弱小的5艘驱逐舰。他请求邓尼茨等天气好转后再出海。邓尼茨命令他马上干掉JW-55-B护航运输队。

隆冬季节，白昼只有两三个小时，浓雾漫漫。"沙恩霍斯特"号装了两部雷达，但性能远远落后于英舰。舰上竟有80名见习军官和100名新水手。经过贝海军少将的再三相求，邓尼茨调来一批老军官和老水手。

1943年12月25日傍晚，贝海军少将率领舰队启航。22时，"沙恩霍斯特"号到达斯特杰诺岛，1小时后，天空刮起西南风。贝海军少将下令向北行驶。

邓尼茨出动8艘德潜艇在挪威北角和熊岛间的水域组成了一道封锁线，U-601号和U-716号潜艇于25日发现了盟国护航运输队。

英国海军早就盯上了贝海军少将的舰队。当邓尼茨派贝海军少将的舰队出击时，他以为JW-55-B护航运输队中只有10艘驱逐舰，想给德国水上舰艇补回一点荣誉。他不知道RA-55-A护航运输队正在返回英国，这两支护航运输队各自有实力雄厚的支援舰队。

直布罗陀舰队司令布鲁斯·弗雷泽正在冰岛的阿库雷亚，旗舰是3.8万吨的"约克公爵"号战列舰，他的舰队是JW-55-B护航运输队的支援舰队。

伯内特海军中将拥有"贝尔法斯特"号、"诺福克"号和"谢菲尔德"号巡洋舰，是RA-55-A护航运输队的支援舰队。

23日，弗雷泽接到JW-55-B护航运输队的报告，护航运输队遭受德国轰炸机的攻击。弗雷泽认为躲在挪威峡湾中的"沙恩霍斯特"号巡洋舰可能会趁机拦截。

当晚，弗雷泽率领支援部队出航，向JW-55-B护航运输队驶去。支援部队以 24 节航速前进，护卫的只有"索马斯"号、"野人"号、"蝎子"号和"斯托尔德"号驱逐舰。

26 日清晨，弗雷泽命令 RA-55-A 护航运输队向右行驶，躲进熊岛北面的航道；RA-55-A 护航运输队的 4 艘护航驱逐舰——"无比"号、"步枪手"号、"凑巧"号和"泼妇"号加入伯内特的支援部队。弗雷泽命令伯内特赶去支援 JW-55-B 护航运输队。

就这样，伯内特的 3 艘巡洋舰从西面、弗雷泽的主力舰队从东面，对贝海军少将的舰队形成了包围之势。

弗雷泽占有绝对优势，旗舰"约克公爵"号战列舰拥有 10 门 356 毫米主炮。

贝海军少将的"沙恩霍斯特"号巡洋舰率 5 艘驱逐舰向北猛插。德驱逐舰摇摆不定，在后面艰难地追随着。26 日 7 时 30 分，德舰队驶入熊岛东南约 40 海里处，没有找到 JW-55-B 护航运输舰队。

贝海军少将下令掉头，向南搜索。贝海军少将下令作好战斗准备，炮手就位，艰难地把重磅穿甲弹填入主炮炮膛。瞭望哨穿着厚厚的防寒大衣，浑身只露出眼睛。

8 时 40 分，伯内特乘坐的"贝尔法斯特"号巡洋舰捕捉到微弱的雷达信号。9 时 21 分，"谢菲尔德"号在西南方向发现了"沙恩霍斯特"号，相距约 6 海里。这时，弗雷泽的主力舰队，正在西南约 150 海里处。

这时，"沙恩霍斯特"号上的雷达刚刚发现 3 艘英国巡洋舰的微弱信号，那些信号很像海浪反射的回波。

贝海军少将只好登上了左舷，极目远望。9 时 24 分，舰队上空突然发出信号弹的爆炸声。他看见头顶的浓雾变成了紫蓝色，将"沙恩霍斯特"号照亮了。

扑面而来的暴风雪，再加上信号弹特别刺眼，使他无法发现英国巡洋舰。几分钟后，英巡洋舰"诺福克"号的 203 毫米主炮开火了，舰炮喷出了火光。

"沙恩霍斯特"号马上转向躲避,主副炮纷纷转向左舷。这时,贝海军少将还没有发现英国巡洋舰的具体位置。北方浓雾中敌舰喷出的闪光越来越密,一颗炮弹落在"沙恩霍斯特"号的周围,掀起冲天的水柱。

很快,雷达兵发现了英巡洋舰。贝海军少将立即询问距离和方位。一颗炮弹命中了主桅,桅顶被炸飞,雷达荧光屏上,一片灰白。

贝海军少将不知道怎么办好,北方的浓雾中射来猛烈而又准确的炮弹。5艘德驱逐舰正在搜索护航运输舰队,无法保护"沙恩霍斯特"号,雷达报废了,贝海军少将成了睁眼瞎。"快!向南撤退!"

"沙恩霍斯特"号的舰首向右转向,一发炮弹命中左舷,忽然,一发炮弹穿透舰首,钻入舰员舱。"沙恩霍斯特"号的舰尾主炮胡乱还击。

"沙恩霍斯特"号航速很快,9时40分,逃出了追击。贝海军少将认真地测量了几个距离,然后下令:"保持航向,10时向左大迂回。中午,截住护航运输队。如果护航运输队改变了航向,5艘驱逐舰能够找到它们。"

"沙恩霍斯特"号战列巡洋舰

9时46分，太阳挂在天空的最低点，还有一段短暂的日照时间。当"沙恩霍斯特"号向左迂回，改取东北航向时，伯内特猜出了德舰的真实目的，下令向西北航行，赶到护航运输队的前面，等待"沙思霍斯特"号自投罗网。

10时，一架德国侦察机在北角西北方向100海里处发现了弗雷泽的主力舰队。

贝海军少将看完电报，盯着航海图看了很长时间，然后又分析着电报。贝海军少将继续命令全速北上，不久，他又命令向左行驶。"沙恩霍斯特"号穿过迷雾和海浪，向西驶去。

10时30分，为RA-55-A运输队护航的4艘驱逐舰呈扇面展开。11时，4艘英驱逐舰在正西方向发现目标，原来是向东行驶的JW-55-B护航运输队。伯内特率舰转向，赶到护航运输队的前边。此时，弗雷泽的主力舰队正在西南方向，距离约100海里。

12时5分，向东行驶的伯内特巡洋舰舰队雷达发现了贝海军少将的舰队，距离15.5海里。1分钟后，伯内特连忙向弗雷泽拍发了发现德舰的紧急电报。JW-55-B护航运输队立即改向东南躲避，伯内特仍向东行驶，迎接德舰的到来。

贝海军少将期待的午间阳光被风暴遮盖了，能见度很低。一连几个小时，瞭望士兵们盯着浪飞雾涌的海面，他们都是新兵，经常产生错觉。欣茨舰长一再提醒瞭望士兵们保持警惕，这时5艘驱逐舰也没有找到护航运输队。

12时20分，能见度只有1.2万码。一位瞭望兵通过望远镜，发现了一团隐约朦胧的暗影。他连忙揉揉眼，再去看那个可疑的暗影。

"正前方，敌舰！"瞭望兵大喊。

"沙恩霍斯特"号的两座前主炮抬起炮口，向右转。枪炮官大喊："瞄准！瞄准！"欣茨大喊："开炮！"279毫米主炮喷出火球。

英舰连忙还击，203毫米炮弹落在德舰周围。伯内特命令驱逐舰扑上去，发射鱼雷。海浪翻滚，英驱逐舰无法到达发射阵位。双方距离约6海里，炮战持续了20分钟。

"谢菲尔德"号巡洋舰受到炮击，损失不大。12时33分，"诺福克"号巡洋舰的上层建筑起火。

"沙恩霍斯特"号中了几发炮弹。雷达报废了，5艘驱逐舰队不在身边，风暴太大，正在巡逻的德国潜艇在这种条件下也无法参战。一旦天色完全黑下来，将完全被动挨打。

贝海军少将只好甘拜下风，一艘没有雷达的德国战列巡洋舰，和拥有先进雷达的英舰队较量，只能躲避了。

13时，5艘德驱逐舰还在夜空中向南搜索，与JW-55-B护航运输队距离为10海里。14时30分，贝海军少将通知5艘德驱逐舰返航。

"沙恩霍斯特"号的炮手们离开战位，回到了餐厅。炮手狼吞虎咽地吃着面包。大部分人钻进住舱倒在铺位上。

贝海军少将不敢睡觉，他知道英舰队肯定会在后面跟踪。英"谢菲尔德"号出了故障被迫放弃，"贝尔法斯特"号、"诺福克"号和4艘驱逐舰正用雷达跟踪。由于"沙恩霍斯特"号航速很快，贝海军少将下令减速，准备掉头炮击英舰，再甩掉英舰。

然而，英舰始终躲在夜幕中。贝海军少将非常生气，英舰没有开火，肯定是在等待援兵。

15时30分，贝海军少将忧虑地望着航海图。几个小时前，德国侦察机发现了弗雷泽的舰队。弗雷泽的航线正好与"沙恩霍斯特"返航的路线相遇。

天空漆黑一团，极地风暴肆虐，海浪汹涌。贝海军少将命令瞭望哨提高警惕。

伯内特死死地盯住了贝海军少将，不断向"约克公爵"号报告着贝海军少将的位置。弗雷泽在航海图上找到了德舰。16时17分钟,弗雷泽的雷达兵发现了"沙恩霍斯特"号,相距22海里。

"约克公爵"号全速向"沙恩霍斯特"号扑去,"约克公爵"号的356毫米主炮转向右舷,由于有炮瞄雷达,可以进行瞄准。16时30分,双方距离12海里。16时40分,"贝尔法斯特"号向"沙恩霍斯特"号发射照明弹!

几分钟后,照明弹把"沙恩霍斯特"号照得通亮。

贝海军少将不知道英舰在哪个方向,欣茨命令左舷高射炮开火,击落伞上的那颗照明弹。

几分钟后,"约克公爵"号开火了。贝海军少将发现了"约克公爵"号舰炮喷出的闪光,方位190度。"沙恩霍斯特"号的前主炮立即向右转35度,"约克公爵"号的6颗356毫米穿甲弹在"沙恩霍斯特"号周围爆炸了。

贝海军少将通过望远镜,寻找着右方的海面,终于出现了"约克公爵"号的影子。

"哇!敌战列舰!左舵!左舵!"贝海军少将大喊。

"沙恩霍斯特"号向东撤退。贝海军少将向邓尼茨拍发电报:"我舰正与敌战列舰交战!"

"沙恩霍斯特"号高速撤退,躲避右侧"约克公爵"号的炮火。"沙恩霍斯特"号的左侧是伯内特的舰队。当第一颗照明弹的光亮快熄灭时,从北面和西面又升起两颗照明弹,使"沙恩霍斯特"再次暴露了。

"沙恩霍斯特"被英舰队包围了,只能靠速度甩掉弗雷泽了。"快速前进!"贝海军少将大喊。

通过英舰炮口的闪光,德舰航海官绘制了英舰队的运动曲线。贝海军少将看到伯内特的巡洋舰队在北面约10海里处与"沙恩霍斯特"号平行航行。舰尾偏南方是弗雷泽的"约克公爵"号战列舰、"牙买加"号巡洋舰和 4 艘驱逐舰。

"沙恩霍斯特"号的航速达到 31 节，仍未逃出"约克公爵"号的射程。随着巨大的爆炸声，"沙恩霍斯特"号的一座主炮中弹。几分钟内，大火烧到了另一座炮塔。炮塔下面的弹药舱涌进冰水，运弹兵跳进弹药舱，抢运弹药。大火被扑灭了，但一座主炮瘫痪了。

"沙恩霍斯特"号边战边退，用另一座前主炮和尾主炮炮击英舰。每次转向，"沙恩霍斯特"左舷的副炮都同时齐射。

"约克公爵"号中了几发主炮炮弹，主桅被打断。但"约克公爵"号继续追击，一颗 356 毫米炮弹炸开了"沙恩霍斯特"号尾部的甲板，大火烧着了上层建筑。

"约克公爵"号赶尽杀绝，向"沙恩霍斯特"不断发炮。"沙恩霍斯特"号前主炮炮手已经无法发炮。几门 150 毫米副炮被炸碎了，炮手们伤亡惨重。一颗炮弹钻入 1 号锅炉舱，炸断了蒸汽管。

舱面寒风刺骨，锅炉舱里滚沸的蒸汽把光着膀子、汗水湿透全身的锅炉兵烫得无处可躲。

"沙恩霍斯特"号速度降低到 25 节、10 节。机电长奥托·科尼格冲进锅炉舱，与助手一同堵死了蒸汽管。很快就恢复了航速。"沙恩霍斯特"号终于逃出了"约克公爵"号的射程。

18 时 30 分，贝海军少将盯着海图，准备逃向北角和阿尔塔峡湾之间的秘密锚地。"沙恩霍斯特"号上层建筑遭受重创，到处都是死伤的官兵。但战舰水线以下没有受伤，仍然以 26 节高速航行。

不久，左舷方向出现两艘英国驱逐舰，它们是英国驱逐舰"索马斯"号和"野人"号，正以 30 节高速追击。"沙恩霍斯特"号尾主炮胡乱射击，左舷副炮也胡乱射击。

此时，右前方约 2 海里处，英国驱逐舰"蝎子"号和"斯托尔德"号挡住了"沙恩霍斯特"号。英国舰队围上来了。

第二章 名舰之梦

"右满舵!"欣茨大喊。"沙恩霍斯特"号向右转向,刚掉头朝南,"蝎子"号和'斯托尔德'号在2000码距离上各发射了8枚鱼雷。

欣茨成功地使"沙恩霍斯特"号躲开了15枚鱼雷,但舰桥仍被一枚鱼雷击中,"沙恩霍斯特"号猛烈地摇晃起来。

"索马斯'号和'野人'号冲到"沙恩霍斯特"号右舷一海里处,冒着炮火,发射了12枚鱼雷。有3条鱼雷击中了"沙恩霍斯特"号的首部、中部和尾部。

冰水从十几个破口处涌入舱内,把舱内的舰员当场淹死。舰体上燃起了大火,把舰体上的海水烧得滚沸。舰员们在浓烟滚滚的通道上胡乱地奔跑。主机舱中,海水冲进底舱,使"沙恩霍斯特"号突然倾斜。

排水泵把成吨的海水排走,20分钟后,控制住船体的倾斜。排水速度大于破口进水的速度。

"沙恩霍斯特"号的航速维持在22节,19时,"约克公爵"号赶来,用356毫米主炮一阵狂轰。

"沙恩霍斯特"号变成了一艘火船。甲板上,死尸横七竖八,连炮管都变成了血色,挂着残肢,整条船都被烈火包围了。

贝海军少将命令运弹手把279毫米炮弹运到舰尾,用尾主炮反击。5海里外,"约克公爵"号不断地发炮。更多的海水冲进舰内,排水泵显得力不从心了,航速降为15节。

"沙恩霍斯特"号航速降低为10节。19时11分,贝海军少将收到邓尼茨的电报:"潜艇部队和驱逐舰部队正赶往战场。"

贝海军少将随手扔了电文稿,这时"沙恩霍斯特"号只剩下两三门副炮了。弗雷泽命令各舰散开,让携带鱼雷的军舰击沉德舰。

英"牙买加"号巡洋舰和4艘驱逐舰冲了过来,19时30分,"沙恩霍斯特"号舰体倾斜,欣茨下令"弃舰!"

只有几百名舰员爬上倾斜的的主甲板,许多舰员被大火和海水堵在舰内，无路可逃。

英海军的 3 艘巡洋舰和 8 艘驱逐舰监视着"沙恩霍斯特"号。"凑巧"号、"泼妇"号、"步枪手"号和"无比"号驶入近前，用机枪扫射。

"沙恩霍斯特"号左舷栏杆漫水，舰首开始下沉，以 3 节的航速航行着。几百名德军舰员在北极的冰水中挣扎着，躲避海面上燃烧的油火。英舰发射了鱼雷，鱼雷击中了"沙恩霍斯特"号，爆炸的威力将在海水中苦苦的挣扎的德舰员抛向天空。

19 时 45 分，"沙恩霍斯特"号沉入大洋深处。

英军舰纷纷营救落水的德舰员，只救出 36 名冻僵的水兵。德舰水兵们痛苦地哼着古老的歌:《水兵的坟墓上不会开出鲜花》。

"提尔皮茨"号

乌云是"提尔皮茨"号的保护神。

1942 年 1 月 17 日，英国海军情报部门得知，德海军的"提尔皮茨"号战列舰已从德国基尔港到达挪威阿尔塔峡湾的特龙黑姆港。

丘吉尔下达指示，"击沉或者击伤它，是当前英国海军一件最大的战略任务。"

"提尔皮茨"号是"俾斯麦"号战列舰的姐妹舰。1941 年，"俾斯麦"号进军大西洋，把英国战列巡洋舰"胡德"号击沉，重创英国战列舰"威尔士亲王"号。

英国海军集结包括航空母舰在内的 46 艘军舰，前堵后截，把"俾斯麦"号团团围住，用无数发炮弹、航空炸弹和 30 多条鱼雷才把它击沉。

"提尔皮茨"号战列舰排水量高达 4.17 万吨，航速 30 节，装有 8 门

381毫米主炮。

"提尔皮茨"号停泊在挪威北部的阿尔塔峡湾，峡湾位于斯堪的纳维亚山脉深处，整日浓雾笼罩。峡湾向海的一侧设置了水雷区和防潜网，还有往返巡逻的巡逻艇。

德军在峡湾沿岸配置了很多高射炮。"提尔皮茨"号的周围设置了3道防鱼雷网。

1942年，英国海军多次出动航空母舰，由于"提尔皮茨"号的装甲太厚和不断施放烟幕，行动都失败了。

10月，英国出动人操鱼雷攻击"提尔皮茨"号，"提尔皮茨"号受到重创，经过修复又恢复了战斗力。

这时，英国海军想起了继"鱼雷"之后研制成功的"X"型袖珍潜艇。

"X"型袖珍潜艇长14.6米，直径1.7米，甲板最高处为1.38米，重39吨，在水面利用汽车发动机带动螺旋桨前进，在水下由蓄电池组带动电动机，从而带动螺旋桨前进。

"X"型袖珍潜艇有4个水密舱室，第1水密舱装蓄电池组；第2水密舱是逃生舱；第3水密舱是艇长、技师和舵手的控制室；第4水密舱是主机房。

艇的两舷装有2吨可分离的烈性炸药，炸药上装有定时导火索。

潜艇的出发日期为9月11日，袖珍潜艇攻击日期为9月22日。

英国海军派出6艘"X"型袖珍潜艇，X-8号出现故障被击沉，X-9号、X-10号被盗了。

9月20日，1艘潜艇拖引X-7号、X-6号、X-5号袖珍潜艇到达攻击海域。

X-6号的艇长卡梅伦年仅26岁；X-7号的艇长普莱斯年仅22岁；X-5号的艇长克里尔号称澳大利亚之虎。

英国海军制定的预定方案为：9月26日夜，3艘"X"艇驶过水雷区，向南航行，21日白天通过斯特杰恩海峡，黄昏到达阿尔塔峡湾附近，再向南航行，在勃拉特荷姆群岛附近充电。天黑后驶入阿尔塔峡湾。为了保证3艘"X"艇都能攻击"提尔皮茨"号，不准在22日1时以前发动攻击。攻击应在22日5时至8时进行，爆炸时间为8时30分。

X-6号于4时45分到达关闭的水下栅栏，它追随1艘巡逻舰通过了栅栏和防潜网。

由于潜望镜脏了，X-6号下潜18米，擦净潜望镜，继续航行。7时05分，X-6号靠近"提尔皮茨"号附近的防雷网。

卡梅伦无法通过防雷网时，防雷网自己打开了网门。原来，德军的小船和拖船将从防雷网进出。

X-6号随小船进入了防雷网，卡梅伦向"提尔皮茨"驶去时，X-6号突然搁浅在礁石上，只好上浮。

"提尔皮茨"号的舰员们误以为是一条浮出海面的海豚。X-6号下潜后，在距离"提尔皮茨"号73米处搁浅，再次上浮。

这一次，舰上的水兵看清了X-6号，机关炮和深水炸弹像雨点一样砸向X-6号。

X-6号紧急下潜，电罗经被打坏了，潜望镜也进水了，但仍继续向敌舰潜行。

当X-6号浮出海面准备攻击时，正好到达"提尔皮茨"号战列舰的左舷舰首处，由于距离太近，"提尔皮茨"号的舰炮无法攻击，德舰水兵用轻武器扫射X-6号。

卡梅伦下令毁掉机密的装置，靠近战列舰。X-6号再次下潜，朝"提尔皮茨"的舰底下边钻。由于舰底离海底很近，X-6号钻不进去。

艇员解下两舷的磁性炸药，穿上潜水衣把炸药推进舰底。卡梅伦下令打开阀门，X-6号自行沉没了。

1艘德国摩托艇扑来，4名英国艇员被俘虏。这4名英国艇员没有供出此次行动的目的。

突然，海湾内响起警报声，驱逐舰和各种小型舰艇开始了反潜巡逻，7时36分，"提尔皮茨"号准备启航，转移到安全的地方。

X-7号在脱离潜艇以前，1个水雷的雷索套住了X-7号的拖缆，磁性水雷向X-7号冲来，普莱斯一脚踢飞了水雷。

脱离潜艇后，X-7号于4时通过了水下栅栏，又通过了防潜网，但陷入防雷网。原来，普莱斯想从防雷网下面通过。

德国人把防雷网从水面一直布到海底，X-7号陷入防雷网后，普莱斯下令倒车，又陷入另一道防雷网，不断地上浮和下潜，经过长时间的挣扎，终于逃出了防雷网。

经过这番生与死的挣扎，罗盘和其他机件坏了，X-7号被迫浮出海面。这时，X-7号与"提尔皮茨"号之间不到27米了。X-7号立即下潜，准备再前行26米。但它只航行了18米，就一头撞到战列舰的左舷上。

X-7号立即钻到舰底，挂上两个磁性药筒。起爆的时针指向7时22分。

这时，电罗经坏了，艇长凭记忆向外面逃去。X-7号不停地碰撞防潜网，只好浮出水面，准备从防潜网上撞过去。

X-7号刚刚露面，遭到德军的疯狂攻击。X-7号立即下潜，可是艇体坏了。普莱斯刚逃出艇体，艇体就沉没了。另一个舰员靠逃生装置逃出来了，剩下的两个舰员丧生了。

X-7号逃出的两名艇员也被俘虏了，但他们不肯供出任何情况。

2艘"X"艇上的4个磁性炸药筒几乎同时爆炸了，"提尔皮茨"号被炸起2米多高，又摔回去。

"提尔皮茨"舰的舰长钦佩英国人的勇敢，好生款待英国俘虏。

"提尔皮茨"号爆炸后，在防雷网外侧约457米处出现1艘"X"艇，"提尔皮茨"号的舰炮纷纷开炮。"X"艇是X-5号，被击沉了，4名艇员全部丧生。

"提尔皮茨"舰海水涌入轮机舱和发电机舱，主机被击毁，照明设备和电机装置全部震坏，另外，舰上被炸死12人，伤40人。

"提尔皮茨"号整个冬天都无法参战。

1944年夏季，盟国飞机大规模空袭德国首都柏林。邓尼茨把海军总司令部迁到贝尔瑙郊区。

5月15日晚，"提尔皮茨"号的舰长荣格向邓尼茨报告，英机群又轰炸了阿尔塔峡湾的"提尔皮茨"号。

欧洲大陆的局势十分不妙，盟军正准备在法国西部登陆，德军将被迫发动在法国的大规模抗登陆作战。

希特勒把55个师部署在法国西海岸，命令戈林和邓尼茨一旦盟军登陆，空军和海军不惜一切代价，攻击盟军。

此时，德国空军在法国作战的第3军团，仅剩90架轰炸机和70架战斗机，已经没有多大用处了。

希特勒希望海军多出力。在西线，邓尼茨部署了400多艘舰艇，包括5艘驱逐舰、40艘鱼雷艇、209艘扫雷舰艇、116艘巡逻艇、42艘炮兵驳船。但是，用这些小舰无法与盟军庞大的舰队对抗。

邓尼茨手中的王牌是潜艇群，决定用潜艇战来攻击航渡的盟军舰队。盟军反潜舰队已经严密封锁英吉利海峡，潜艇难以潜入登陆滩头。

但是，击沉1艘满载军火、燃油和其他补给品的舰船，哪怕用1艘潜艇和艇上的几十名舰员去换也值得。在法国海岸上，德国陆军要想使盟军损失同样的物资，就得损失相当于1艘潜艇几十倍的兵力。

邓尼茨下令组织37艘到40艘潜艇，组成潜艇群，准备抗登陆。

"要出动大型舰只吗？"一位参谋问。

邓尼茨摇了摇头，在英国海军和空军的围攻下，"格奈森瑙"号被炸毁，成了一堆废铁，"希佩尔海军上将"号和"科隆"号受到重创，正在大修；"舍尔海军上将"号、"吕佐"号、"欧根亲王"号等舰被炸伤后，躲进波罗的海，不敢动弹。

惟一能派上用场的就是"提尔皮茨"号战列舰了。"提尔皮茨"号只需再修一段时间，就能作战了。

邓尼茨知道，如果把"提尔皮茨"号留在挪威，它能够继续攻击北极海上的英国船只，可以随时出现在北海，能够牵制英国海军的大量兵力；派"提尔皮茨"号南下法国抗登陆太愚蠢了，英国海军会把"提尔皮茨"号炸沉，再腾出对付"提尔皮茨"的兵力用于其他海域；让"提尔皮茨"号返回德国，它就无法出海了，而且会增加英机轰炸德国的次数。

可是，"提尔皮茨"号留在挪威，英国机群还是会轰炸它。

邓尼茨对参谋说："通知荣格抢修'提尔皮茨'号。然后，出海走一趟，吸引英国舰队的兵力，就算完成任务啦！"

当英国海军忙着准备诺曼底登陆战，把数以千计的舰船集结在英吉利海峡时，盟军舰队司令坎宁安抽调英国舰队主力，严密封锁挪威海岸，并出动航空母舰，对"提尔皮茨"号不断地进行轰炸。

4月24日，坎宁安又出动6艘航空母舰，进行轰炸。由于天气恶劣，舰载机难以起飞，才没有轰炸"提尔皮茨"号。

5月15日，27架梭鱼式轰炸机自"胜利"号和"暴怒"号上起飞，在大批海盗式、海火式战斗机的率领下，扑向阿尔塔峡湾。峡湾上空乌云密布，机群投掷了炸弹，但没有成功。

7月17日，坎宁安出动"不倦"号和"可畏"号航空母舰，发动"吉祥物"空袭。94架飞机飞到阿尔塔峡湾上空。

防空炮火非常猛烈，再加上近百部发烟装置喷出的烟雾，抢在英机攻击以前罩住了峡湾。44架梭鱼式轰炸机胡乱地投掷了炸弹，德军1艘油船和1艘拖轮被炸沉，"提尔皮茨"号幸免于难。

8月22日，坎宁安出动5艘航空母舰，98架舰载机分成两个机群，轮番攻击"提尔皮茨"号。烟雾笼罩，防空炮火猛烈，"提尔皮茨"号的损失轻微。

坎宁安非常恼火。此时，盟军在诺曼底登陆成功。150万盟军向法国巴黎扑去，一鼓作气，攻下了巴黎。太平洋战场传来捷报，日海军在马里亚纳海战中惨败，美海军锐气十足，准备攻打菲律宾。

英国海军竟然被"提尔皮茨"号绊住了后腿，使坎宁安无计可施。

坎宁安决心炸沉"提尔皮茨"号，割除"提尔皮茨"号的障碍有两点，一是烟幕，二是"提尔皮茨"号的装甲。

只需安排巧妙，空袭时英机就能赶在烟雾散开以前轰炸"提尔皮茨"号。"提尔皮茨"号的中部主甲板下，有长约150米的装甲带，其厚度达203毫米，把弹药库，主机舱，主锅炉舱等部位都盖住了。哪怕英机群把"提尔皮茨"号的首尾部分炸毁，它也照样不沉。

坎宁安叫参谋们想办法。参谋们说：只要"提尔皮茨"号出港，就用鱼雷机把它击沉。可是，"提尔皮茨"号非常机警，就是不出来。阿尔塔峡湾水很浅，两岸还有陡峭的悬崖，鱼雷机无法攻击"提尔皮茨"号的水线以下薄弱部分。

梭鱼式用720公斤的穿甲弹进行轰炸，几次空袭已经证明，无法炸沉它。最好的办法就是用特制的炸弹进行轰炸。

9月初，坎宁安请英国空军帮忙。皇家空军派第5轰炸机部队的第617飞行中队出马，去炸沉"提尔皮茨"号。

第617飞行中队由重型轰炸机组成，以擅长轰炸而名扬盟国。第617飞行中队曾炸毁过几座大坝和潜艇洞库。

一架"兰开斯特"式轰炸机投掷的5.5吨重的特制炸弹，能够穿透厚厚的钢筋水泥层，在地下爆炸。中队长泰特中校认为，只要在高空投弹，用5.5吨的特制炸弹就能炸沉"提尔皮茨"号。

第617飞行中队的轰炸机的投弹装置上，全部安装了炸弹自动瞄准器，能够进行"超前计算"，命中率很高。1944年秋季，为了炸沉"提尔皮茨"号，英国空军派第9飞行中队，配合第617飞行中队一起行动。

自苏格兰飞往阿尔塔峡湾再返航，"兰开斯特"式重型轰炸机的燃油不够。英国空军请苏联空军帮忙，苏联空军为第617飞行中队提供雅戈德尼克机场。雅戈德尼克位于苏联的阿尔汉格尔附近，距离阿尔塔峡湾只有1000公里。在"兰开斯特"式重型轰炸机的作战半径之内。

9月10日，第617和第9飞行中队出动36架飞机，飞往沃西默思。它们加满油后起飞，爬上高空飞过北海。由于飞行员地形不熟，一些飞机失散了。11日黎明，23架"兰开斯特"式重型轰炸机到达苏联的雅克德尼克机场，当天，7架飞机陆续降落。剩下的6架，下落不明。

几天来，恶劣的天气使"兰开斯特"式轰炸机无法起飞。9月15日，27架飞机升空，其中21架弹舱朝下凸出很多，舱内装有5.5吨重的炸弹。另外6架挂有两颗182公斤炸弹，专门破坏"提尔皮茨"号的水线以下部位。

机群飞到4800米高空，飞越白海，向西北飞去，扑向挪威海岸。4小时后，它们离阿尔塔峡湾不远了。距离"提尔皮茨"号还有50公里，泰特的座机一马当先，下降到3350米的高空。

27架"兰开斯特"式飞机分为4个小队，每7架飞机为一小队，最后一队只有6架飞机。4个小队的间距为1600米，依次冲进阿尔塔峡湾。悬崖上的瞭望哨早已报警，泰特刚飞入阿尔塔峡湾上空，就发现锚地周围的黑烟正在翻滚。当进入轰炸航向时，"提尔皮茨"号上的36门防空炮，岸上的93门防空炮纷纷射击，在天空中组成了一道道防线。

德国炮手边打边校正防空炮，很快，英轰炸机附近都是炮弹爆炸的硝烟。

泰特到处张望，想发现炮弹从哪里射出来的，好找到"提尔皮茨"号。可是峡湾漆黑一团，看不见"提尔皮茨"号上的防空炮口的闪光。

飞机不断地震动，投弹开关已经打开，只需按动一下投弹按钮，就能投弹了。

在烟云中，泰特隐约发现一棵高大的桅杆。泰特立即率队扑了过去，瞄准桅杆投掷了5.5吨重的特制炸弹。

炸弹消失后的瞬间，一道大烟柱冲出烟雾，直朝上窜。

随后跟来的轰炸机无法瞄准，纷纷打开炸弹舱门，把炸弹投进峡湾。在阵阵爆炸声中，机群向雅戈德尼克机场飞去。27架"兰开斯特"式重型轰炸机都安全返航，依次追上泰特的飞机。

泰特有些遗憾，千里迢迢绕道苏联发动的空袭，就这样稀里糊涂地结束了。泰特希望能有几弹命中，至少是他投下的那颗炸弹。

事实上，泰特投掷的那颗炸弹击中了"提尔皮茨"号的锚链舱附近。钻入舰内，在艏柱后部10.6米处爆炸，把右舷炸开100多平米的大洞。上甲板被炸得朝外翻卷，舰首吃水增加2.4米。为了避免沉没，舰长荣格下令向舰尾注水。结果，"提尔皮茨"号的进水量达到1500吨。

其他重型轰炸机投掷的炸弹没有效果，最后一队投掷的炸弹，落在"提尔皮茨"号以南1500米处。强烈的震动和冲击使"提尔皮茨"号的主推进器受创，大量光学仪器和火控设备被震毁。

阿尔塔峡湾集中了大批优秀的造船工程师。他们登上"提尔皮茨"号认真地检查伤情。他们向荣格提交一份报告：若不受干扰，用9个月的时间能够修复"提尔皮茨"号。

荣格将伤情报告给邓尼茨。此时，德军正在欧洲战场上节节败退。盟军占领了比利时重镇安特卫普和首都布鲁塞尔，苏联军队进军芬兰，一支盟国先头部队，将战火推到德国边界。

9月23日，邓尼茨命令荣格：不要再修了，想办法把它开往特罗姆塞，当海岸浮动炮台使用。

特罗姆塞位于阿尔塔峡湾西南，距离约160公里。德军准备在特罗姆塞抵抗盟军在挪威登陆。"提尔皮茨"号的舰炮很猛，能够封锁住出入峡湾的航道。

荣格马上赶到特罗姆塞,在林根峡湾为"提尔皮茨"号找到了新的安身之地。锚地背倚哈科依岛,另一端水域开阔,便于射击。水深只有12米,海底是岩基,"提尔皮茨"号吃水为11米。一旦被盟军的飞机击沉,"提尔皮茨"号下降两米就能停在岩基上,不会影响舰炮射击。

10月15日,从特罗姆塞派来4艘大拖轮。4艘大拖轮驶进阿尔塔峡湾,驶过反潜网和防雷栅,拖拽"提尔皮茨"号。

"提尔皮茨"号升旗鸣笛,向避难3年的阿尔塔峡湾依依惜别。舰首的破洞已经焊好,在拖轮的前拖后推下,"提尔皮茨"以7节航速离开了阿尔塔峡湾。

到达开阔海面后,"提尔皮茨"号驶过狭窄的斯特杰恩海峡,夜间驶过马尔尼岛和范尼岛,穿越林伐胥岛和南克伐吕岛之间的航道,到达巴尔斯峡湾。

小镇特罗姆塞位于峡湾深处,"提尔皮茨"号驶入林根湾,安全到达哈科依锚地。

抛锚后,荣格立即在岛上组织防空力量,同时加紧设置防雷栅。半个月后,荣格突然发现,新锚地并不好。经过进一步勘察,防雷栅中的水深竟达17米,海底淤泥下面是砂层,并不是岩基。可见,"提尔皮茨"号一旦进水,就有沉没的危险。

但是,"提尔皮茨"号又不能移位,移位后舰炮无法封死特罗姆塞的出海口。荣格与城防司令再三磋商,终于调来几艘挖泥船和驳船,准备用2.8万立方米的石头,把锚地填高。

回到英国后,泰特向司令部汇报了空战经过。英国空军和海军派侦察机到阿尔塔侦察,一连几天,侦察机都没有拍照成功。

直到9月20日,一架侦察机才拍到"提尔皮茨"号的照片。战列舰的舰首十分模糊,可见,"提尔皮茨"号没有受重伤。

10月15日,"提尔皮茨"号刚离开阿尔塔峡湾,就被英侦察机发现了。当时，北极海域没有英舰活动。坎宁安立即派"怨仇"号航空母舰出马。

10月18日，"怨仇"号搭载21架轰炸机和11架战斗机，到达特罗姆塞以西120海里海域。4架战斗机前去攻击巴杜福斯机场。

7架战斗机负责搜索挪威海岸。很快，在哈科依，英战斗机发现了"提尔皮茨"号。7架战斗机冒着密集的高射炮火，拍摄了"提尔皮茨"号。

"怨仇"号舰长是麦金托什，向坎宁安要求用轰炸机进行轰炸。

坎宁安拒绝了。"怨仇"号搭载的战斗机太少，不能同时担负为轰炸机护航和保护航空母舰的双重任务。一旦德机反攻，轰炸机和航空母舰都很可能遭受重创。

在德国败局已定的时候，坎宁安想保存英国海军的实力，不想冒险了。

同一天，一架蚊式侦察机飞到哈科依上空，拍摄了大量的照片。飞机被炮火击伤，艰难地飞越挪威海，回到英国。

大量的侦察活动证明，哈科依锚地在兰开斯特式重型轰炸机的作战半径之内，不用再绕道苏联了。

第617和第9飞行中队立即抓紧时间改造，卸下中舱顶上的机关炮，安装300加仑的油箱，用1620马力的发动机代替1460马力的发动机。

"兰开斯特"式重型轰炸机经过改装后，大大增加了续航力，能够直飞特罗姆塞了。

10月29日清晨，32架重型轰炸机自英国的沃西默思基地出发，去轰炸"提尔皮茨"号。泰特把机群分为4个小队。锚地没有烟幕，但西风吹来大片乌云，盖住了"提尔皮茨"号。

"提尔皮茨"号只遭到一颗炸弹的攻击，距离左舵约15米。

英机撤退时，一架重型轰炸机被防空炮击中，它飞往瑞典迫降。

一连十几天，哈科依上空乌云密布。林根峡湾内，巡逻艇不断地巡逻，驳船忙着运送碎石。

英国重型轰炸机投掷的炸弹把锚地炸得坑坑洼洼，到11月11日，填垫工程完成了一半。

荣格通过邓尼茨与德国空军交涉，结果德国空军把一个战斗机中队自芬兰调到特罗姆塞附近的巴杜福斯机场，负责掩护"提尔皮茨"号。

荣格疏散了舰员，航海部门、机电部门只有很少的舰员值班，大部分舰员和伤员转移上岸。舰上的鱼雷、航空汽油和飞机备件，全部搬走。只有枪炮和观测部门满员坚守岗位。

12日清晨，天放晴了。荣格不停地咒骂，他喜欢阴天，乌云是"提尔皮茨"号的保护神。天刚放晴，"贼鹰"就来下蛋啦！

8时左右，雷达站发现一架英轰炸机飞越博多。15分钟后，3架英轰炸机飞越莫绍恩。荣格请求巴杜福斯空军基地出动战斗机拦截。但是，基地司令以英机作战企图不明为由，拒不出动战斗机。

英机群是泰特率领的29架兰开斯特式轰炸机。英机全部单独飞行，没有编队，以造成侦察机的假象。8时30分，轰炸机群在特罗姆塞集结，编为4队，在3270米高空上，向"提尔皮茨"号扑去。

荣格下令升起了蓝白相间的信号旗。炮手各就各位，脱去主炮、副炮和防空炮的炮衣。炮膛中装好了炮弹，炮口瞄准东南天空。9时5分，雷达荧光屏上发现一大群亮点，距离只有75海里。

荣格请求巴杜福斯空军基地出动战斗机支援，基地司令以保护机场为由，拒绝支援。20分钟后，巴杜福斯空军基地才出动飞机。9时27分，"提尔皮茨"号上的瞭望哨发现英机，距离只有25海里。

发烟装置开始喷放烟幕。林根峡湾水面宽阔，不像阿尔塔峡湾的两岸有悬崖，浓烟被吹散后，"提尔皮茨"号露了出来。9时38分，英机飞进主炮射程，距离13.5海里。A、B主炮塔同时发炮，把720公斤的巨型炮弹射向英机群，在英机附近炸开烟团。距离9.5海里时，150毫米副炮和

105毫米防空炮纷纷开火。它们的射速快,火力密集。英机继续靠近。

3分钟后,第一队英机飞抵锚地上空。5.5吨重的特制炸弹纷纷坠落。前几次,烟雾笼罩,荣格和炮手们看不清英机是如何投弹的。这一次,荣格和炮手们仰望天空,天空中出现了多个小黑点,越变越大。

瞬间,荣格被一颗颗巨型炸弹吓呆了。突然,两颗炸弹落在湾内爆炸。两根水柱升空,水柱还未落下,舰体在剧烈震动,炸出一道道炽烈的强光。

荣格跑进防护板下边,甲板上传来无数大铁块坠地时发出的咚咚声。

一颗炸弹落在B炮塔附近,把B炮塔炸碎,许多铅球大的碎块飞进3海里外的特罗姆瑟市区。一颗炸弹穿透水上飞机的弹射轨道,钻进左舷锅炉舱上面的甲板,把左舷外板炸开大洞,长达14米。海水涌进左舷主锅

穿过云层的"兰开斯特"式轰炸机

炉舱和主机舱,舰体立即向左倾斜。

两队英机接连投掷,炸弹纷纷扑向"提尔皮茨"号。第3颗炸弹把左舷3号副炮炸得大开。第4颗炸弹落在左舷2号副炮附近,摧毁了2号副炮和弹药室,炸毁了左舷的2号锅炉舱。

第4队英机到达时,翻滚的浓烟和从锅炉中窜出的蒸汽盖住了锚地。英机胡乱投弹,无一命中。

这时,"提尔皮茨"号左舷中部有67米长的地方大量进水,舰体不停地向左倾斜。

9时45分,荣格下令弃舰。在甲板上,右舷炮的机关炮手打红了眼,仍在向天空疯狂扫射。可是,"兰开斯特"式的飞行高度远远超过机关炮的射程。

不到55分钟,左倾达70度。击中左舷3号副炮处燃起熊熊大火,大火烧到C炮塔的弹药库。一连串大爆炸炸碎了C炮塔。当烈焰翻滚上升时,"提尔皮茨"号的上空布满了钢块、碎片和肢体,很快又落入水中。

9时52分,"提尔皮茨"号左倾135度,沉入海底。荣格舰长下落不明。

在德国海军司令部内,邓尼茨失眠了。德国海军最后一艘王牌战列舰沉没了。他一向偏爱潜艇,瞧不起笨拙的战列舰。后来,他当上海军总司令后,对巨舰大炮的威力深有感触。

"提尔皮茨"号没有参加过一场真正的海战,从它下水到沉没,连一艘小型舰艇都没有击沉过。但是,作为王牌战列舰,"提尔皮茨"号立下了大功。

德国空军之所以能够在北极上空攻击英国的运输队,最主要的原因就是由于"提尔皮茨"号出现在北极海域,英国海军不敢派护航舰艇为运输队护航。

为了对付"提尔皮茨",英国海军出动了大批战列舰、航空母舰、巡洋舰和驱逐舰,对"提尔皮茨"号前堵后截,狂轰滥炸。

英国空军出动了200架飞机、海军共出动了400架舰载机,对"提尔皮茨"进行了13次大规模空袭。

英国人这种不屈不挠的倔劲,令德国人生畏。

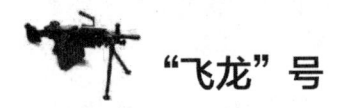

"飞龙"号

山口和加来重新登上"飞龙"号,向多年来追随他们的舰员们挥手诀别。

1942年6月4日,在中途岛海战中,南云的突击舰队损失了"加贺"号、"赤城"号、"苍龙"号航空母舰。在山口多闻的出色指挥下,"飞龙"号航空母舰在79架美机的攻击下,躲避了20条鱼雷、70颗炸弹,竟没有受伤。

南云突击舰队只剩下"飞龙"号1艘航空母舰了。日海军反击的最后希望,落在"飞龙"号舰长山口多闻少将的身上。

山口舰长难过地说:"你们是突击舰队仅存的飞行员了。"飞行员们不敢相信,8分钟以前,南云舰队对美国舰队的挑衅,还胜利在望;但在转眼之间,竟损失了3艘航母。

山口是个狂热的法西斯主义者,是个头脑清晰的指挥官,知道日海军的败局已定,他只想抓住战机为3艘姊妹舰复仇。

10时40分,18架俯冲轰炸机和6架"零"式战斗机,在"飞龙"号飞行分队长小林道雄的率领下起飞。

小林率着机群寻找美舰队。不久,小林发现几架美舰载机正在返航,命令飞行员们跟踪美机。

当小林的机群找到美舰队后,"约克城"号的雷达发现了一个日机群在 45 海里外正向它飞来。"约克城"号的舰长巴克马斯特立即发出信号，要求各护卫舰艇组成 V 形队以对付日机群的攻击。

"阿斯托利亚"号巡洋舰和"波特兰"号巡洋舰立即将航速超过 30 节，来到"约克城"号的两侧，美驱逐舰连忙赶到巡洋舰的外围防御。

战斗机指挥员佩德森出动 12 架野猫式战斗机，同时向第 16 特混舰队请求支援。斯普鲁恩斯从旗舰的 16 架警戒机中抽出 6 架前去增援，由布拉斯菲尔德率领。

日机群刚飞到 15 海里外时，美战斗机群扑了上去。于是，6 架机动灵活的零式战斗机和野猫式战斗机群展开了空战。

双方一边展开激烈的空战，一边向"约克城"号靠近。等日机到达"约克城"号上空时，小林只剩 14 架飞机了。日军轰炸机立即分成若干小队，向"约克城"号发起报复性空袭。

布拉斯菲尔德率领的 6 架野猫式只剩自己的 1 架，而且被 3 架零式战斗机围攻。布拉斯菲尔德瞄准 3 架日机中的长机，在仅 300 米的距离上射击。日机中弹了，像树叶一样坠落。

布拉斯菲尔德逃到左边，在仅 150 米的距离朝 1 架日军轰炸机疯狂射击。日机在他的座机附近爆炸，震得座机摇摇晃晃。1 架日机向云层逃窜，又被布拉斯菲尔德击落。

只有几架日机逃出野猫式战斗机的围攻。"约克城"号的炮手们紧紧地盯住日机。日轰炸机以单机依次扑来，等日机俯冲时，美舰炮手们纷纷开火，日机第一架俯冲下来的轰炸机被炸成数段，掉至"约克城"号右舷后边的海中。

日机投掷的炸弹击中离"约克城"号的 4 号炮座不足 6 米的甲板上，炸死 17 人。舰员们立即接替死去的炮手们，继续对空射击，但火力已不如以前准确了。

1 颗炸弹把甲板中部炸开 3 米多的大洞，机库里的 3 架飞机燃起大火。

其中的 1 架飞机加满了航空汽油，挂着 1 颗 1000 磅重的炸弹，情况紧急。

埃默森上尉马上打开消防喷水装置，把大火扑灭，舰员们这才松了一口气。

第二架日机刚刚投弹完毕，就被防空炮火打碎了。日机投下的炸弹入水后爆炸，炸弹的弹片杀死了后左舷炮的几个炮手。

1 个日机小队从左边向下俯冲，其中 1 架飞机投掷了 1 枚穿甲弹。这颗穿甲弹穿过副舰长办公室，穿过飞行员的待机室，最后在航空母舰的烟囱里爆炸了。

爆炸导致锅炉熄火，又把 1 号、2 号和 3 号锅炉的升烟道炸坏。航空母舰的航速下降到 6 节左右。十几分钟后，"约克城"号丧失了动力。

与此同时，第三颗炸弹穿过 1 号升降机井，在舱下第 4 层甲板上爆炸，堆放破布的舱内燃起大火，隔壁就是汽油库和弹药舱。

奥尔德里奇马上率消防人员用水龙头和消防斧把破布舱内的大火扑灭了。

舰上的木工们把木料抬到飞行甲板上，只用 25 分钟就修好了飞行甲板。

在德拉尼少校的率领下，轮机兵和锅炉工冒着令人窒息的炽热、烟雾，随时都可能被炸死的危险，迅速使"约克城"号动了起来。

护卫舰把"约克城"号围住，每艘护卫舰上都爆发出阵阵欢呼声。

经过两个多小时的努力抢修，"约克城"号又可以参战了。

随着抢修工作的继续，蒸汽的压力逐渐上升，"约克城"号的航速不断提高。14 时 37 分，"约克城"号的航速达到 19 节。

在这次空袭中，日军损失了 3 架战斗机和 13 架轰炸机，小林也被击落了。

根据返回的轰炸机飞行员的报告，山口得知，那艘航空母舰至少中了两颗炸弹，受重伤了。

1 架日侦察机返航时，发现"苍龙"号快沉没了，改在"飞龙"号上降落。飞行员被传到山口面前,他对山口说:"发报机出现故障,无法报告,我连忙回来报告,美舰队有'企业'号、'大黄蜂'号和'约克城'号3艘航空母舰!"

山口决定发起第二次空袭,命令友永率队突击。

友永的座机左机翼油箱被击穿了,只能在右油箱里加油。他驾驶这架飞机,只能有去无回。友永对地勤人员说:"没关系,请把左油箱卸下来吧,把右油箱加满!"

12点45分,16架日机相继从"飞龙"号上出发。人们望着飞机远去,每个人都静默地站在那里,热泪夺眶而出。

友永率队在空中寻找了2个小时,没有找到目标。友永正在着急时,忽然发现了一支美军舰队,其中有一艘航空母舰。它正是负伤的"约克城"号。

友永指挥机群迅速扑向敌舰。几分钟后,零式战斗机率日鱼雷机,冒着密集的防空炮火,飞到"约克城"号上空。

"约克城"号的上空布满了对空射击爆炸后的碎弹片,就像下黑雪一样。几架日鱼雷机在被击落以前投弹了。海面上出现了一条条鱼雷航迹。"约克城"号吃力地躲避着鱼雷的攻击,"约克城"号一会儿向右倾斜,一会儿向左倾斜,躲开了两条鱼雷。

14时43分,一条鱼雷击中了"约克城"号左舷的中部,几乎同时,另一条鱼雷也击中了左舷。鱼雷掀起巨大的水柱,航速减低,舰上的防空炮突然停止了射击。

左舷燃油舱被炸漏,3个锅炉舱和前发电机房涌进大量海水,导致全舰停电,照明和舰内通信瘫痪。操纵台无法使用,舰舵也无法使用,航空母舰停在海面上,向左舷逐渐倾斜。

10分钟后,"约克城"号的倾斜达到26度,飞行甲板的边缘快接触海面了,当时海浪很平静。

燃油舱流出来的燃油向航空母舰上蔓延，形成危险的油膜，一点火星就能变成大火。航空母舰上只剩6架飞机。

14时55分，舰长巴克马斯特下令升起蓝白色"弃舰"旗。舰员们把伤员们轻轻地吊下去。

很多舰员主动跳进海里，援助不会游泳的人。

护卫舰守在"约克城"号的周围，不安地等待着，担心起火。

在第二次空袭中，4架鱼雷机和3架战斗机返航。友永驾驶鱼雷机冲到弹雨中，向"约克城"号发射了鱼雷，他的飞机也被击碎了。

这时，"飞龙"号仅有6架战斗机、5架俯冲轰炸机和4架鱼雷机了。

舰员们和飞行员们已经筋疲力尽，"飞龙"号已经遭到79架美机的空袭，躲避了20条鱼雷和70颗炸弹。

山口下令黄昏时再战，给美舰队以最后的攻击。山口认为他已经重创了2艘美航空母舰。第一次攻击，轰炸机报告说1艘航空母舰受重创，第二次攻击又报告1艘航空母舰受重创。山口对两次攻击的战果很满意。

"飞龙"号上所有的飞机都做好了起飞的准备，舰员们高呼："报仇雪恨！"

15时45分，美舰队的"企业"号航空母舰出动24架俯冲轰炸机，其中11架挂重达1000磅的炸弹，13架飞机挂重达500磅的炸弹。

15时50分，美机群扑向"飞龙"号。

17时，"飞龙"号的舰员们正在吃年糕团，美俯冲轰炸机群已经靠近"飞龙"号。

17时3分，瞭望哨报告："美俯冲轰炸机群就在上空！"

13架美机向"飞龙"号俯冲。

航空母舰躲开了3颗炸弹，更多的美机向下俯冲，4颗炸弹击中"飞龙"号，爆炸声接连响起，巨大的烟柱冲上天空，甲板被炸得卷起来，烈火在挂好炸弹的日机中间蔓延。

"飞龙"号剧烈地摇晃着,全舰停电。为了避免再次中弹,"飞龙"号全速航行,从舰首至舰尾一片大火,"像发了狂的牛一样奔跑"。

从"大黄蜂"号上起飞的15架美轰炸机向"利根"号巡洋舰和"筑摩"号巡洋舰俯冲轰炸。

21点23分,"飞龙"号停在海面上,逐渐倾斜。由于大量进水,日舰员两次冲入机舱的拼命抢救都失败了。

6月5日2时30分,山口向集合在甲板上的约800名舰员训话:

"我身为战队司令官,对'飞龙'号和'苍龙'号的损失负全部责任。我愿与'飞龙'号共存亡。我命令你们离舰,为陛下继续效忠!"

舰员们忍痛撤向"风云"号驱逐舰。临别前,舰员们从一个淡水桶中倒出淡水,用淡水与山口诀别。

山口向首席参谋伊藤要来一块布,以便把自己绑在舰桥上。加来舰长也决定留下来,山口同意了。

日军"苍龙"号和"飞龙"号航空母舰

山口和加来重新登上"飞龙"号,向多年来追随他们的舰员们挥手诀别。当年,日本海军界普遍认为山口最有资格继任日本联合舰队司令官。在日本海军中,除了山本五十六之外,山口是"最有远见的人"。

根据山口的命令,5时10分,"风云"号和"夕云"号驱逐舰向"飞龙"号发射了鱼雷。

在震耳欲聋的爆炸声后,"飞龙"号缓缓下沉。

"飞龙"号一直到8时20分左右才沉没。

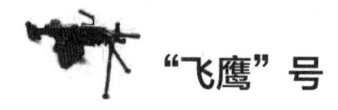

"飞鹰"号

"飞鹰"号航空母舰仍在海面漂浮着,角川看守了一个晚上。

1943年4月末,美潜艇"鳞纯"号奉命离开珍珠港基地,赴东京湾进行战斗巡逻。"鳞纯"号任务是,监视横须贺军港,报告日舰队的动向,攻击日舰船。

5月21日,"鳞纯"号通过潜望镜,本森舰长发现了目标。他看见水面1艘航空母舰在两艘驱逐舰和几架飞机护航下,正驶向东京湾。"鳞纯"号紧跟在日航空母舰后面,希望日舰队改变航向,以发动攻击。可是,由于到了家门口,日舰队没有走反潜航线,而是直接驶入东京湾。本森感到很失望。

第二天,本森通过潜望镜,又发现了一支日舰队。一大群飞机在空中护航,海面上,驱逐舰队护卫着舰队的前方和两侧。

本森不断地下达命令,指挥"鳞纯"号穿插在日舰队的警戒舰之间。

一艘日重巡洋舰驶过"鳞纯"号的艇首,"鳞纯"号的首部鱼雷发射管即将发射。本森突然发现重巡洋舰后边有3艘大型战列舰和1艘航空母舰。它们一旦向右航行，或者中等角度向左航行，"鳞纯"号就可以攻击这些大"猎物"了。

重巡洋舰很快就开过去了。9艘大军舰迎面扑来。忽然，它们改向左行，队形严密。本森望着日舰越走越远。

6月9日0时40分，当"鳞纯"号浮出水面给蓄电池充电时，雷达兵在海面上发现了敌情。本森下令停止充电，向目标水域驶去。很快，"鳞纯"号发现了日舰队。

日舰队高速驶来，原来舰队里有两艘航空母舰。

突然，"鳞纯"号的4台主机中有一台出现故障，曲轴受损。日舰队走Z字反潜航线，朝东行驶。本森命令全速前进。潜艇在海面上疾驰，向日舰队冲去。

"鳞纯"号赶到日舰队的前面占领了最佳攻击阵位，本森命令鱼雷兵测量日舰队的距离和方位。以前，"鳞纯"号都是横向拦截日舰队，从后面追到前面还是第一次。

日舰队又要转向了，"鳞纯"号连忙冲向攻击航向。正在这时，日舰队大转向，向南驶去。

"鳞纯"号好不容易超到日舰队的前方，没有想到又被甩在后面。如果"鳞纯"号开始时不去追赶，而是呆在原海域，就能轻易拦截转向南行的日舰队。本森看着日舰队越走越远。日舰队的航速比"鳞纯"号快很多，但它们走的是Z字航线。

除了一台柴油发动机出现故障外，"鳞纯"号的蓄电池组经过连续16个月的使用，电池容量大大下降。潜艇的潜航时间大大缩短，充电次数反而增加。空气压缩机也有问题了。好几次下潜时，"鳞纯"号都没有充足的压缩空气。没有压缩空气，潜艇将无法浮出水面，无法启动柴油机，无法发射鱼雷。如果柴油机无法运转，发电机就不能发电，蓄电池组也带不动航行推进器，潜艇就不能航行和下潜。

"鳞纯"号急需大修。本森下令离开东京湾，向珍珠港驶去。这次出征只击沉了1艘货船、击伤两艘货船。"鳞纯"潜艇路过横须贺港附近，本森想击沉1艘军舰再回到基地。"鳞纯"号伸出潜望镜，监视着航道。

6月10日19时24分，威拉德·朗发现东京方向的水天线上出现一团黑烟。目标原来是1艘航空母舰，正以21节的速度驶向横须贺港。航空母舰走的是Z字航线，前方两侧各有1艘驱逐舰。"鳞纯"号位于日航母的主航线上。

日驱逐舰的螺旋桨声渐渐逼近，驱逐舰的舰首像尖刀一样直冲了过来，离"鳞纯"号只有几米了。本森紧张得透不过气来。在这么浅的海域，日驱逐舰的螺旋桨会不会穿透潜艇的外壳？他脸色铁青，神情紧张。

日驱逐舰开过去了，本森下令攻击。

本森准备用艇首的6具发射管进行齐射。发射管排成两行，鱼雷兵坐在发射管的操作部位上，盯着鱼雷射击指挥仪的复示器。

很快，鱼雷舱做好了发射准备。

"发射！"

艇首颤抖了几下，6枚鱼雷在海面上冲开几道航迹，向航空母舰撞去。从潜望镜中，本森几乎能够看见母舰的右舷。那是日航空母舰"飞鹰"号，舰长是角川海军大佐。

"飞鹰"号标准排水量为2.4万多吨，长219.3米，宽26.7米，最大航速25节。飞行甲板长210.3米，载机53架，拥有1187名舰员。

"飞鹰"号在离开横须贺以前，角川曾经要求飞机护航，基地答应了角川的要求，但大雾笼罩，飞机不敢起飞。傍晚，浓雾散开，"飞鹰"号想从诧岛和御藏岛中间过去，再回到南岛西侧向南航行。

"飞鹰"号的值日官在右舷1200米处的海面上，发现了几条粗大的雷迹。

"鱼雷！"

日舰员四处张望，在深绿色的洋面上，6条鱼雷正飞驰过来。舰队司

第二章 名舰之梦

令酒卷宗孝海军少将命令驱逐舰攻击敌潜艇；角川大佐向驾驶台下达左满舵的命令。

根据日海军规避鱼雷的条例，在这种情况下，应该右满舵。但是，角川忙中生乱，竟下达左满舵的命令。

日驱逐舰立即返航，投掷深水炸弹。"飞鹰"号朝左转向，正在躲避鱼雷。

第1枚和第2枚鱼雷从"飞鹰"号首部下方冲过，第3枚鱼雷在半路上爆炸了，第4枚鱼雷击中了日航母右舷的下部；第5枚击中了日航母的前半部，但没有爆炸；第6枚击中舰桥下部，这才是最要命的攻击。

第4枚鱼雷只炸坏了锚链舱。第6枚鱼雷炸穿1号锅炉舱和2号锅炉舱，海水涌入两舱，进入3号锅炉舱。锅炉熄火，"飞鹰"号丧失了行动力。

大火卷上舰桥，很多舰员被烧死。一个油舱爆炸，大火四处蔓延，把烟囱附近的甲板烧得变形。

突然，瞭望哨狂喊乱叫着："右舷，鱼雷！""左舷，发现潜望镜！"许多炮手抓起机关炮向海上疯狂扫射。酒卷宗孝下令停止射击。因为胡乱开炮容易误伤护卫舰。由于电力中断，影响了传令，过了很久，各个炮位才停止了扫射。

"飞鹰"号舰头缓缓下沉。舰员们用手排水。1小时后，海水漫过锚链舱。

由于距离太近，日驱逐舰很快就发现了"鳞纯"号。

6枚鱼雷发射出去后，6具发射管很快涌满了海水，但"鳞纯"号的艇首仍比原来轻了822公斤。如果控制不好，潜艇很可能因失控而浮出水面。

比奇一边下令把首水平舵打到速潜位置，一边下令打开了主压载水舱的阀门。

比奇紧盯着深度表，他连忙下令，向艇首平衡舱注水。

海水注入首平衡舱，首平衡舱发出奇怪的声音。航速太低了，一旦潜

239

艇翻船，将会失控。比奇连忙向指挥室大喊："艇长，快点！"

日驱逐舰扑过来了，警报器大作，潜艇突然上浮。本森冲比奇大喊："别犯傻了，快下潜！"

比奇一下子把阀门开到了最大限度。"鳞纯"号仍在上浮，深度表指向17米时徘徊了一会儿，迅速下降。

本森大喊："下潜至90米！低速行驶！"

艇内一片沉寂，突然，传来了一声巨大的爆炸声，几秒钟后，又是一声大爆炸，两枚鱼雷击中了"飞鹰"号。艇内一阵欢呼，本森下令收回潜望镜，"鳞纯"号继续下潜。

由于潜艇的首部注水太多，"鳞纯"号变得头重尾轻，有翻船的危险了。当本森不计后果命令下潜时，声呐兵报告，两组螺旋桨噪音到达潜艇上方。

深水炸弹不断落下，在潜艇周围不断爆炸。听音器内，爆炸声连成一片，不停地拍打着艇体。潜艇兵们拼力保持着操作姿势。比奇向身旁的潜艇兵们大喊大叫。接着，出现了一片死一般的静寂。

很快，又一组深水炸弹爆炸了。为了躲避轰炸，本森下令下潜到最大安全深度。

"鳞纯"号注水太多，浮力降低。本森不敢用水泵排除底舱和压载舱多余的水，水泵太旧，噪音太大，会使日驱逐舰发现。潜艇低速行驶，靠打水平舵来维持浮力。

听音器内，能够听见驱逐舰的螺旋桨噪音。附近，好像有1艘大舰的动静。本森怀疑：日航空母舰没有沉没。此时，"鳞纯"号只要用泵排水，或者稍微加大航速，就可能被日驱逐舰的声呐探测到。

两艘日驱逐舰在海面上跟踪，"鳞纯"号慢慢地向西北移动。"鳞纯"号已经下潜16个小时了，急需在天亮以前浮出海面，给蓄电池组充电；重新装填鱼雷；用水泵排除一些水，提高浮力。但是，这都会产生噪音。

这时，海水从潜艇的接缝处渗入，艇内被淋湿了。温度逐渐上升，为了减少噪音，液压操舵装置被迫停用，舵手们吃力地搬动着舵轮，累得筋疲力尽。空气污浊，缺少氧气，艇员们心跳加快。本森下令打开氧气瓶，并把二氧化碳吸进处理装置，同时释放氢氧化锂。

由于艇速太慢，又不敢朝外泵水，"鳞纯"号还在缓慢地下沉。当到达一定的深度时，壳体会被海水压破。在日驱逐舰停止攻击后1个半小时，本森以为日驱逐舰已经走了，下令启动排水泵。排水泵刚刚启动，日驱逐舰就投下了深水炸弹。

本森下令增大速度，以获得升力，使潜艇回到最大安全的深度上。午夜后，日驱逐舰终于开走了。"鳞纯"号排掉部分压舱水，浮到潜望镜深度。

这时，"飞鹰"号航空母舰仍在海面漂浮着，角川看守了一个晚上，担心再次遭到潜艇的偷袭。"飞鹰"号静静地浮在海面上。

没想到，航空母舰的机电长一直守在3号锅炉舱。第二天清晨，3号锅炉开始供气。8时，航母的两部螺旋桨动了起来。"五十铃"号轻巡洋舰赶来，企图拖走"飞鹰"号。

"五十铃"号开足了马力，无法拖动身躯庞大的"飞鹰"号。

"飞鹰"号缓缓掉头，用6节的速度向北返航。经过一天的航行，回到横须贺港。

11日2时55分，"鳞纯"号浮出水面，3部主机发出一片轰鸣声。本森不等蓄电池组充满电，下令下潜。艇内早已换了空气，抛弃了垃圾废料，给发射管装添了鱼雷。

一台空气压缩机无法使用。操舵的液压装置坏了，无法蓄压；螺旋桨轴中心线错位。由于耐压壳体经受了多次轰炸，"鳞纯"号才躲过这次大难。

几天后，"鳞纯"号终于回到了珍珠港基地。

"大和"号

世界上最大的战列舰带着2000多名官兵,在一连串的巨响中,沉没于九州以南、冲绳以北的太平洋。

日本海军的"大和"号是世界上最大的战列舰之一。除了同型舰"武藏"号和"信浓"号外,"大和"号在排水量、航速、航程、装甲厚度、舰炮口径和射程等方面,大大超过任何战列舰,雄居世界战列舰之首,是当时吨位最大的战舰。

1941年,"大和"号正式服役,是日海军的骄傲。

"大和"号排水量最高达6.8万吨,主装甲的厚度超过半米厚。"大和"号的水密设计精良,抗击鱼雷和炸弹能力较强。

尽管舰体巨大,但"大和"号航速却超过了30节,便于驾驶。

"大和"号上安装了9门460毫米口径的主炮,能够把1吨多重的大炮弹打到40公里以外。"大和"号安装了140门大口径防空炮和大量的副炮,作战能力很强。

"大和"号航行的时候,相当于一座机动的、巨大的海上要塞。

"一战"结束以后,各国海军奉行巨舰大炮主义。各国海军认为,要想拥有制海权,必须靠战列舰的强大火力歼灭敌舰队。

在海上大决战中,哪国舰队的舰炮口径大、射程远、火力猛,哪国舰队会占优势,从而促进了海战的胜利。大口径舰炮只能大吨位的战舰负载,并载送其弹药。

在"大和"号上,每门460毫米舰炮的基座重几百吨,9门主炮齐射时,巨舰就像遭受鱼雷袭击一样,剧烈地颤抖。

第二章 名舰之梦

在巨舰大炮主义的影响下，各国海军在一战结束后进行了一场战列舰的军备竞赛。日海军为了在太平洋保持优势，不惜征用日本一批最优秀的造船专家，搜集几万吨优质钢材，耗费巨大的人力、物力和几年的时间，赶在太平洋战争爆发以前，制造了"大和"号战列舰。

"大和"号正式下水后，日海军把它看做军魂所在，士气猛增。"大和"号曾是日海军联合舰队的旗舰。太平洋战争爆发后，山本大将为了保持战列舰方面的优势，不肯轻易出动"大和"号，等待决战的时候，再与美国的战列舰进行决战。

结果，"大和"号长期停用，几千舰员整天闲着。太平洋战争后期，日海军节节败退，急于动用"大和"号进攻美舰队，但抓不住战机。

"大和"号的主炮射程再远，也碰不到美军航空母舰。

1944年10月，日美海军在莱特湾进行决战。"大和"号与"武藏"号一起，结伴出发，在菲律宾群岛附近的锡布延海遭到美舰载机群的空袭。

在美机群的轮番轰炸下，没有空中支援的"大和"号和"武藏"号四处躲避，凶险万分。

"武藏"号接连中了36枚鱼雷、炸弹后沉没了，"大和"号被3枚重磅炸弹命中，舰身倾斜。

第二天，"大和"号几经磨难，闯入莱特湾，9门460毫米主炮刚要攻击美舰队，日军栗田中将担心遭遇美机群的攻击，像"武藏"号一样沉没，连忙命令"大和"号撤回日本。

"大和"号失去了发挥主炮威力的惟一机会，驶回日本，从此躲在港湾内，成了废物。

1945年4月，美军发动冲绳登陆战，几千艘美军战舰在冲绳岛附近海域严阵以待。

日本军部命令"大和"号启航，强行杀过美海军控制的千里海域，向冲绳附近海域的美舰队发起自杀性攻击，力争在冲绳岛的西岸搁浅，

经典 全景二战丛书 海战惊魂

"大和"号战列舰前面的460毫米巨炮

用舰上的主炮对付美国战舰,其2000名舰员在冲绳岛登陆,增援冲绳的日军。

4月5日,"大和"号战列舰、"矢引"号巡洋舰和8艘驱逐舰组成海上特攻队,策应"菊水一号"发动自杀性攻击。

"大和"号燃油舱的容量为6400吨,日海军把仅剩的2500吨燃油注入"大和"号的油舱,只够"大和"号冲向冲绳岛的单程油耗,由于飞机都发动自杀性攻击,对海上特攻队没有任何空中支援。

海上特攻队的参战官兵都知道这次作战是不可能活着回来的,在出发前的诀别酒会上,许多官兵都失态了,充满着赴死前的凄凉。

1945年4月6日,"大和"号在1艘巡洋舰和8艘驱逐舰的护卫下,离开濑户内海基地,通过丰后水道,向冲绳岛冲去。

舰队官兵发现这次出海油料太少而且没有空中支援,议论纷纷。舰队司令伊藤说:"我舰队乃帝国海军仅存的战列舰编队,无法用正常的战法对付敌舰队。帝国兴废,在此一战。"说完,伊藤抽刀劈掉栏杆,大喝:"再敢乱军心者,斩!"官兵们再也不敢议论了。

傍晚,倒霉的"大和"号还没有离开丰后水道,就被两艘美国潜艇发现了。"大和"号的消息引起美海军司令部的短暂不安。

斯普鲁恩斯派第54特混编队的6艘战列舰、7艘巡洋舰和21艘驱逐舰,向冲绳岛北部驶去,引诱"大和"号向南,使"大和"号得不到日机的支援,也无法逃回日本,等待第58航母编队的舰载机群炸沉"大和"号;若舰载机群没有把"大和"号炸沉,第54特混编队就用舰炮击沉"大和"号。

与此同时,斯普鲁恩斯命令第58航母编队向冲绳东北海域快速前进,尽早赶至起飞海域。

4月7日上午8时,40架美侦察机在距离冲绳还有几小时的海面上,发现了"大和"号。

"大和"号正向南快速航行。300架美舰载机立即起飞，轮番扑向"大和"号。

12时30分，美机群到达"大和"号上空，日舰队排成菱形，"大和"号躲在里面，巡洋舰和驱逐舰在四周保护，以26节的航速向冲绳岛驶去。

"大和"号舰长有贺幸作海军少将对伊藤说："舰队被发现了，大批美机向我扑来。"

"马上开火，火速前进！"伊藤下令。说话间，美机将炸弹投下，"大和"号剧烈地颤抖起来，伊藤知道在劫难逃了。

当美机群钻出云层，发动攻击时，"大和"号上的24门高射炮和156门机关炮同时开火。其他日战舰同时开始了防空射击，天空中弹片横飞。美机冲进弹雨之中，投射了鱼雷和炸弹，战斗机用机枪向下疯狂扫射，射杀日舰的炮兵。

美机群的攻击凶猛，"大和"号不断地进行大角度躲避，躲开了很多枚鱼雷、炸弹。

后来，美机轮番进攻。鱼雷机、轰炸机在日舰队防空炮雨中，继续投弹。海面上鱼雷和炸弹似雨点般落下。混战中，"大和"号中了5枚800公斤的穿甲弹、10枚鱼雷，另外，"大和"号还中了许多颗小型炸弹。

"大和"号遍体鳞伤，舰舷受到重创，海水开始涌进，每个舱室都燃起了熊熊烈火，浓浓的烟柱升上千米高空。

伊藤看到坚硬无比的装甲，都被炸成了两截，甲板上躺着一大堆尸体，有的伸拳展腿，有的断肢缺腿，鲜血顺着甲板向海面上流。

伊藤看见一位军官从浓烟中跑出，跑过来报告："进水达到最高限度，为了阻止战舰倾覆，必须向右舷轮机室灌水。"

伊藤知道如果灌水，速度会锐减，无法赶到冲绳。正在犹豫不决之时，防空枪炮长跑来报告："舰体严重倾斜，无法射击。"

"大和"号发生爆炸

伊藤连忙下令朝右舷轮机室灌水。没料到，右舷被鱼雷命中，右轮机室军官跑来报告："舰体太重，已经无法操控了。"

伊藤向有贺下令："舰首向北！"

有贺大惊，根据习惯，死人脸向北，让舰首向北，等于弃舰。

"那我们特攻的任务怎么完成？"有贺问。

伊藤说："许多事情都不能达到目的，尽力了足矣。通知官兵离舰。"

"阁下先走吧。"有贺劝道。

伊藤苦笑道："我决定与它共存亡！"说完，伊藤回到舱内，拔枪自杀。

有贺命令残余官兵弃舰。副舰长野村次郎看到有贺不肯从舰桥上下来，跑过去拽他。

有贺摔倒野村，骂道："快派官兵离舰，他们应该继续效忠陛下！"

正在这时，弹药舱被引爆，"大和"号发生一连串的爆炸。野村连忙抢过救生衣跳进大海。不久，世界上最大的战列舰带着2000多名官兵，在一连串的巨响中，沉没于九州以南、冲绳以北的太平洋。

另外，"矢引"号巡洋舰和4艘驱逐舰也沉没了。

"大和"号沉没后，剩下的4艘驱逐舰连忙打捞落水官兵，同时向日本联合舰队司令发电报告战况并请示下一步行动指示。16时39分，联合舰队司令丰田鉴于预期计划已无法实现，决定终止海上特攻，吉田随即率领余下的4艘驱逐舰带着创伤，于8日回到了佐世保基地。

美舰队的战列舰还没有投入战斗，日海军的特攻舰队就被美舰载机群歼灭。美军共出动了舰载机386架，只损失了10架。

"大和"号的覆没，标志着日海军全军覆没，标志着巨舰大炮时代的终结。从此，航空母舰成为海战之王。

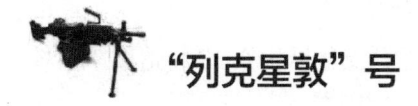

"列克星敦"号

"列克星敦"号航空母舰的一台发电机冒出的火花，点燃了渗出的大量油料，引起了大爆炸。

对于山本即将发动莫尔兹比港之战的意图，尼米兹十分重视。盟军能否守住莫尔兹比港，关系到澳大利亚的安全，莫尔兹比港作为将来进行反攻的基地也是十分重要的。

尼米兹与西南太平洋战区总司令麦克阿瑟一致认为，如果日军的计划成功，会给澳大利亚的防守带来很大的困难，而且南太平洋的海上交通线会遭到很大破坏。

麦克阿瑟已经准备把新几内亚东南部山区一带作为阵地以及日后反攻的战略要地。所以，尼米兹和麦克阿瑟一致认为，一定要全力以赴地阻止日军的登陆。

可是，要集中足够的兵力解除日军对莫尔兹比港的威胁十分困难。西南太平洋的美国分舰队只剩下驱逐舰和巡洋舰；"萨拉托加"号航空母舰于1月份被鱼雷击中，正在美国西海岸西雅图地区的普吉特海峡进行大修；"企业"号航空母舰和"大黄蜂"号航空母舰空袭日本后，4月25日以前正在返回途中。

"企业"号和"大黄蜂"号航空母舰尽管正在加速返航，但很难按期赶到珊瑚海。陆军航空兵拥有约200架各类飞机，部署在莫尔兹比港和澳大利亚东北部一带，但它们只能对付日军陆基航空兵的进攻，无法支援海上作战。

4月中旬，尼米兹下令：第17特遣舰队（包括"约克城"号航空母舰）立即加满油料和兵员，于4月底以前赶到珊瑚海参加战斗；在珍珠港的第11特遣舰队（包括"列克星敦"号航空母舰）立即向西南太平洋进发，于5月1日与第17特遣舰队会师。这两支舰队由第17特遣舰队指挥官弗莱彻少将指挥。

珊瑚海的1支澳大利亚巡洋舰分舰队（包括3艘巡洋舰和2艘驱逐舰）也归弗莱彻少将指挥。这样，美海军在珊瑚海地区拥有2艘航空母舰、7艘重型巡洋舰、1艘轻型巡洋舰、13艘驱逐舰，还有其他舰只共30艘，舰载飞机为143架。分为攻击大队、支援大队和航空母舰舰队。

若日军的进攻时期推迟，美军将以4艘航空母舰参加战斗。为了加强珊瑚海地区的兵力，4月底，尼米兹命令刚回到珍珠港的"企业"号和"大黄蜂"号航空母舰马上赶往珊瑚海。

1942年5月4日，山本下令：各部队仍按原计划于当天14时后进攻莫尔兹比港。

除了图拉吉岛之战中被击伤的舰船和部分进攻瑙鲁岛、大洋岛方面的舰船外，日舰队的主力全部参加莫尔兹比港登陆战。

日军分为两路：第一路是莫尔兹比港登陆部队，由第6水雷战队（包括2艘巡洋舰、5艘驱逐舰、1艘扫雷艇、12艘运输舰）负责直接进攻，第6战队和第18战队（包括1艘轻型航母、6艘巡洋舰、1艘驱逐舰、3艘炮舰、2艘扫雷艇）组成负责掩护；第二路是对珊瑚海的美国航空母舰特遣舰队进行拦截的机动部队——第5航空母舰战队（包括2艘重型航母、2艘巡洋舰、6艘驱逐舰、1艘补给舰）。参战舰船共46艘。日军大举向莫尔兹比港进发。

1942年5月，暴风雨刚刚散去，太平洋上夕阳映照。庞大的日海军舰队正披着夕阳余辉，破浪向南急驶。

几个月间，日舰队航程达几万海里。日舰队又回到西南太平洋，在加罗林群岛南端的特鲁克基地稍事停留，补足油料、弹药、战机、淡水及一应生活补给后，连夜拔锚启航，准备沿所罗门群岛东岸而下，由东南角潜入珊瑚海。

5月4日，日军进攻舰队和掩护舰队向新几内亚岛东南角的路易西亚德群岛附近海域集结，准备7日黄昏到达珊瑚海。

5月6日黄昏，美军侦察飞机看到正在路易西亚德群岛附近海域集结的日本舰队。美军航空母舰特混编队立即出发，于7日2时到达南纬14度3分、东经156度25分的海域，与西北方的日军舰队距离310海里。接着，连夜向西北方向推进，准备偷袭日军进攻和掩护舰队。

日军机动舰队于7日早晨6时到达南纬13度20分、东经158度的海域。5月7日，日军进攻和掩护舰队与东南方相距400海里的日军机动舰队均派出侦察机寻找美舰队。

根据7时53分和8时20分的情报，日军机动舰队指挥官得知：在南面和西面发现了两只航母舰队。他决定先向南面的舰队实施攻击，再转向西面。

原来，日军舰载机误把南面的美军1艘油船和1艘驱逐舰也当成了航母编队。结果，日军机动舰队炸沉了驱逐舰，炸坏了油船。与此同时，日军支援舰队立即运载登陆部队赶往约马德水道。

美军空袭图拉吉岛的"约克城"号航空母舰编队返航后，弗莱彻将军把两支舰队编为一支。7日拂晓，美特混舰队在新几内亚岛东端路易西亚德群岛以南海域继续向西北驶去。

7时，弗莱彻命令2艘巡洋舰和3艘驱逐舰向西北方向进发，拦截日军进攻莫尔兹比港的登陆部队，航空母舰编队继续向西北驶去，还派出侦察机寻找日舰。

8时15分，侦察机回报，在南纬10度零3分、东经152度27分发现2艘航空母舰和4艘重型巡洋舰。弗莱彻命令全速靠近日军的机动突击舰队。

9时26分,"列克星敦"号到达目标所在地的东南方约160海里处,半小时后,"约克城"号上的飞机也起飞了。10时30分,两舰共93架飞机向目标驶去。留下47架保卫航空母舰。

美军机群刚飞出不久,1架侦察机飞回,弗莱彻得知,在突击机群前去攻击的目标东南35海里处,发现1艘日军航空母舰和几艘其他战舰。弗莱彻连忙命令美军攻击机群改变航向,轰炸新的目标。

11时左右,美机轰炸了日舰,93架飞机向日军轻型航空母舰"祥凤"号发动了轮番轰炸。很快,"祥凤"号浓烟滚滚。第一次轰炸就有13颗炸弹和7颗鱼雷击中"祥凤"号。

11时31分,日军被迫弃船。5分钟后,"祥凤"号航空母舰沉没,舰上的21架飞机只有3架起飞。航空母舰附近的1艘日军重型巡洋舰也沉没了。13时38分,美军飞机全部回舰。

下午,飞机的能见度突然降低,无法再次轰炸日舰。再加上,日军已经知道了美国航空母舰的确切位置。为了避免遭到日舰的攻击,弗莱彻下令,由岸基飞机确定日军机动舰队的位置,航空母舰编队趁能见度低向西撤退。

"祥凤"号航空母舰沉没以后,"MO"特混舰队司令官井上成美命令:运输船队向北方撤退;机动舰队立即向美舰队发起攻击;第6战队和第6水雷战队于当天夜晚对美舰队发动夜战。

日军机动舰队奉命于15时15分向西行驶。18时左右,"翔鹤"号和"瑞鹤"号航空母舰不顾飞机难以回收的危险,放飞了27架俯冲轰炸机和鱼雷机,向西攻击美国航空母舰,准备在美航空母舰轰炸日军登陆部队以前把它击沉。

由于天色太暗,日机飞临美舰队却没有发现美舰队。美舰队借助雷达看到了日机,战斗机马上起飞进行拦截。15分钟后,日机被击退。此次空战中,10架日机被击落,11架降落时堕入大海,27架飞机只有6架安全降落。

5月7日20时40分，由于美军舰队实力强大，日军舰队司令井上成美下令：取消第6战队和第6水雷战队的进攻任务；进攻莫尔兹比港的时间推迟2天；机动舰队准备天亮后与美舰队展开决战。

当时，弗莱彻也知道了日舰队的大概位置，想派水面舰艇发动夜间袭击，经过再三考虑后，放弃了冒险的计划。因为双方近在咫尺，都怕损失重型巡洋舰，削弱自己的兵力。就这样，日军和美军的航空母舰之间的决战于5月8日才进行。

1942年5月8日的航母大决战是真正公平的较量。日美各拥有2艘航空母舰，美日都拥有100多架舰载飞机。美军的轰炸机占有优势，日军的战斗机和鱼雷机占有优势。

日军处于有利的作战位置：美军航母编队经过整夜南行，8日到达天气晴朗的平静海域，而日军舰队仍处在风雨交加、云雾笼罩的海域。

凌晨，双方派出侦察机搜寻对方。8时后，双方侦察机同时发现了对方的航母舰队。9时10分，日军2艘航母起飞69架飞机发动攻击。9时至9时25分，美军2艘航空母舰先后派出俯冲轰炸机、战斗机、鱼雷机82架，双方舰队距离175海里。

10时30分，美军俯冲轰炸机群发现日军2艘航空母舰编队朝东南方向撤退。该编队采用疏散队形撤退，2艘航空母舰间距离8海里，由4艘重型巡洋舰和驱逐舰护航。

美军轰炸机躲在积云后面等待鱼雷机到来时，"瑞鹤"号航空母舰突然消失在暴风雨之中，日军的"翔鹤"号航空母舰成了美机惟一攻击的目标。

11时过后，美轰炸机和鱼雷机纷纷向"翔鹤"号发动攻击。美机没有充分发挥数量优势，鱼雷偏离目标较远，只有2颗炸弹击中"翔鹤"号航空母舰。"翔鹤"号的飞行甲板上燃起大火形成强流，冲向云层。

10多分钟后,"列克星敦"号的机群赶来,因为积云太厚,22架轰炸机找不到目标。11架美军鱼雷机和4架轰炸机看到了日舰。美军鱼雷机发射的鱼雷再次失误,只有1架轰炸机的1颗炸弹击中了"翔鹤"号。"翔鹤"号飞行甲板受到严重损坏,无法回收飞机,奉命撤回特鲁克。这次行动,美军损失了43架飞机。

与此同时,日本飞机对美军舰队发动了攻击。69架飞机被精心地分为3个机群,其中2个机群是鱼雷机群,1个是轰炸机群。日本飞机距离美舰70海里时,被美军雷达发现。在日机发动进攻以前,美军仅有3架战斗机起飞,无力拦截。

美军的2艘航空母舰处于环形防空火力网之中,但由于躲避运动加大了2艘航空母舰间的距离,担负护卫的战舰被迫一分为二,防空能力大大削弱了。

日机快速靠近"列克星敦"号航空母舰,向其左舷和右舷发射鱼雷,开始两面进攻。有2颗鱼雷击中"列克星敦"号的舰左舷,3个锅炉舱涌进海水。"列克星敦"号连忙躲避,由于行驶缓慢。遭到2颗炸弹的轰炸。

"列克星敦"号的主机没有受到损伤,航速高达24节,全速撤退。

同样,"约克城"号航空母舰也遭受日机的攻击。"约克城"号比较小,舰小好调头,躲开了日机发射的鱼雷,中了1颗炸弹,战斗力仍然很强。

美军2艘航空母舰尽管受创,但都能航行。但日本航空母舰"翔鹤"号已经奉命返回,"瑞鹤"号容不下过多的飞机,很多飞机被迫抛入大海。

日军能够战斗的飞机只剩9架,美军还有37架攻击机和12架战斗机能够战斗。中午,"列克星敦"号航空母舰的一台发电机冒出的火花,点燃了渗出的大量油料,引起了大爆炸。由于"列克星敦"号发生大爆炸,弗莱彻没有发动攻击,退出了战斗,趁夜南撤。晚22时,弗莱彻下令驱逐舰击沉"列克星敦"号航空母舰。

孤孤单单的"约克城"号连夜带伤逃出珊瑚海，躲进太平洋深处。日舰队拼命地追赶了两天两夜，没有发现"约克城"号。

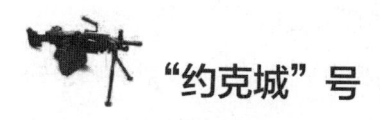

"约克城"号

巴克迈斯特看着"约克城"号下沉，心中充满悔恨。

1942年1月，"约克城"号从美国西海岸启航，加入美太平洋舰队。此后几个月，"约克城"号转战太平洋，掩护美军坚守萨摩亚群岛；轰炸马绍尔群岛的日海军基地；出动舰载机攻击日基地腊包尔，航程万里，战功赫赫。

1942年5月8日，"约克城"号、"列克星敦"号航空母舰结伴启航，在珊瑚海与南云舰队交锋，击沉日"祥凤"号航空母舰，重创日"翔鹤"号航空母舰。

不料，"列克星敦"号沉没。受重创的"约克城"号继续奋战，舰队司令弗莱彻少将命令"约克城"号设法回收"列克星敦"号的舰载机。

经过全舰官兵的奋战，"约克城"号终于逃出了日舰队的围追堵截，以仅20海里的航速向珍珠港驶去。经过19天，"约克城"号终于逃回珍珠港基地。

美太平洋舰队司令尼米兹感到如释重负，他每天都在为负伤的"约克城"号担忧，怕它被日潜艇击沉。

"约克城"号终于归来，它证明美军在珊瑚海大战中没有战败，而且保留了一支重要的力量。

1942年5月以来，美情报机关通过已经破解的日本密码，几乎破译了日海军所有的重要通讯，得知日海军正调动联合舰队，准备攻打中太平洋重要基地中途岛。

当时，尼米兹命令美太平洋舰队仅剩的两艘航空母舰"大黄蜂"号和"企业"号，随时准备开赴中途岛，迎战日本联合舰队。

与南云的4艘航空母舰相比，尼米兹的兵力显得太少了。胜利归来的"约克城"号若能开赴中途岛，尼米兹就可以用233架舰载机去迎战南云的261架舰载机。

"约克城"号的参战将使美、日的实力对比由2比4变成3比4，最重要的是，舰载机的对比将接近1比1。

根据破译的日海军情报，日军攻打中途岛的日期为6月4日。从珍珠港距离中途岛2000海里，即使不考虑躲避日本潜艇所需的时间，美舰队到达中途岛需要三四天的时间。

尼米兹正在苦苦思索，怎样才能完成"约克城"号的修复任务，使它赶在6月4日前到达中途岛，增加美太平洋舰队的实力。这是中途岛海战胜利的基础。

根据尼米兹的命令，珍珠港基地调来了各种材料、设备，完成了准备工作。"约克城"号刚入港，几艘拖船前拖后推，把"约克城"号拖进船坞。

尼米兹很不放心，亲自来到船坞，监督"约克城"号的修复工作。弗莱彻海军少将和"约克城"号的舰长巴克迈斯特在一边介绍伤情：一颗800公斤的炸弹，落在中央，穿过飞行甲板、机库，在第四层甲板上爆炸，炸毁了冷饮柜、洗衣房、水兵宿舍、两台锅炉和雷达，炸坏了隔水舱和舰艇底舱、油舱。

"约克城"号不但进水，而且油舱也漏油。幸亏用木板堵住了漏洞，用圆木顶住隔舱，"约克城"号才没有沉没。

检察过"约克城"号的每个地方后，尼米兹心情沉重，"约克城"号

第二章 名舰之梦

进行维修的"约克城"号航空母舰

的情况比报告糟多了。尼米兹要求必须在3天之内，使"约克城"号恢复战斗力。

美国人具有脚踏实地、积极创新的优点，冒险中饱含机智。没有人敢问原因，总司令下令3天完成3个月的工作量，更何况珍珠港之仇像一块巨石，压得人们喘不过气来。

"约克城"号入港后，几千名修理工放下其他工作，连干两天两夜，抢修"约克城"号。为了保证多部电焊机用电，切断了岛上的用电。

5月29日，修理工用厚钢板焊好了舱壁、油舱、隔舱，"约克城"号离开船坞，工人们忙着装载油料、弹药、各种补给。几百名修理工仍在舰上忙碌，进行修补安装。几千名修理工用3天时间修复了"约克城"号。

5月30日，"约克城"号在人们的欢送下，启航出海。"约克城"号在海上又接收了17架鱼雷轰炸机，在2艘巡洋舰和8艘护卫舰的保护下，驶向中途岛。

3天后，"约克城"号在中途岛以北预定海域与"大黄蜂"号和"企业"号会合。

弗莱彻海军少将登上旗舰"约克城"号，负责指挥整个航母编队。美军具备了与南云舰队对抗的实力，等待南云舰队自投罗网。

6月4日清晨4时30分，100多架日舰载机前去轰炸中途岛，拉开了中途岛海战的序幕。同时，从"约克城"号上起飞的1架美侦察机朝南云舰队飞去。当日轰炸机群正轰炸中途岛的美军时，美侦察机发现了南云舰队。飞行员向弗莱彻报告发现4艘航空母舰。

空气顿时紧张起来。弗莱彻站在"约克城"号舰桥上，静静地思索着对策。一会儿，弗莱彻命令各舰向西进军，秘密接近南云舰队，做好起飞准备。

弗莱彻准备占领有利阵位，待南云舰队因攻打中途岛基地疲于奔命时，发起致命的偷袭。

上午9时，弗莱彻将从"大黄蜂"号上起飞的15架鱼雷轰炸机编为第一攻击波；从"企业"号上起飞的14架鱼雷机编为第二攻击波；从"约克城"号上起飞的12架鱼雷机编为第三攻击波。随后，3艘航空母舰的俯冲轰炸机跟进。

9时40分，第一波美鱼雷机到达南云舰队上空。正如弗莱彻所估计，日舰队正等待回收攻击中途岛的飞机，阵形较乱，航空母舰上十分混乱，负责警戒的日战斗机也明显不足。

相继飞来的41架美鱼雷机的轮番攻击，搅乱了日舰队的阵形。从"约克城"号的17架俯冲轰炸机钻出云层，向南云舰队最东面的"苍龙"号俯冲。

炸弹纷纷从高空落下。"苍龙"号接连中了3弹。第一颗炸弹落在"苍龙"号前部甲板上；第二颗落在中部机群中央；第三颗炸毁后面的升降机。

3颗千磅炸弹炸开了"苍龙"号的甲板，油罐车、油管燃起熊熊大火，油舱和弹药库也燃起大火，导致鱼雷、炸弹的不断爆炸。很快，"苍龙"号在一连串的爆炸声中变成大火船，后来沉入了太平洋。随"苍龙"号一同沉没的还有很多架舰载机。

与此同时，从"企业"号上起飞的33架美机炸毁了"赤城"号和"加贺"号。南云舰队只剩下"飞龙"号航空母舰。

中午时分，"约克城"号刚刚回收完飞机，雷达屏幕上出现了日机群的回波。"约克城"号连忙出动"野猫"式战斗机。

战斗机群与日机群展开了殊死的搏斗，防空炮把天空打得发红，舰炮向海面射击，在舰队周围竖立一道水幕防线。

从"飞龙"号上起飞的18架轰炸机，被美机击落了10架，在"约克

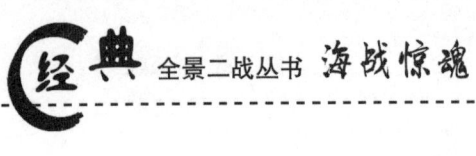

"约克城"号航空母舰上损管人员拼命抢修

城"号上空被击落 2 架,剩下的 6 架轰炸机冲过了弹幕、水幕,扑向"约克城"号。

"约克城"号连中 3 弹,引起冲天大火。大火被奋不顾身的舰员们扑灭。炸坏的飞行甲板用厚木板暂时代替。轮机兵点燃了锅炉。"约克城"号的航速为每小时 20 海里,空中的飞机纷纷降落。

不久,"飞龙"号发动了第二次攻击。结果,有 2 枚鱼雷击上了负伤的"约克城"号,随时可能沉没。烈焰直冲高空,笼罩着"约克城"号。巴克迈斯特只好下令弃舰,任其漂流。

后来,"企业"号和"大黄蜂"号的飞行员们为"约克城"号报了仇,将"飞龙"号炸成大火球。

6 月 5 日,失去了航空母舰的南云舰队向西逃跑,美太平洋舰队在后面追击。双方都以为"约克城"号彻底没救了。但"约克城"号正在太平洋上随波飘行。尽管伤痕累累,但大火竟自己熄灭了。

两个昏迷在船舱中的美国水手苏醒后,爬到甲板上,不停地发射炮弹,等待援救。1 艘美国驱逐舰赶来,接走了他们。

黄昏,1 队驱逐舰运载"约克城"号的舰员,再次登上被抛弃的航空母舰。6 月 6 日下午,"约克城"号的漏洞补好了,海水被排净,船身恢复了平衡,等待拖船拖回珍珠港。

没想到,在海浪中,竟升起了一副潜望镜。1 艘日潜艇发现了"约克城"号,偷偷躲过 7 艘美驱逐舰,发射了 4 枚鱼雷。1 枚击中 1 艘驱逐舰,把驱逐舰炸为两段。3 枚击中"约克城"号,炸开刚被堵住的舰体。海水猛地涌入船舱。舰长巴克迈斯特第二次下令弃舰。

傍晚,"约克城"号的每个船舱灌满了海水。海水漫过上层建筑。"约克城"号在 1 个月之内参加了珊瑚海和中途岛海战,为击沉 5 艘、击伤 1 艘日航空母舰立下了赫赫战功。

站在驱逐舰上的巴克迈斯特看着"约克城"号下沉,心中充满悔恨。如果第一次不下令弃舰,"约克城"号完全能够带伤回到珍珠港基地。

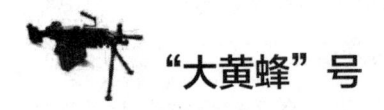

"大黄蜂"号

这次海战是日海军在太平洋战争中取得的最后一次重大胜利。

1942年,为了控制瓜岛阴郁荒僻的热带丛林,美军和日军进行了多次海战和空战。邻近的水域到处是沉没的舰船,从此被人们称作"铁底湾"。

在瓜岛争夺战中,日海军与美太平洋舰队也展开了殊死的搏斗。

山本五十六派第8舰队为增援瓜岛的编队护航,同时联合舰队的主力趁机诱歼美军的航母编队。

山本五十六的旗舰是"大和"号战列舰,由1艘航空母舰和3艘驱逐舰护舰,在所罗门群岛以北海域活动。在所罗门群岛,山本五十六派遣了10多艘潜艇监视美海军的动向。

1942年8月23日凌晨,弗莱彻的航空母舰编队驶入瓜岛以东海域,被日军1艘潜艇发现。南云得到这个消息后,下令做好战斗准备,并向南航行。

10时,美军的1架侦察机发现日军的增援舰队,弗莱彻于14时45分出动31架轰炸机、6架鱼雷机攻击南云舰队,但没有找到南云舰队。16时15分,史密斯少校率战斗机再次起飞。

这次,史密斯在泥泞的跑道上费了很大劲才升上天空,但遭到日军战斗机的扫射。史密斯驾驶战斗机躲过了日机的偷袭,迅速飞到有利的位置，8挺航空机枪同时开火，击落1架日军战斗机。

夜晚，美军再派5架水上飞机向目标海域搜索，但仍然找不到南云舰队，被迫扔掉炸弹和鱼雷，返回基地。原来，日军增援舰队的司令田中看见美军侦察机后，立即向西北撤退，躲过了美军飞机的攻击。

弗莱彻得知日军的航母正在特鲁克附近海域，他命令第18特混大队返回南方加油，其他舰队继续在马莱塔岛以东执勤。

8月24日清晨，美军的两支舰队到达马莱塔岛东南海域，日海军的多数分舰队到达马莱塔岛东北海域，双方距离300多海里，通过侦察活动都发现了对方。

上午11时，美军的1架水上飞机找到了日军的牵制舰队，但弗莱彻并不相信。

13时许，日军牵制舰队的"龙骧"号航母放飞6架轰炸机和15架战斗机，空袭瓜岛机场。日机群被击落一大半，无法破坏瓜岛机场。弗莱彻误以为日军牵制舰队是南云航母舰队，因此命令"萨拉托加"号航母派出30架轰炸机和8架鱼雷机前去攻击。

不久，美军1架水上飞机报告，在日军牵制舰队的东北60海里处找到日军1艘航空母舰，其实这是日军的先遣舰队。14时30分，"企业"号航母的侦察机找到了以2艘航空母舰为主力的南云舰队，这才是日海军的主力。

弗莱彻立即命令攻打日军牵制舰队的机群改航进攻南云舰队。由于美军航空母舰与出击机群间的通讯联络中断，机群于15时50分到达"龙骧"号航空母舰上空。"龙骧"航空母舰号正准备放飞第二批飞机，美军30架轰炸机从高空进行轰炸，8架鱼雷机分成两队以60米高度投掷鱼雷，"龙骧"号被1枚鱼雷和10多颗炸弹命中，舰体大量进水，晚20时沉入太平洋。

南云于14时出动第一组攻击机群攻击美军航母编队，共27架攻击机，由10架战斗机护航。15时，南云又派出第二组攻击机群，共27架攻击机，由9架战斗机护航。

同时，先后两架日军侦察机飞到美军航母编队上空，都被美舰队击落。弗莱彻下令作好防空准备，增加了在空中警戒和甲板上待命的战斗机数量，把队形变成防空队形，为了分散日攻击机的兵力，两个舰队拉开了10多海里的距离。

几分钟后，"企业"号航空母舰雷达发现88海里外有批日军飞机飞来，两艘美军航空母舰上的13架轰炸机和12架鱼雷机立即起飞，前去攻击日军航空母舰。在甲板待命的战斗机立即起飞，结果空中担任警戒的战斗机达到53架。

16时25分，美军战斗机报告发现了日机。由于空中飞机的数量太多，造成了通讯阻塞，前去截击的命令未能及时发出。

16时29分，日军机群距离"企业"号30海里，分成几队扑来，美舰雷达的显示屏上图像十分混乱，美舰空战指挥官分不清敌我，放弃了指挥。

美军战斗机在距离"企业"号25海里处与日机遭遇，进行了激烈的空战，击落6架日机。

16时40分，日机向"企业"号进行俯冲轰炸。"企业"号周围有9艘军舰护卫，林立的舰载高射炮进行了空中封锁，"企业"号还不断地转弯进行躲避。

由于日军飞行员的素质大大下降，再加上美军的防空炮火太猛，日军鱼雷机在投掷鱼雷前就被击落，只有几架轰炸机投弹，"企业"号被击中3颗炸弹，引发了大火，舰体倾斜。

日机飞走后，舰员们只用了1小时就扑灭了大火，恢复舰体的平衡，航速高达 24 节，仍能回收飞机。

南云舰队的第二组攻击机群没有发现美航空母舰，由于燃油消耗过半，被迫返航。

在"企业"号起飞的 11 架轰炸机和 7 架鱼雷机也没有找到南云舰队，美舰轰炸机在瓜岛机场降落，鱼雷机在航母上降落。

从"萨拉托加"号起飞的 2 架轰炸机和 5 架鱼雷机碰巧发现了日军的先遣舰队，击伤了"千岁"号水上飞机母舰。

弗莱彻指挥舰队回收了飞机后，天已经黑了，为了躲避夜战，连忙向南驶去。

8 月 24 日 9 时 35 分，日军增援舰队驶入马莱塔岛以北海域被美侦察机发现，瓜岛的航空队马上起飞 8 架俯冲轰炸机进行空袭，运输船"金龙丸"号沉没，旗舰"神通"号巡洋舰和另 1 艘驱逐舰被击伤。

接着，由圣埃斯皮里图岛起飞的美军轰炸机赶到，将日军"睦月"号驱逐舰击沉。由于没有空中支援，再加上运送的部队大半葬身海底。日军增援舰队被迫返航。

在航空母舰编队和亨德森机场飞机的支援下，美军不断向瓜岛进行补给。从腊包尔起飞的日轰炸机轮番轰炸瓜岛，美运输队面临的最大危险是日潜艇部队。

珊瑚海的东部海域以"鱼雷网"闻名于世。8 月 30 日，"萨拉托加"号航空母舰被日潜艇发射的鱼雷击中，珍珠港的造船厂挤满了受伤的军舰，"萨拉托加"只好返回美国西海岸抢修。

这些悲剧发生以后，美国海军在太平洋作战的航空母舰只有"大黄蜂"号了。

日军运输舰队继续趁夜色向日军占领的海滩运送部队和补给，并且炮轰美军阵地，然后逃走。一次，两艘日战列舰炮轰亨德森机场，航空加油

美国"大黄蜂"号航空母舰

站中弹起火,着陆跑道被摧毁,还击毁了48架飞机。日军部队已有2万人登陆。

为了应对危局,尼米兹让哈尔西海军中将取代戈姆利,出任南太平洋海军部队司令。山本又制定了新的作战计划,抽调一支由5艘战列舰和"翔鹤"号、"瑞鹤"号、"瑞凤"号、"隼鹰"号航空母舰组成的突击舰队,在南云中将的率领下赴圣克鲁斯群岛东北海域作战。

哈尔西出动"大黄蜂"号、修复的"企业"号航空母舰和"南达科他"号战列舰迎击日军,"南达科他"号装备了大批40毫米防空炮。

10月26日黎明,1架水上侦察机报告说,在这个海区发现日舰队。哈尔西下令:"进攻!进攻!再进攻!"

"企业"号出动 16 架无畏式俯冲轰炸机,每两架结为一组,在海上执行空袭任务。一组美机在约 185 海里外找到了南云舰队,遭到 8 架日战斗机的截击,但击落 3 架日战斗机,然后逃跑了。

两架美俯冲轰炸机躲避几架日战斗机,攻击了日军"瑞凤"号轻型航空母舰,1 枚 500 磅炸弹把飞行甲板炸出大洞。"瑞凤"号中弹后起火,摇摇晃晃地逃回特鲁克。

日舰队发现了美航空母舰的准确位置,135 架轰炸机和战斗机飞向美航空母舰。它们甩开了迎面截击的 73 架美战斗机的拦截,在空战中,8 架美机被击落。

日机在高空扑向航空母舰,突破了美战斗机的防线,"企业"号正躲在暴雨里,日机全都去攻击"大黄蜂"号。

"大黄蜂"号与护卫舰的高射炮组成了密集防空火力网,击落 25 架日机。"大黄蜂"号几次中弹。一架日机中弹后向"大黄蜂"号的飞行甲板发起自杀性攻击,使"大黄蜂"号起火。

2 条鱼雷钻进机舱后爆炸,"大黄蜂"号丧失了动力。"企业"号航空母舰自暴雨中驶出,日机群扑向"企业"号,美军的防御炮火十分凶猛,"企业号"中了 2 枚小炸弹,几艘护卫舰,包括"南达科他"号战列舰受到重创。

日潜艇趁乱击沉了 1 艘驱逐舰。"大黄蜂"号又遭到日机的轮番攻击。傍晚,美军被迫抛弃"大黄蜂"号,日军驱逐舰趁机击沉了它。

与此同时,"大黄蜂"号的飞机也扑向"翔鹤"号航空母舰。日战斗机群死死纠缠,美俯冲轰炸机纷纷向下俯冲,4 颗千磅炸弹击中"翔鹤"号的飞行甲板。复仇者式鱼雷机被日战斗机赶跑,只需再击中一两条鱼雷,就能使"翔鹤"号沉没。"翔鹤"号需要停在船坞里 9 个月才能重新参战。

"企业"号的美机，在途中遭到日战斗机的袭击，美机群被冲散，当找到日军舰队时，汽油快烧光，发动的攻击失败了。

在圣克鲁斯海战中，日军占了便宜，击沉1艘美航空母舰，击伤先进的"南达科他"号战列舰，同时日军有两艘航空母舰受伤。但是，美海军的新式高射炮使日海军损失了100多架飞机，在山本的麾下，实战经验丰富的老飞行员已经所剩无几。

这次海战是日海军在太平洋战争中取得的最后一次重大胜利。后来，山本遇难后，美国海军感到松了一口气。日海军节节败退，无人能够再发动出奇制胜的海战，只是一次次地发起自杀性攻击，以逞匹夫之勇。

"光辉"号

1月25日13时30分，"光辉"号胜利返回亚历山大港，受到人们的盛大欢迎。

经过塔兰托夜袭后，残存的意海军舰队日益陷入燃油危机之中。当时，意大利海军仍在航速、舰炮和舰艇的对抗能力方面是先进的，但有两大缺陷：一是没有任何夜战的设备，二是没有航空母舰。战前，墨索里尼认为意大利空军完全能够夺取地中海的制空权，认为不必使用航空母舰，而且意大利也承受不起航空母舰庞大的建造、维护以及其他费用。

1940年12月，根据希特勒的命令，盖斯勒将军率领德国第10航空军进驻意大利。

1941年1月初，德国第10航空军的飞机已经部署在卡塔尼亚、科米索、特拉巴尼、巴勒莫和勒佐加拉勃尼亚等机场了。

第二章 名舰之梦

德国飞行员们的海上空战经验丰富,尤其是对舰攻击的经验丰富。意大利空军只能甘拜下风,意大利飞机不像"斯图卡"式俯冲轰炸机的性能那样优良。

"斯图卡"式俯冲轰炸机采取了致命的战术,即飞到目标高空,突然垂直俯冲并投掷 1 颗 500 公斤的炸弹。"斯图卡"式俯冲轰炸机刺耳的尖叫声,常令盟军将士头疼。

支援希腊抵抗意大利军队的入侵,已经成为英国地中海舰队的主要任务。

1941 年 1 月,英国派出一支代号为"超越"的军事运输队。由于战况紧急,英国决定冒险取道地中海。"超越"运输队拥有 4 艘船只,其中 3 艘运载为希腊军队提供的补给品,开往比雷埃夫斯;第 4 艘运载补给品,开往马耳他岛。

根据惯例,"超越"运输队由萨默维尔将军率领的"H"舰队护送到意大利西西里岛与北非突尼斯之间的狭窄水域,接着,在小型护航兵力的护送下继续前进,到达突尼斯海峡以东海面与地中海舰队会合,此后的航行由地中海舰队护送。

地中海舰队司令坎宁安趁机安排了三支运输队:第一支由 2 艘商船组成,代号为 MW51/2,由埃及亚历山大开往马耳他;第二支由 2 艘快船组成,代号为 ME51/2,从马耳他开往亚历山大港;第三支由 6 艘慢船组成,代号为 ME6,从马耳他开往亚历山大港。

当地中海舰队向西航行时,MW51/2 运输队由地中海舰队护送,再由"H"舰队护送到马耳他;当地中海舰队向东返航时,ME51/2 离开马耳他加入"超越"运输队,而 ME6 运输队则顺着南面的航线向东航行。

地中海舰队于 1941 年 1 月 7 日从亚历山大出发,不久被意海军发现。9 日,当"格洛斯特"号、"南安普顿"号巡洋舰和"光辉"号航空母舰赶去与"H"舰队会合时，被意海军发现。

9日下午，10架意大利飞机对"H"舰队发动了空袭，但失败了，2架飞机被"皇家方舟"号上的舰载机击落。9日晚，在"H"舰队返航时，2艘意大利鱼雷快艇攻击"H"舰队。"H"舰队击沉了1艘意大利鱼雷快艇。

10日8时，按照预定计划，"超越"运输队与地中海舰队会合了。不久，驱逐舰"勇猛"号的舰首被水雷炸毁。"勇猛"号在被拖走的过程中，2架意大利鱼雷机攻击了它，但没有成功。

10时30分，地中海舰队又被意大利侦察机发现。

12时23分，1架鱼雷机在距海面45米的低空发动攻击，在距离2286米时投射了鱼雷，没有击中。

与此同时，4架"光辉"号的战斗机发现了这架意鱼雷机，飞了过去，把意鱼雷机赶到舰队以西约32公里处，意鱼雷机负伤逃走。

就在"格洛斯特"号、"南安普顿"号和"光辉"号重新编队时，一个敌机群正在靠近。

"光辉"号立即召唤战斗机，命令战斗机恢复警戒任务．其中2架报告弹药已经打光，另外2架的弹药也很少了。

12时34分，"光辉"号转向迎风方向行驶，起飞6架战斗机，接替4架返航的战斗机进行空中警戒任务。

不久，英战斗机发现2支敌机编队，当敌机位于舰队后面约3658米的高空时，英飞行员立即认出它们是德国"斯图卡"式俯冲轰炸机。

德机群选择"光辉"号作为主攻目标。12时38分，德机群纷纷俯冲，每3架飞机组成一个小队：一架自舰尾方向俯冲，其他两架分别从两个正横方向俯冲，3架飞机密切协作。

坎宁安将军在舰桥上看呆了。他不得不佩服德机的飞行技能。德机在攻击时尽量垂直投弹。当德机俯冲时，有的飞机自"光辉"号的甲板上掠过，其飞行高度比烟囱还要低。

"光辉"号拼命地改变着航向，企图躲避攻击。但是，躲避高速飞行的德机太难了！除非有两支强大的战斗机队在高空攻击德机编队，否则，"光辉"号是躲不开的。

12时38分，1颗500公斤的炸弹穿透左舷第一号高射炮平台，撞死2位炮手，又穿透火炮平台，撞到舷侧装甲上，掉进大海。

1颗500公斤的炸弹撞在舰首，炸弹穿透左舷的娱乐舱，自舰首飞出，在水线上方爆炸，舰首舱室开始进水。

1颗60公斤的杀伤炸弹，擦过上层建筑，击中右舷第2号多管高射炮，炸死了大部分炮手。多管高射炮损伤轻微，但弹药着了火。起重机倒坍，砸坏了下边的多管高射炮，结果上下两门多管高射炮的电源都中断了。

1颗500公斤的炸弹击中舰尾升降机的边端，穿透升降机，在升降机

德国"斯图卡"式俯冲轰炸机

的底台上炸响。1颗炸弹击中升降机左侧边缘，炸响了。

升降机位于C机库与飞行甲板之间的中间，上边停着一架战斗机，那架飞机被炸碎了，炸得连驾驶员的尸首都找不着了。

机库里多架飞机起火，引起了爆炸，导致第162号和166号肋骨间的内部装置和舵机上边的装甲被炸坏。为舰尾弹药输送机提供动力的电线，操舵电动机的电线，都被炸断。

1颗近失弹在右舷尾部爆炸，舵舱开始进水，舵机炸坏，"光辉"号向左不停地旋转。消防组火速投入灭火工作，拉下防火帘扑救机库中的大火。

12时42分，1颗500公斤的炸弹落在上层建筑和舰尾升降机之间的飞行甲板上，炸弹在甲板以下机库甲板以上爆炸，把机库甲板炸开18平方米的大洞，大风从这里朝里刮，C机库的火势猛涨，舰尾升降机也被炸毁了。机库中的金属防火帘被炸碎，碎片炸死了很多消防人员。消防人员利用喷雾灭火器在通道上来回扑救，火势控制住了。B机库没有起火。

1颗近失弹在左舷侧爆炸，在军官餐厅甲板上引起大火，炸坏了电线，还把雷达，电罗经复示器和信号灯的电源线切断。1颗近失弹在右舷侧爆炸，在餐厅甲板上爆炸起火．

在爆炸声中，1架被击落的斯图卡式飞机扎入舰尾升降机，燃烧的机身加重了火势。在锅炉舱和轮机舱中，从烈火中冒出的烟雾和化学气味对舰员们是严重的威胁。

烟雾和化学气味被鼓风机抽进锅炉，使这些锅炉舱中的人员几乎窒息。司炉们拿湿布捂住嘴，再加上头顶的甲板被大火烤得变形，司炉们只好靠喝水来降低体温。

司炉们苦苦支撑了近2小时，13时3分，蒸汽舵机修好了，"光辉"

号开始航行。13时30分，当"光辉"号位于战列舰东北16公里处时，新的空袭开始了。

7架意大利飞机袭击2艘战列舰，7架飞机袭击"光辉"号，3架飞机攻击"超越"运输队，意大利飞机在4267米的高空攻击。

大火从"光辉"号的舰尾升降机口喷出，正全速驶向马耳他。坎宁安出动2艘驱逐舰护送"光辉"号。13时3分，"光辉"号的舵机又坏了，在此后的1小时内，航空母舰向目的地缓缓行驶。14时48分，航空母舰的航速提高到14节。

与此同时，一场扑火的战斗仍在进行着。16时10分，15架"斯图卡"式飞机在5架战斗机的率领下飞向"光辉"号的上空，准备击沉"光辉"号。

驻马耳他英军基地收到从战列舰的雷达发来的防空警报，德机遭到已

"光辉"号航空母舰

在马耳他基地加油、填弹的 4 架"光辉"号上的舰载机的迎击，只有 9 架德机飞到"光辉"号上空。

"光辉"号已经修好了 5 门多管高射炮和全部的 114 毫米炮，其中 4 座 114 毫米火炮的电源线又被弹片切断。

德机从舰尾、两舷后部和右正横方向向下俯冲攻击，这次攻击不如上一次攻击，德机没有密切协作，没有上一批德机勇敢。

"光辉"号中了 1 颗炸弹，还中了 1 颗近失弹，进一步损伤，炸死了一批舰员。

很多军官和消防员被炸死，但炸弹爆炸的气浪冲灭了一些火。不久，1 颗近失弹击中舰尾，舵机舱又进水了，后甲板上临时救护所里的人都死了。1 颗近失弹在上层建筑附近的海上爆炸。

下午 16 时 31 分，最后 1 架德机飞走。救火的消防工作仍在进行，航空母舰停在马耳他造船厂很久以后，火灾才被扑灭。

当时，火焰快蔓延到 1 个弹药舱，到底是否应向弹药舱灌水，这是很难作出的决定，"光辉"号将因用光弹药而丧失防空能力。考虑到大火可能将弹药舱引爆，那等于毁灭。舰员们只好先向弹药舱灌水。

19 时 20 分，当冒着浓烟的"光辉"号距离马耳他的大港入口 8 公里时，敌机向"光辉"号发动了攻击，仍想击沉它。此时，天已经很黑了。2 架鱼雷轰炸机遭到航空母舰和护卫它的 2 艘驱逐舰的火力拦截。

21 时 4 分，"光辉"号在 3 艘拖船前拖后推下，冲过防波堤上的圣埃尔莫灯塔。22 时 15 分，"光辉"号到达码头。

"光辉"号的完整的水密结构受到弹片穿洞的轻微影响，舵机的损伤造成了极大的被动。在这场生与死的逃亡中，若不是锅炉舱的舰员们忠于职守，航空母舰很可能丧失动力。

"光辉"号的战斗机又击落了 7 架敌机，舰炮也击落了 6 架敌机。

1月16日，60至70架敌机再次空袭"光辉"号，1架敌机投中了1弹，但只受了点轻伤。18日和19日，敌机群再次攻击"光辉"号。19日，"光辉"号的主机受重创，左舷锅炉舱中的管路和砖衬受重创，装甲以下的舰舷凹进去2米，长7米以上。

敌机的攻势减弱，因为马耳他岛上的35架"飓风"式战斗机，在"光辉"号的战斗机的协同下使敌机付出了沉重的代价。

马耳他造船厂的工人们冒死抢修"光辉"号，1月23日凌晨4时经过临时修理的"光辉"号偷偷驶出大港，以24节的航速向亚历山大驶去。

1月25日13时30分，"光辉"号胜利返回亚历山大港，受到人们的盛大欢迎。经过修理后，"光辉"号通过苏伊士运河，绕道好望角，到达美国弗吉尼亚州的诺福克，进行了彻底的改装。

"光辉"号证明了有装甲防护的航空母舰具有强大的生存能力。

"威尔士亲王"号

"威尔士亲王"号猛地一震，伴随着震耳欲聋的爆炸声，巨大的水柱夹杂着浓烟冲上200英尺高空。

1941年12月8日，日海军偷袭了美国海军基地珍珠港，击沉了美太平洋舰队的战列舰。从此，更加不可一世，四处出击，妄图称霸太平洋。日本以海军航空母舰为先锋，突袭了美英在菲律宾群岛、马来亚、威克岛、关岛和香港的军事基地。

初期，日军的突袭取得了很大的战果。惟一的失败是威克岛。在威克岛，兵力较少的美海军陆战队，在几架野猫式战斗机的援助下，击败了日军第一次入侵。可是，日军出动更多的兵力再次进攻，于1941年12月23日占领了威克岛。

美陆军驻远东航空部队是美国驻菲律宾群岛防守兵力中的重要力量，从台湾起飞的日军陆基战斗机和轰炸机攻击了美陆军驻远东航空部队。

日机群空袭前已经报警，知道日机群的攻击快来临了，但是美轰炸机和战斗机仍然在机场上停放，多数被日机击毁。在日军的这次打击下，美陆军驻远东航空部队全军覆没。

12月10日，80架日本轰炸机在52架战斗机的掩护下，空袭了马尼拉附近的甲美地海军基地。日本轰炸机在基地的高空穿梭飞行了两个小时，处于老式防空炮的射程以外，无一受损。

熊熊大火从一边烧到另一边，造船厂和甲美地约三分之一的城区都被大火烧毁。幸运的是，大部分巡洋舰，驱逐舰和潜艇早撤到了荷属东印度群岛。甲美地基地被摧毁后，日军在菲律宾群岛夺取了制空权，使这批军舰不敢返回菲律宾群岛来抵抗日军进攻菲律宾群岛。

在整个战争初期，无论是在印度洋还是太平洋，在辽阔的大洋上，日海军耀武扬威，而英美无论在哪里，都显得微弱。

太平洋战争爆发以前，英国计划在远东地区部署一支强大的Z舰队来遏止日本势力的扩张。

直到1941年8月，英国海军部才决定派遣6艘战列舰和1艘航空母舰至新加坡。由于欧洲战场的迫切需要使这个计划破产了。由于丘吉尔的不断施压，英国海军部才同意出动"威尔士亲王"号和"反击"号。

它们的装备都无法胜任遏制日本海军的任务。"反击"号是第一次世界大战幸存下来的战列巡洋舰，装甲薄弱，防空武器落后。

"威尔士亲王"号的通风设备很糟糕，不适应热带气候。航空母舰"无敌"号也编入了Z舰队，"无敌"号在西印度群岛训练的时候不幸触礁了。

Z舰队的司令是英国海军少将托姆·菲利普，菲利普原是一位经验丰富的参谋，缺乏实战经验。

根据侦察飞机的报告，1支日舰队正在向暹罗湾的宋卡运送部队。12月8日晚，菲利普率领"威尔士亲王"号、"反击"号和4艘驱逐舰从新加坡启航，扑向这支日舰队。

菲利普要求英国空军出动飞机在舰队前边侦察，在作战时提供空中支援。可是，被日军多次攻击的英空军有很多飞机和机场被毁，英空军说，无法提供空中支援。

没有空中支援，Z舰队是不能出征的。但是，菲利普得知，新加坡附近的森巴旺有个布鲁斯特水牛式战斗机中队。菲利普还听说，日军在西贡附近有1支规模庞大的鱼雷轰炸机队。

英国的鱼雷机作战半径有限，据此，菲利普认为日本的鱼雷机的作战半径也有限，无法远离印度支那基地，飞行400海里到达宋卡。

菲利普认为，日军登陆时，Z舰队不能躲在港内。菲利普率领舰队去攻击日登陆舰队，他想靠奇袭战术打败日舰队。

Z舰队躲开了日军布设的水雷场和日潜艇的巡逻线，在静静的夜晚向北航行。12月9日上午，1架日军侦察机飞到新加坡领空拍摄，并发回电报说："威尔士亲王"号和"反击"号没有出海。黄昏，1艘日潜艇在海上发现了Z舰队，但它拍发的电报在送往司令部时被耽误了。

日本海军根据那份关于Z舰队还停在港内的报告，命令驻在西贡附近的第22陆基航空队的飞机做好空袭新加坡基地的战斗准备。

第22陆基航空队忙着了解新加坡海军基地、Z舰队的情况，它们由"银山"、"鹿屋"、"美幌"3个航空队组成，飞行员和机组人员大部分参加过侵华战争，是日海军中最训练有素的部队之一。第22陆基航空队拥有141架飞机，105架双引擎96式陆上攻击机和1式陆上攻击机，既可以作为轰炸机使用，又可以作为鱼雷机使有，还有36架"零"式战斗机。

当日潜艇在海上发现Z舰队的报告传到西贡的日军司令部时，日军十分震惊。"威尔士亲王"号和"反击"号到底在哪里？日本登陆舰队的命运很难预料，因为Z舰队的舰炮能够轻易地把日登陆舰队的运输舰和补给舰船击沉。

日军情报官认真地检查了上午侦察机拍摄的照片。由于照片是在高空拍摄的，因此错把两艘大商船看成了军舰。日军马上命令登陆部队在宋卡滩头疏散。

天色暗了下来，日军命令海上的舰船和飞机全力搜索英国的Z舰队。

53架轰炸机多数携带着鱼雷自西贡起飞，在夜空中向南飞去。由于过于匆忙，日海军指挥部连己方军舰的识别办法都没来得及下达。

海面上空布满了云层，日机群一直没有找到Z舰队。后来，一个低空飞行的飞行员发现下边有两条闪闪发亮的航迹。

"威尔士亲王"号战列舰

他投了 1 颗照明弹，立即爬升并逃走，拍发发现目标的情报。日机群争先恐后地向照明弹发出闪光的地方扑去，在日轰炸机群攻击以前，发现原来是小泽治三郎海军中将的旗舰"鸟海"号重巡洋舰和巡洋舰舰队。

为了避免出现误伤，日海军指挥部下令停止空中搜索。疲惫不堪的飞行员开始返航。不久，"威尔士亲王"号的雷达发现 3 架飞机，它们是小泽的巡洋舰队上起飞的水上飞机。3 架飞机报告了 Z 舰队的方位，然后逃走了。

Z 舰队的行踪暴露了，菲利普下令 Z 军舰返回新加坡。Z 舰队与小泽的巡洋舰队相距仅 5 海里，但小泽不想与 Z 舰队硬拼，否则，会发生一场重大的海战。

12 月 10 日黎明，94 架日本飞机做好了战斗准备。

94 架日本飞机中有 9 架作为侦察机，51 架作为鱼雷机，34 架作为轰炸机。

Z 舰队的"威尔士亲王"号和"反击"号在哪呢？Z 舰队向南返航后，夜晚曾被 1 艘日潜艇发现。日潜艇向 Z 舰队发射 5 条鱼雷，都没有击中。日潜艇的航速太慢，无法追上 Z 舰队。

黎明，日军出动侦察机到新加坡海军基地进行侦察，希望能发现 Z 舰队。轰炸机跟在侦察机的后面。尽管机组人员几乎都是老兵，但由于鱼雷紧缺，都缺乏鱼雷攻击的训练。高井海军大尉命令所有鱼雷机的机组人员，飞得低低的，把鱼雷直接瞄准敌舰的舰首。

日机群于 6 时 25 分起飞，能见度很好，爬高至 1 万英尺，分为八九个编队，向南飞去。

Z 舰队不敢直接返回新加坡。夜晚，菲利普收到新加坡拍来的电报，原来日军又在新加坡以北约 180 海里的关丹登陆。菲利普下令绕道驶向关丹，为了不泄露行踪，他没有把决定通知新加坡司令部。菲利普认为新加坡的司令部会主动派战斗机掩护自己。

可是，英空军的战斗机仍然排列在机场上。清晨，Z舰队驶入关丹附近海域，没有发现日军的登陆舰队。Z舰队没有返回新加坡，而是在关凡附近海域搜索了几个小时。

日机群在新加坡没有找到Z舰队。高井骂道："侦察机是跑哪去了？怎么还没有找到敌舰！"

几架日轰炸机因燃料不足向西贡返航，其他飞机也陆续返航。忽然，1架侦察机发来电报："关丹东南70海里处，发现2艘英战列舰。"

返航途中的轰炸机群立即向北飞去，很快发现Z舰队。

13时3分（新加坡时间11时33分），8架日机向"反击"号俯冲。由于飞行高度太低，"反击"舰上的人们看见了扔下的炸弹。幸亏，好几颗炸弹都没有击中，只有1颗在右舷炸响，损失不大。

10分钟后，两个鱼雷战斗机中队向"威尔士亲王"号俯冲。英舰的炮手们习惯了飞行速度缓慢的英国剑鱼式飞机，日机的速度让他们大开眼界。

天空中布满了硝烟、弹片和高射炮与机枪发射的弹雨。日机向下俯冲攻击，几乎触水了。日机在海面上的飞行速度超过200节。

9条鱼雷朝"威尔士亲王"号驶去，在平静的海面上，划出9道雪白色的航迹。

忽然，"威尔士亲王"号猛地一震，伴随着震耳欲聋的爆炸声，巨大的水柱夹杂着浓烟冲上200英尺高空。"威尔士亲王"号的航速从25节锐减到15节，舰体已经倾斜。舰上的电力中断，很快就失去了照明，许多防空炮失去了动力，甲板下的机械通风停止。1条鱼雷在舰尾部的左舷一侧炸响，把1根螺旋桨大轴卡掉。海水冲进舰体。

接着，两支鱼雷轰炸机队朝"反击"号俯冲攻击。"反击"号的防空火炮很少，火力很弱，根本挡不住日机群。日机群冲到直射距离时才投射鱼雷。

第二章 名舰之梦

舰长坦南特亲自掌舵,"反击"号像1艘驱逐舰那样灵活地躲避鱼雷,避开了每一条鱼雷。

由于行踪已经暴露,坦南特用无线电向新加坡报告,Z舰队遭到了空袭。在森巴旺的水牛式战斗机队随即起飞,只需1个小时就能赶到现场。

这时,26架日军的鱼雷机飞来。其中有6架向"威尔士亲王"号俯冲。舰上只剩几门防空炮反击,舰员们用铁链和绳索拽动炮管。军舰的舵机严重受损,"威尔士亲王"号只好坐以待毙。

"威尔士亲王"号的右舷接连中了4条鱼雷,有一条鱼雷竟从右舷穿过左舷。

日鱼雷机把注意力转向4海里外的"反击"号。8架以上的鱼雷机攻击了"反击"号的右舷。坦南特舰长又躲开了多条鱼雷。

突然,1架日机在左舷上空出现,坦南特舰长没有发现。那条鱼雷击中了"反击"号的中部。"反击"号的航速突然下降,多架日鱼雷机从四面八方向"反击"号投射鱼雷,这艘一战幸存下来的老式军舰又中了至少4条鱼雷。

"反击"号在中了第一条鱼雷后仅11分钟,沉没了,英舰员们在海面上拼命挣扎。

英驱逐舰在"威尔士亲王"号沉没前,救走了舰上的幸存人员。"威尔斯新王"号舰底朝天,沉入海底。在"威尔士亲王"号沉没前3分钟,英国战斗机赶到了现场。

日机群燃油不足,早已返航。如果菲利普早点通知英国空军,战况肯定就会大大不同。但现在,英国战斗机也没有办法,只能在上空盘旋。包括托姆·菲利普以下800多名舰员遇难了。日军仅损失了3架飞机。

Z舰队被歼灭有着深远的战术意义,表明没有空中支援的战列舰变得不堪一击了。